本书获2023年度贵州医科大学社会科学界联合会人文社会科学研究课题项目：西南民族地区易地扶贫搬迁后续特色发展研究（GYYB2023-04）和贵州医科大学马克思主义理论重点学科资助。

知库

法律与社会

黔西南三宝彝族乡
整乡易地扶贫搬迁后续特色发展研究

张顺林　著

九州出版社
JIUZHOUPRESS

图书在版编目（CIP）数据

黔西南三宝彝族乡整乡易地扶贫搬迁后续特色发展研
究 / 张顺林著 . -- 北京：九州出版社，2023.9
　　ISBN 978 - 7 - 5225 - 1748 - 3

　　Ⅰ.①黔… Ⅱ.①张… Ⅲ.①彝族—民族聚居区—扶
贫—移民—研究—黔西南布依族苗族自治州 Ⅳ.
①D632.4②F127.732

中国国家版本馆 CIP 数据核字（2023）第 168746 号

黔西南三宝彝族乡整乡易地扶贫搬迁后续特色发展研究

作　　者	张顺林　著
责任编辑	陈春玲
出版发行	九州出版社
地　　址	北京市西城区阜外大街甲 35 号（100037）
发行电话	（010）68992190/3/5/6
网　　址	www.jiuzhoupress.com
印　　刷	唐山才智印刷有限公司
开　　本	710 毫米×1000 毫米　16 开
印　　张	14
字　　数	251 千字
版　　次	2024 年 3 月第 1 版
印　　次	2024 年 3 月第 1 次印刷
书　　号	ISBN 978 - 7 - 5225 - 1748 - 3
定　　价	89.00 元

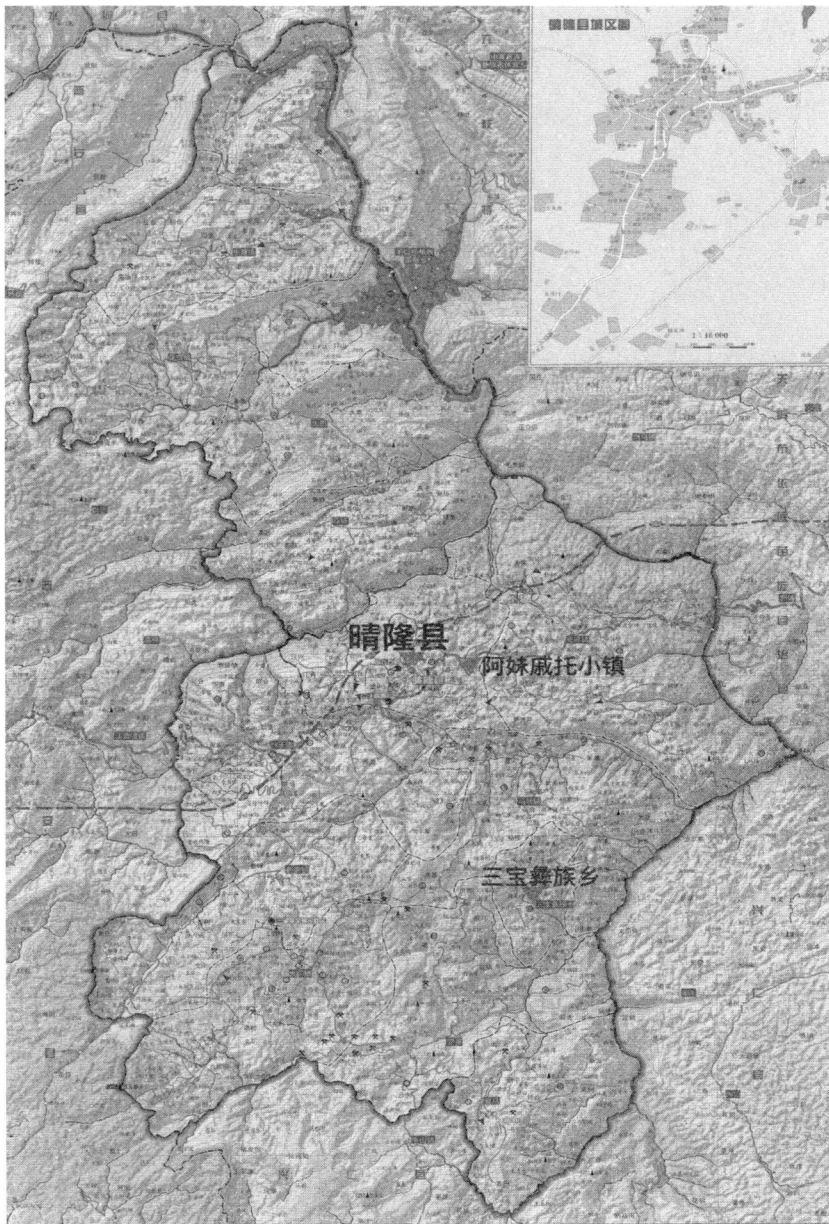

贵州省晴隆县区域图

来源于晴隆县 2017 年易地扶贫搬迁工程东观街道办安置点（含极贫乡镇搬迁）配套项目实施方案说明书（晴隆县移民局提供的材料）

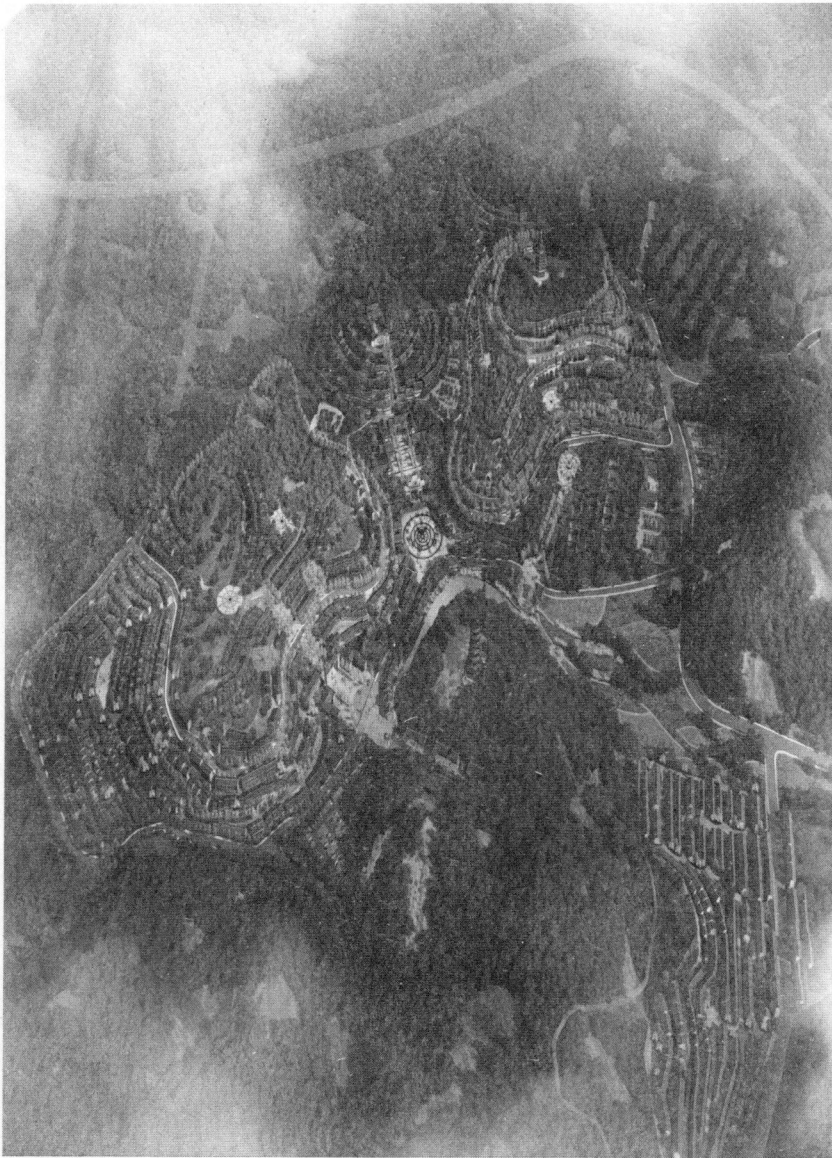

阿妹戚托特色小镇景观效果图
来源于晴隆县 2017 年易地扶贫搬迁工程东观街道办安置点（含极贫乡镇搬迁）配套项目实施方案说明书（晴隆县移民局提供的材料）

前　言

　　和平与发展是当今时代的主题，二者相互联系，相互影响。贫困问题是世界性的难题，是阻碍发展的重要因素。美国在20世纪60年代向贫困宣战后，减少和消除贫困成为全人类发展共同追求的目标、全世界共同面临的一项任务和世界各国学者研究的热点。古今中外，消除贫困绝非轻而易举，脱贫与返贫交替进行。党的十八大以来，党和国家高度重视我国的贫困问题，并制定了一系列的政策和采取了一系列的措施来解决我国的贫困问题。易地扶贫搬迁是对生存环境恶劣地区的贫困人口实施易地搬迁，彻底改变其生存和发展环境，让贫困群众挪穷窝、拔穷根、阻断贫困代际传递，真正实现小康，是我国实施脱贫攻坚和保护生态环境的重大举措，对解决我国区域性贫困问题和环境保护问题具有重要意义。2020年底，我国全面完成了"十三五"易地扶贫搬迁任务，960多万人贫困人口通过易地扶贫搬迁实现了脱贫。其中，贵州省是全国实施易地扶贫搬迁人数最多的省份之一，其易地搬迁后续发展成为巩固脱贫攻坚成果和全面推进乡村振兴的关键。2021年，国家发展和改革委员会联合多个部门印发《关于切实做好易地扶贫搬迁后续扶持工作巩固拓展脱贫攻坚成果的指导意见》，强调要进一步做好易地扶贫搬迁后续帮扶工作。

　　贵州省位于中国西南部，东连湖南，南毗广西，西邻云南，北接四川和重庆，总面积176 167平方千米，丘陵、山地面积占92.5%，是全国唯一没有平原的内陆省份。贵州属于亚热带温湿季风气候，有冬无严寒、夏无酷暑的特征，但受大气环流及地形等影响，气候呈现多样性，素有"一山分四季，十里不同天"之说。贵州地处云贵高原东部和长江、珠江流域上游地带，平均海拔约1 100米，是典型的喀斯特地貌山区省份，素有"八山一水一分田"之称。贵州高原山地居多、土质贫瘠、生态环境脆弱，受特殊的自然地理环境、历史、社会等诸多因素的影响，贵州经济社会发展滞后，农村贫困问题突出，且民族地区发展问题、贫困问题、生态问题等相互交织，是全国农村贫困人口最多、贫困程度最深、贫困面最广的省份之一，脱贫攻坚任务十分艰巨。境内大多数贫困人民生活在生态环境脆弱、生存条件恶劣的高山区、深山区、石山区、武陵山区、滇黔桂石漠化区和乌蒙山区，这些地方的发展关系着长江和珠江下游的生态安全。为了解决农村贫困问题、加强生态环境保护、促进民族团结和推进城乡协调发展，贵州省委、省政府在 2012 年 5 月正式启动了易地扶贫搬迁工程。"十三五"时期，是决战脱贫攻坚全面建成小康社会决胜阶段。贵州省是全国脱贫攻坚的主战场、决战区和示范区，而易地扶贫搬迁是脱贫攻坚的重中之重。易地扶贫搬迁是从根本上解决居住在"一方水土养育不了一方人"地区人口贫困问题的重大举措。"十三五"时期，全省共搬迁 188 万人，其中建档立卡贫困人口 150 万人。易地扶贫搬迁工程结束后，易地扶贫搬迁工作全面进入后续扶持发展和社会综合治理创新阶段。贵州省以习近平总书记关于"易地扶贫搬迁不仅要改善人居条件，更要实现可持续发展"的重要论述为理论依据，出台了以"五个体系"建设为主要内容的《关于加强和完善易地扶贫搬迁后续工作的意见》，为贵州省易地扶贫搬迁后续发展提供了行动指南，指明了前进方向。目前，贵州易地扶贫搬迁后续扶持发展初见成效，很多地方呈现出发展繁荣的景象，如黔西南布依族苗族自治州晴隆县阿妹戚托小镇（以下简称"阿妹戚托小镇"）（三宝彝族乡贫困人口的易地扶贫搬迁安置点）。

本书以黔西南布依族苗族自治州晴隆县三宝彝族乡整乡易地扶贫搬迁为范例，旨在研究该乡在易地扶贫搬迁后的发展过程中积累的丰富经验与面临的挑战，并富有创新性地提出将易地扶贫搬迁后续发展与全面推进乡村振兴、城镇化发展、生态环境保护等有效衔接，实现可持续、协调发展。黔西南布依族苗族自治州晴隆县三宝彝族乡（以下简称"三宝彝族乡"）地处云贵高原中段的高原峡谷地带，自然环境恶劣，经济发展落后，贫困程度深，贫困发生率高（2016 年之前贫困发生率高达 57.9%），属于贵州省"一方水土养活不了一方人"的极度贫困乡镇之一。为帮助三宝彝族乡贫困群众彻底摆脱贫困，在国家易地扶贫搬迁的政策指引和支持下，当地党委和政府在深入调研的基础上，科学规划，精心组织，从2016年起对三宝彝族乡实施了整乡易地扶贫搬迁。三宝彝族乡是全国唯一的整乡易地扶贫搬迁的民族乡。

三宝彝族乡整乡易地扶贫搬迁之后，建成了美好宜居的绿色家园，实现了快速的城镇化发展；利用民族文化资源，着力打造特色旅游小镇，实施"文旅"融合发展；通过招商引资，新建产业园，实现"农科"结合的产业发展；创建创业就业平台，提供就业培训服务，提升居民就业能力，促进居民就业创业发展；实行原有耕地、林地流转，合理利用搬出地的资源，发展特色农林经济，保护自然生态环境；建立教育园区，完善社区教育服务体系，提升教育质量；易地扶贫搬迁与医疗服务同步发展，完善社区医疗服务体系；实施新建社区网格化管理，"三治"结合，提高社区治理水平。整乡易地扶贫搬迁后的特色发展，使搬迁群众的人居环境改善，就业途径拓宽，经济收入增加，公共服务提升，民族关系融洽，搬出地的生态初步恢复，民众感受到满满的获得感、幸福感。《人民日报》评论称，三宝彝族乡整乡易地扶贫搬迁是"人挪了穷窝，地拔了穷根"。

三宝彝族乡整乡易地扶贫搬迁之所以能实现"搬得出、稳得住、能致富、能发展"的目标，关键是坚持了党对易地扶贫搬迁的正确、有力领导，充分发挥了中国特色社会主义制度的优势；在整个易地扶贫搬迁过程中，当地党委和政府始终坚持以人为本、以发展为第一要务的原则，统筹各方力量，用好国家政策，充分发挥搬迁群众的主体作用；坚持实事求是，从实际出发，整体规划，精心实施，真正做到了谋定而后动；注重发挥地域、文化优势，坚持走特色发展之路。

在百年未有之大变局的背景下，三宝彝族乡易地扶贫搬迁后续发展，也面临一些亟待解决的困难和问题，如人口增长导致的住房问题、居民蔬菜园地问题、原居住地房屋的处置与利用问题、旅游产业的可持续发展问题、产业园区一些产业的持续投入问题、相关产品与市场对接问题、红白喜事操办问题等。造成这些问题的原因很多，需要引起高度重视，防止返贫现象发生。因此，要完善防止返贫动态监测与帮扶机制，保障搬迁群众基本生活的稳定与持续改善；完善婚丧嫁娶基础设施，减轻搬迁群众经济负担；发挥特色产业优势，夯实搬迁群众增收的基础；优化旅游设施和提高旅游服务水平，提升旅游小镇的吸引力；加强扶志与扶智的有机结合，激发搬迁群众内生动力；加强"三治融合"治理，引领社区和谐发展，让搬迁群众的日子过得更安心、更舒适、更幸福。

在国家政策和资金的支持下，三宝彝族乡"搬得出、稳得住、能致富、能发展"已初见实效。实践证明，易地扶贫搬迁是特殊生存环境脱贫的理性选择，是全面建成小康社会的必然要求，是中国共产党以民为本的使命与担当，是推动各民族共同富裕的本质要求。在全面推进乡村振兴战略的背景下，要高度重视易地扶贫搬迁后续发展与乡村振兴的有效衔接，不断增强阿妹戚托小镇的可持续发展能力，在发展中不断增强搬迁群众的"五个认同"，铸牢搬迁群众的中华民族共同体意识，成就易地扶贫搬迁的"晴隆模式"和充实小康建设的"贵州经验"。

最后，真诚地希望读者对本书提出批评与建议。

张顺林

贵州医科大学马克思主义学院

2023 年 3 月 26 日

目 录
CONTENTS

导　论 ··· 1

　一、研究缘起 ··· 1

　二、研究意义 ··· 3

　　（一）理论意义 ·· 3

　　（二）现实意义 ·· 4

　三、研究综述 ··· 5

　　（一）国内相关研究 ·· 5

　　（二）国外相关研究 ·· 26

　　（三）简要述评 ··· 29

　四、研究方法 ·· 30

　　（一）文献研究法 ··· 30

　　（二）田野调查法 ··· 30

　　（三）比较分析法 ··· 31

　五、创新之处 ·· 32

　　（一）选题有新意 ··· 32

　　（二）选点有特色 ··· 32

　　（三）研究视角新颖 ·· 32

第一章　易地扶贫搬迁后续发展的理论基础 ················ 33

　一、人口迁移推拉理论 ·· 33

　二、马克思主义社会发展理论 ······································ 35

　三、习近平总书记关于精准扶贫的论述 ························ 37

　四、生态贫困理论 ·· 38

　　五、可持续发展理论 …………………………………………………… 40

　　六、人的自由全面发展理论 …………………………………………… 42

第二章　我国易地扶贫搬迁的历史演变与早期实践 ………………… **44**

　一、易地扶贫搬迁的历史演变 ………………………………………… 44

　　（一）易地扶贫搬迁的萌芽阶段（1949—1982 年） ………… 44

　　（二）易地扶贫搬迁的初步探索阶段（1983—2000 年） …… 45

　　（三）易地扶贫搬迁的试点推进阶段（2001—2010 年） …… 46

　　（四）易地扶贫搬迁的全面推行阶段（2011—2014 年） …… 48

　　（五）易地扶贫搬迁的决胜攻坚阶段（2015—2020 年） …… 49

　二、易地扶贫搬迁的早期实践 ………………………………………… 50

　　（一）宁夏西海固地区的基本概况 …………………………… 50

　　（二）宁夏西海固地区移民吊庄的基本形式 ………………… 51

　　（三）宁夏西海固地区移民吊庄的基本经验 ………………… 51

　三、贵州易地扶贫搬迁的实践 ………………………………………… 53

　　（一）贵州易地扶贫搬迁的提出 ……………………………… 53

　　（二）贵州易地扶贫搬迁的实施概况 ………………………… 54

　　（三）贵州易地扶贫搬迁的成效 ……………………………… 56

第三章　易地扶贫搬迁前的三宝彝族乡 ………………………………… **59**

　一、自然生态环境与建制沿革 ………………………………………… 59

　　（一）自然生态环境 …………………………………………… 59

　　（二）区位人口 ………………………………………………… 61

　　（三）建置沿革 ………………………………………………… 61

　二、文化习俗 …………………………………………………………… 62

　　（一）饮食居住 ………………………………………………… 63

　　（二）语言文字 ………………………………………………… 64

　　（三）服装饰样 ………………………………………………… 64

　　（四）婚姻习俗 ………………………………………………… 65

　　（五）丧葬习俗 ………………………………………………… 67

　　（六）民族节日 ………………………………………………… 68

　　（七）彝族阿妹戚托舞蹈和苗族歌舞 ………………………… 69

　三、经济与民生 ………………………………………………………… 72

（一）经济发展缓慢 …………………………………………… 72

（二）社会发展滞后 …………………………………………… 73

（三）基础设施落后 …………………………………………… 76

（四）脱贫攻坚工作艰难 ……………………………………… 77

第四章　三宝彝族乡易地扶贫搬迁的实践 ………………………… **79**

一、依据与启动 …………………………………………………… 79

（一）搬迁的依据 ……………………………………………… 79

（二）搬迁的启动 ……………………………………………… 81

二、选址和安置 …………………………………………………… 82

（一）选址优势 ………………………………………………… 82

（二）安置方式 ………………………………………………… 85

三、资金筹措和资金管理 ………………………………………… 86

（一）搬迁项目资金筹措 ……………………………………… 86

（二）搬迁项目资金管理 ……………………………………… 87

四、建设规模与规划设计 ………………………………………… 88

（一）建设规模 ………………………………………………… 88

（二）规划设计 ………………………………………………… 90

（三）安置点建设 ……………………………………………… 92

五、组织动员与搬迁入住 ………………………………………… 93

（一）组织动员 ………………………………………………… 93

（二）搬迁入住 ………………………………………………… 96

六、搬迁后旧房和耕地林地的处置 ……………………………… 96

（一）旧房处置 ………………………………………………… 96

（二）耕地林地处置 …………………………………………… 97

第五章　三宝彝族乡易地扶贫搬迁后续特色发展 ………………… **99**

一、易地扶贫搬迁后续特色发展的举措 ………………………… 99

（一）建设美好绿色家园 ……………………………………… 100

（二）打造特色旅游小镇 ……………………………………… 103

（三）创建就业创业平台 ……………………………………… 106

（四）提高政府治理水平 ……………………………………… 109

（五）完善社区教育服务 ……………………………………… 114

（六）提升医疗服务质量 ……………………………………… 118

（七）耕地林地合理开发利用 ………………………………… 122

（八）提高搬迁群众生存技能 ………………………………… 125

二、易地扶贫搬迁后续特色发展的成效 …………………………… 129

（一）人居环境改善 …………………………………………… 129

（二）生活品质提高 …………………………………………… 130

（三）社区管理增强 …………………………………………… 132

（四）就业途径增多 …………………………………………… 132

（五）干群关系融洽 …………………………………………… 134

（六）生态环境修复 …………………………………………… 135

三、易地扶贫搬迁后续特色发展的经验 …………………………… 135

（一）加强党的领导是根本保证 ……………………………… 135

（二）发展是第一要务 ………………………………………… 136

（三）社区治理是基础工程 …………………………………… 137

（四）扶志扶智激活内生动力 ………………………………… 137

（五）民生保障是出发点和落脚点 …………………………… 138

（六）后续扶持是稳定脱贫的根本策略 ……………………… 139

第六章　三宝彝族乡后续特色发展存在的主要问题 …………… **140**

一、新增人口住房紧张 ……………………………………………… 140

二、移民自我发展能力较弱 ………………………………………… 142

三、搬迁户蔬菜园地缺乏 …………………………………………… 143

四、部分搬迁群众返贫风险高 ……………………………………… 144

五、原住房处置与利用不到位 ……………………………………… 145

六、产业发展带动力不足 …………………………………………… 146

七、部分民族风俗不适应 …………………………………………… 149

第七章　完善易地扶贫搬迁后续特色发展的若干建议 ………… **152**

一、完善防止返贫动态监测与帮扶机制 …………………………… 153

（一）提高防止返贫动态监测的精准性 ……………………… 153

（二）建立防止返贫动态帮扶机制 …………………………… 153

（三）防止返贫动态监测与就业创业保障服务相结合 ……… 154

（四）采取切实措施解决搬迁户新增人口住房问题 ………… 154

二、为民族风俗的城镇化适应创造条件 ………………… 154
  （一）建立合约食堂 …………………………………… 155
  （二）设立丧事仪式场所 ……………………………… 155
  （三）加强移风易俗思想教育 ………………………… 156
三、增强特色产业优势 …………………………………… 156
  （一）打造特色产业集群 ……………………………… 157
  （二）深化城乡产业融合 ……………………………… 157
  （三）建立产业发展机制 ……………………………… 158
  （四）加大产业发展政策扶持力度 …………………… 159
四、提高旅游业服务质量 ………………………………… 159
  （一）提升旅游小镇民族文化魅力 …………………… 159
  （二）设立民族文化展览馆 …………………………… 160
  （三）提高旅游服务水平 ……………………………… 160
五、强化"扶志"与"扶智" ……………………………… 161
  （一）后续发展要以扶"志"为基 …………………… 162
  （二）后续发展要以扶"智"为要 …………………… 162
六、加强"三治融合"治理 ……………………………… 163
  （一）加强基层党的建设 ……………………………… 164
  （二）提高搬迁群众的自治意识 ……………………… 164
  （三）加强基层治理法治建设 ………………………… 165
  （四）树立社会主义核心价值观 ……………………… 166
七、完善社会保障制度 …………………………………… 166
  （一）健全社会保障体系 ……………………………… 167
  （二）多层次推进社会保障体系建设 ………………… 167
  （三）确保搬迁群众的社会保障权利 ………………… 167

第八章　易地扶贫搬迁后续特色发展的启示与思考 ……… 169
一、易地扶贫搬迁后续特色发展的启示 ………………… 169
  （一）特殊生存环境下脱贫的理性选择 ……………… 169
  （二）全面建成小康社会的必然要求 ………………… 171
  （三）中国共产党以民为本的使命与担当 …………… 172
  （四）各民族共同富裕的本质要求 …………………… 176
二、易地扶贫搬迁后续特色发展的几点思考 …………… 178

（一）易地扶贫搬迁与乡村振兴有效衔接 ……………………… 178

（二）易地扶贫搬迁与生态环境保护 …………………………… 180

（三）易地扶贫搬迁与铸牢中华民族共同体意识 ……………… 181

（四）易地扶贫搬迁后续发展与因地制宜 ……………………… 183

（五）重视搬迁群众的文化心理调适 …………………………… 185

参考文献 …………………………………………………………… 187

附录A　三宝彝族乡易地搬迁特色发展调研问卷 ……………… 199

附录B　三宝彝族乡易地搬迁特色发展调研提纲 ……………… 204

后　记 ……………………………………………………………… 207

导　　论

一、研究缘起

消除贫困，实现各民族共同富裕，是中国特色社会主义的本质要求。减少和消除贫困是全人类发展共同追求的目标，也是当今世界的一大难题。新中国成立初期，中国共产党人"不忘初心、牢记使命"，对我国贫困问题高度重视，出台了许多新的政策，医治战争创伤，恢复和发展国民经济，努力提高人民生活质量。改革开放以来，党和国家出台了许多扶贫政策，采取了诸多的扶贫措施，克服了无数的困难，解决了许多的难题，让数亿贫困人口摆脱了贫困，过上了小康生活，为人类社会发展和世界减贫事业作出了巨大贡献。减贫事业是我国社会主义发展的重要组成部分，关系到我国社会稳定、中华民族大团结和中华民族伟大复兴，党和国家高度重视我国贫困问题。党的十八大以来，党和国家把我国减贫事业提高到治国理政的新高度。党的十八届五中全会明确指出，"实施脱贫攻坚工程，实施精准扶贫、精准脱贫，因人因地施策，提高扶贫实效"①，"必须充分发挥政治优势和制度优势，坚决打赢脱贫攻坚战"②，完成全面建成小康社会最艰巨的任务，确保2020年我国现行标准下农村贫困人口实现脱贫，贫困县全部摘帽，解决区域性整体贫困。

实施易地扶贫搬迁工程，是我国农村精准扶贫工作的重要举措。易地扶贫搬迁主要是将我国境内生存环境恶劣、自然资源匮乏、基础设施条件差的地区的贫困人口搬迁到一个生态环境较好、条件优良的地方生存和发展。习近平总书记在2015年先后提出"六个精准"的扶贫要求和"五个一批"的脱贫措施，成为我国扶贫开发的基本要求和主要举措。其中，"五个一批"中的

---

① 中共中央文献研究室. 十八大以来重要文献选编［M］（中）. 北京：中央文献出版社，2016：812.

② 中共中央文献研究室. 十八大以来重要文献选编［M］（中）. 北京：中央文献出版社，2016：812.

"易地搬迁脱贫一批"，成为我国解决"一方水土养育不了一方人"难题的重要举措之一。易地扶贫搬迁是国家脱贫攻坚的重大工程，关系着国计民生、民族团结和社会稳定发展。"十三五"期间，我国易地扶贫搬迁建设任务已全面完成，全国累计建成集中安置区3.5万个、安置住房266万多套，960多万贫困群众乔迁新居。到2020年，我国9 899万农村贫困人口全部脱贫，832个贫困县全部摘帽，12.8万个贫困村全部出列，消除了绝对贫困和区域性整体贫困，创造了又一个彪炳史册的人间奇迹！这是中国人民的伟大光荣，是中国共产党的伟大光荣，是中华民族的伟大光荣①！易地扶贫搬迁工程充分体现了党的正确领导和社会主义制度的优势，改善了贫困地区人民的生活、生产条件，提高了广大农民群众的生活质量，极大地增强了人民群众的获得感、幸福感和安全感。

确保一个也不能少。中华民族是一个一荣俱荣、一损俱损的命运共同体。在统一的多民族国家中，发展是党执政兴国的第一要务，也是解决民族地区所有问题的总钥匙。习近平总书记明确指出，"全面小康一个也不能少，哪个少数民族也不能少"②，强调我们党和国家要"把各族人民对美好生活的向往作为奋斗目标，确保少数民族和民族地区同全国一道实现全面小康和现代化"③。在全面建成小康社会进程中，根据民族地区农村自然地理条件和经济社会发展水平的实际情况实施易地扶贫搬迁工程，是开展精准扶贫工作的重大举措，是保障民族地区各族人民实现对美好生活的向往和促进民族地区实现全面建成小康社会目标的必然要求。在党的坚强领导和全国各族人民的团结奋斗下，2020年底，我国如期完成了全面建成小康社会的总目标，民族地区的经济文化事业得到了极大发展，脱贫奔小康取得了辉煌的成就。实现民族地区易地扶贫搬迁的可持续发展，将巩固脱贫攻坚成果和实现乡村振兴有机融合，不仅影响着易地扶贫搬迁的各族群众的切身利益和全面建成小康社会的绩效，而且关乎实现中华民族伟大复兴中国梦的发展进程。

贵州省黔西南布依族苗族自治州晴隆县三宝彝族乡，是全国唯一一个整乡

---

① 习近平. 在全国脱贫攻坚总结表彰大会上的讲话 [N]. 人民日报，2021-02-26.
② 中共中央宣传部. 习近平总书记系列重要讲话读本 [M]. 北京：学习出版社，2016：60.
③ 本报评论员. 各民族共建美好家园共创美好未来 [N]. 人民日报，2019-09-30.

易地扶贫搬迁的民族乡，受到了中央电视台、《人民日报》、新华社等中央媒体①的高度关注。该乡 2020 年总人口 1 315 户 6 231 人，其中彝族占总人口的 26.4%，苗族占总人口的 72.3%，汉族占总人口的 1.3%，少数民族占总人口的 98.7%。三宝彝族乡离晴隆县城约 46 公里，属于少、边、远高寒山区，是典型的喀斯特地貌地区。三宝彝族乡交通信息闭塞、基础设施差、公共服务落后、居住环境恶劣、生产生活条件艰苦，是全省 20 个极贫乡镇之一，受到了党和国家的高度关注。在精准扶贫战略和全面建成小康社会"一个都不能少"的背景下，经过多年的努力，三宝彝族乡如期完成了整乡易地扶贫搬迁工作，搬迁群众的生活质量、居住条件、经济收入、医疗保障等方面都得到了极大改善。如何实现三宝彝族乡整乡易地扶贫搬迁后的可持续发展，将巩固脱贫攻坚成果和实现乡村振兴有机融合成为当地党委和政府的重要工作内容。

党和国家把全面推进乡村振兴战略纳入"十四五"规划，易地扶贫搬迁后续发展与全面推进乡村振兴战略的有效衔接成为被关注的重点。著者本人来自贵州贫困山区，选择贵州三宝彝族乡整乡易地扶贫搬迁后续特色发展作为研究对象，是希望通过对该个案的分析，总结易地扶贫搬迁经验，从本地群众的视角去发现易地扶贫搬迁存在的问题，特别是探讨搬迁后，社会发展给人们带来了哪些方面的改变，如何预防易地扶贫搬迁后的返贫问题，如何继续巩固和扩大易地扶贫搬迁成果，实现可持续、高质量发展，真正实现"搬得出、稳得住、能致富、能发展"的目标。本文将通过个案的实地调查研究，分析存在的问题及其原因，提出改进的对策建议。

二、研究意义

（一）理论意义

1. 丰富中国特色社会主义精准扶贫理论。易地扶贫搬迁是中国特色社会主义精准扶贫战略中的重要组成部分。当前，我国对易地扶贫搬迁后续发展的相关研究处于初始阶段。易地扶贫搬迁后续发展的相关研究，涉及产业发展、移民生计、基础设施、基层治理、社会发展等方面，但研究成果相对较少且分散，没有形成一套完整的理论体系。三宝彝族乡整乡易地扶贫搬迁模式，是基于党的十八大确定的"五位一体"总体布局而形成的扶贫开发新模式，其更加注重

---

① 2019 年 2 月 17 日新闻联播；2020 年 10 月 26 日 CCTV2 经济频道·经济半小时栏目；2021 年 2 月 25 日 CCTV13 新闻频道·焦点访谈栏目；2019 年 7 月 10 日人民日报以及新华社等媒体，均对三宝彝族乡整乡易地扶贫搬迁进行了报道。

经济建设、政治建设、文化建设、社会建设、生态文明建设与扶贫目标协调统一，充分体现少数民族易地扶贫搬迁不仅搬住房、搬文化，而且也注重民生保障和精神文明建设。全面建成小康社会后，国家精准扶贫政策仍要继续实施，要继续巩固和拓展已有的成果。加强和促进扶贫机制改革与创新，是易地扶贫搬迁后续发展的重大任务。易地扶贫搬迁的相关制度、政策、举措，是党和国家根据国情，对我国减贫事业所面临的诸多困难而采用的治理思路和方式。三宝彝族乡是全国唯一一个少数民族乡整建制搬迁的成功案例。研究三宝彝族乡易地扶贫搬迁后续特色发展，对照搬迁前后农民福祉、基层服务、经济发展等方面的变化，对扶贫搬迁后续特色发展所涉及的诸多问题进行研究，总结出其经验做法。因此，探讨三宝彝族乡易地扶贫搬迁后续特色发展，对丰富中国特色精准扶贫理论，具有一定的学术价值。

2. 丰富我国民族地区的社会发展理论。马克思认为，人类社会的发展既受人的主观意识引导，也受自然条件制约及其发展规律影响。唯物史观是马克思主义探求社会发展规律的重要方式。三宝彝族乡具有自身发展的独特性，其易地扶贫搬迁后的特色发展能让搬迁群众实现"搬得出、稳得住、能发展、能致富"的目的。本文运用唯物史观的方法论，探讨三宝彝族乡在易地扶贫搬迁后续特色发展的过程中，政府权力与当地社会、经济、文化和个体的互动，解析搬迁前后人们的生活、文化、习俗、经济等方面的变化；探讨具有本土特色产业发展路径，以及易地扶贫搬迁过程中基于民族习俗、地理环境等因素而实施的"乡土实践"，以期丰富我国民族地区的社会发展理论。

（二）现实意义

1. 总结易地扶贫搬迁后续特色发展的经验，为其他地区防止返贫和可持续发展提供参考。民族地区因地理环境、自然资源、历史文化、宗教信仰、社会经济等诸多因素的影响，其社会发展具有内生动力不足的共性。在这种情况下实施易地扶贫搬迁并取得成功实属不易。三宝彝族乡是全国唯一的一个少数民族乡整乡易地扶贫搬迁的成功案例。本书通过全面解析该乡"为什么搬""怎么搬""怎么办""稳得住""能致富"的全过程，总结该乡易地扶贫搬迁后续特色发展的经验，希望能够为其他民族地区社会发展提供参考和借鉴。

2. 增强阿妹戚托小镇的发展活力。2020 年我国实现了第一个百年目标——全面建成小康社会。但是，脱贫攻坚永远在路上，国家不会因为小康社会的建成、精准扶贫的实现而终结扶贫工作。相反，要继续推进国家脱贫攻坚的各项政策，特别是根据少数民族地区易地扶贫搬迁政策的执行效果，针对存在的问题进行原因分析，并提出科学、合理的对策建议，进而实现从精准脱贫到全面小康的升级，有效促进民族地区社会稳定与发展、民族团结进步、铸牢中华民族共同体意识。民族贫困地区具有发展内生性不足的共性，一旦相关的扶贫政策撤出或是减弱，其较容易陷入快速返贫的困境。因此，本研究以问题为导向，对存在的问题进行深入的实证分析。特别是从易地扶贫搬迁后续发展的视角，探求解决"扶贫—返贫"和乡村振兴问题的良方，不断完善易地扶贫搬迁后续发展和乡村振兴的相关政策、措施，增强阿妹戚托小镇的发展活力；从本土视角审视三宝彝族乡易地扶贫搬迁后续发展与乡村振兴的推进情况，有利于协助基层政府实事求是，特别是从搬迁群众需求出发，完善符合当地民情的易地扶贫搬迁后续发展和乡村振兴工作，持续巩固和扩展脱贫攻坚成果，全面推进阿妹戚托小镇振兴。这对搬迁群众更好地发展生产生活具有一定的现实意义。

3. 以实践经验为导向推进易地扶贫搬迁后续发展的项目创新。以国家政策为支持、国家权力为主导，推进区域发展，具有制度优势，但这种运作方式也伴随着许多问题。在我国"十三五"脱贫攻坚战中，有一部分贫困人口依靠国家政策扶持，逐渐养成了"等、靠、要"的思想；也有一部分贫困人口依靠自身的努力，依然不能摆脱贫困，不得不依靠国家政策扶持。长期下来，他们不仅在经济发展上处于弱势，而且在心理适应上缺乏自信，面对日益激烈的社会竞争，最终会丧失人格尊严、文化自信。三宝彝族乡搬迁群众因其社会发展的特殊性，在易地扶贫搬迁过程中出现较强的外力因素和被动因素。基于田野调查，探讨三宝彝族乡在脱贫攻坚战和乡村振兴战略背景下，经历的变革、适应和发展，有助于在易地扶贫搬迁后续发展项目的实践中，最大程度消除项目的不利因素，实现社会发展的可持续性和共生共赢。

三、研究综述

（一）国内相关研究

1. 易地扶贫搬迁的概念研究

"易地扶贫搬迁"是 2001 年原国家计委在规划易地扶贫搬迁试点项目区时正式提出的。2006 年国家发展和改革委员会在《易地扶贫搬迁"十一五"规划》中指出，"易地扶贫搬迁也称为生态移民"。因此，在我国"易地扶贫搬迁"的概念与"生态移民搬迁""易地搬迁""移民搬迁"的概念相类似。郭剑平、施国庆认为，我国易地扶贫搬迁与西方的生态移民、环境难民和生态难民等相似①。但是，王宏新等人在研究我国易地扶贫搬迁政策的演进特征时指出，易地扶贫搬迁也称易地移民搬迁、移民搬迁，与西方的生态移民、环境移民的含义既有密切联系又有本质区别，是一种具有中国特色、政府主导型的扶贫模式②。我国学术界大多数学者采用《易地扶贫搬迁"十二五"规划》中的定义，即易地扶贫搬迁是将居住在环境恶劣、不具备基本生产和发展条件、"一方水土养不活一方人"的深山区、石山区、荒漠区、地方病多发区和地质灾害严重地区等的贫困人口搬迁到资源条件丰富、环境承载能力强的地区，改变其现有居住环境、生活和生产条件，使其融入现代社会，跟上社会发展步伐，达到使贫困群众过上不愁吃、不愁穿和保障其义务教育、基本医疗和住房的目标③。同时，我国部分学者在这一基础上对易地扶贫搬迁的概念进行了补充和完善。叶青、苏海认为，易地扶贫搬迁是在推进精准扶贫、新型城镇化建设和全面建成小康社会的背景下，兼具减贫发展、生态保护和社会和谐多重目标的扶贫方式，是实现精准扶贫，精准脱贫的有效方式，是一套包括理论、战略、政策、机制和行为的系统，从而让原有的经济、社会和文化资本在新的生存空间中实现重新聚合④。郑娜娜、许佳君从空间再造的视角出发，认为易地扶贫搬迁是移民的居住空间由散居向聚居的迁移过程，也是他们的经济空间、政治空间、文化心理和社会空间消解与再造的过程，从而构建全民共建共治共享的社会治理格局⑤。吴伟、周五平认为，易地扶贫搬迁是指由于自然原因或政府基于社会全面发展的需要，将生活在缺乏生存条件地区的贫困人口搬迁到其他地区，通过改善安置区的生产生活条件、拓展增收渠道等，帮助搬迁群众脱贫致富⑥。左昭、付少平从移民生计空间的角度出发，认为国家实施精准扶贫政策是贫困的自发移民的一次发展机遇。针对精准识别贫困移民户的生计空间需求，优化移民生计空间，政策引导经济能人发挥带动作用，建设社区文化设施，使移民生计行

---

① 郭剑平，施国庆．环境难民还是环境移民［J］．南京社会科学，2010（11）：97．

② 王宏新，付甜，张文杰．中国易地扶贫搬迁政策的演进特征［J］．国家行政学院学报，2017（3）：48．

③ 中华人民共和国国家发展和改革委员会．易地扶贫搬迁"十二五"规划［Z］．2012-07-25．

④ 叶青，苏海．政策实践与资本重置：贵州易地扶贫搬迁的经验表达［J］．中国农业大学学报，2016（5）：64．

⑤ 郑娜娜，许佳君．易地搬迁移民社区的空间再造与社会融入［J］．南京农业大学学报，2019（1）：67-68．

⑥ 吴伟，周五平．易地扶贫搬迁模式存在的问题及对策研究［J］．农村经济与科技，2018（5）：148．

动能力得到提升①。谭贤楚、胡容认为，易地扶贫搬迁是政府的一项重要责任，是我国农村实施精准扶贫的重要具体措施，对全面建成小康社会具有重要意义②。孙永珍、高春雨在分析易地扶贫搬迁的内涵和基本原则的基础上，系统梳理了易地扶贫搬迁的生态贫困理论、可持续发展理论和社会适应理论等。他们认为，在易地扶贫搬迁时，要加大政府扶持力度，坚定实施易地扶贫搬迁政策；科学制定搬迁计划，降低成本、提高搬迁的长期受益；重视对移民的人文关怀，提高其社会适应能力③。吴大华、李胜认为，移民搬迁又叫环境移民，是指由于资源匮乏、生存环境恶劣、生活贫困，不具备现有生产力诸多要素合理结合的条件，无法吸收大量剩余劳动力而引发的人口迁移，以实现迁出区与迁入区社会经济、环境协调持续发展的目标④。

2. 易地扶贫搬迁的原因研究

关于易地扶贫搬迁的原因研究，是探究为什么要搬迁的问题，或是什么原因导致了大规模移民搬迁。学者们总结出以下几点易地扶贫搬迁的原因。

（1）生存环境恶劣或自然资源匮乏威胁到居民的基本生存

生存环境的好坏是影响人们基本生存的关键因素，也是影响人们生活幸福指数的重要因素，而自然资源是影响人们生活与发展的重要条件。自然资源的匮乏不仅会降低当地人民的经济收入，而且也会减弱当地人民的生存能力。王晓毅认为，生态环境退化和自然资源不足，造成了一方水土养育不了一方人⑤。王放、王益谦认为，自然禀赋与生态条件是导致西部地区贫困落后的根本原因，基础设施可以通过政府投资加以改善，但是大自然天然赋予的地形地貌条件却不是人类轻易能够改变的⑥。王永平、陈勇深入贵州少数民族地区调研，指出大量的贫困少数民族生活在生态环境脆弱、生存条件恶劣的深山区、石山区，交通闭塞，条件艰苦，就地扶贫的难度大，成本高，难以从根本上解决农民脱贫

①　左昭，付少平．精准扶贫背景下移民生计空间再造与优化［J］．农村经济与科技，2018（9）：130-131.

②　谭贤楚，胡容．精准扶贫中的"易地扶贫搬迁"：制约因素与社会影响［J］．湖北民族大学学报，2018（3）：75.

③　孙永珍，高春雨．新时期我国易地扶贫搬迁安置的理论研究［J］．安徽农业科学，2013（36）：14095-14098.

④　吴大华，李胜．贵州脱贫攻坚70年［M］．贵阳：贵州人民出版社，2019：226-227.

⑤　王晓毅．易地扶贫搬迁方式的转变与创新［J］．改革，2016（8）：71.

⑥　王放，王益谦．论生态移民与长江上游可持续发展［J］．人口与经济，2003（6）：63-68.

致富问题①。曾小溪、汪三贵基于我国中西部地区的研究分析，认为大多数搬迁户生活在丘陵、山地或高原地带的山区，且生存条件恶劣、自然灾害频发，土地少、坡度大、土质差、分布较分散、生活垃圾随意丢弃且无固定饮水区②。陈胜东认为，生存环境恶劣、生态环境脆弱、自然灾害频发等是易地扶贫搬迁的主要原因③。宁静等人认为，易地扶贫搬迁是将生存环境差、生态环境脆弱和不具备基本发展条件地区的贫困人口搬迁至其他生产生活条件较好的地方④。可见，将生存条件恶劣或是自然资源匮乏区域的居民搬迁到适合生存的区域，是从根本上解决居民基本生存的一个重要举措。

（2）基础设施落后阻碍农村发展

基础设施落后是易地扶贫搬迁的一个重要因素。我国西部广大农村地区，地广人稀、农民居住分散、环境恶劣、生存条件差。很多贫困人口居住在高寒、深山区，交通不便，离城镇远。即使这些地区有丰富的自然资源，也不能运出去有效地转化为经济效益，无法让贫困人口摆脱贫困。如果采用就地扶贫、就地安置等措施进行扶贫，成本高、时间长、经济效益低、极易返贫等，不能彻底解决贫困问题。因而，要实行易地搬迁。黄承伟认为，移民搬迁是不得已才为之的选择，生存条件十分恶劣的大山区、深山区和高原牧区，偏远封闭，进出性差，居民居住分散，基础设施落后。由于地形复杂，居住分散，运输成本高，经济效益低，现有财力难以承受，一些地方生态退化，灾害频发，已经不适合人类居住⑤。曾小溪、汪三贵认为，恶劣的生存环境或是自然资源的匮乏都会使当地居民的生产水平低下，不利于当地经济发展。医疗、教育、卫生等基础设施的不完善影响了居民的生存和发展，居民是在生计困难的推力下参与搬迁的⑥。王永平、陈勇深入贵州少数民族地区调研，认为生活在生态环境脆弱、生存条件恶劣的深山区、石山区，交通闭塞，条件艰苦，就地扶贫的难度大，

① 王永平，陈勇．贵州生态移民实践：成效、问题与对策思考［J］．贵州民族研究，2012（5）：77-83.

② 曾小溪，汪三贵．易地扶贫搬迁情况分析与思考［J］．河海大学学报，2007（2）：60-66.

③ 陈胜东，蔡静远，廖文梅．易地扶贫搬迁对农户减贫效应实证分析［J］．农林经济管理学报，2016（6）：632.

④ 宁静，殷浩栋，汪三贵，王琼．易地扶贫搬迁减少了贫困脆弱性吗？［J］．中国人口·资源与环境，2018（11）：20.

⑤ 黄承伟．中国农村扶贫自愿移民搬迁的理论与实践［M］．北京：中国财政经济出版社，2004：19-20.

⑥ 曾小溪，汪三贵．易地扶贫搬迁情况分析与思考［J］．河海大学学报，2007（2）：60-66.

成本高，难以从根本上解决农村贫困人口脱贫致富问题①。

（3）保护移民原居住地的生态环境

自然生态环境对人类的生存和发展至关重要，能够对人类的生存和发展产生直接或是间接的影响。人类生活的区域空间和该空间的生物群体共同组成了人类生存的美丽家园。由于人们缺乏生态环境保护意识，有些地方的自然生态环境遭受严重破坏，严重威胁到了人们的生产生活，已经不再适合人类居住。为了保护或恢复这些地方的生态环境并让这些地方的人民摆脱贫困，不得不采取易地搬迁措施。张涛、张潜、张志良认为，生态移民搬迁泛指因生态环境恶化而发生的人口迁移，主要是为了保护森林、草地、湿地及生物栖息地，减少人类活动对生态环境的压力、恢复重建生态环境而进行的搬迁②。孟琳琳、包智明认为，生态移民是将生态环境脆弱地区的人民群众转移出来，集中居住于新的村镇，以保护、恢复生态环境和促进经济发展的实践活动③。刘学敏认为，生态移民是把原来位于环境脆弱地区分散的人口，通过移民方式集中起来，形成新的村、镇，让生态环境脆弱地区达到人口、资源、环境和经济社会的协调发展④。

（4）国家发展的需要

这一类的易地搬迁主要是指我国水电资源开发建设、大型水库建设、大江大河治理或是国家大型项目规划建设等方面的需要，与我国社会经济发展息息相关而实施的易地搬迁。特别是十一届三中全会确立以经济建设为中心以来，为了我国社会经济的快速发展，大力引进大型外资企业在我国投资建厂，修建大型水库、设立大型工厂等，这些大型工程选址点的人民群众被迫搬迁至另外一个地方生产生活，最为典型的是水库移民和工程移民。陈绍军等人认为，水库移民是由于兴建水库而造成的人口迁移和社会经济恢复重建活动，是水利水电工程建设的重要组成部分⑤。罗用能认为，水库移民是由于水利水电工程建设

---

① 王永平，陈勇．贵州生态移民实践：成效、问题与对策思考［J］．贵州民族研究，2012（5）：77-83.
② 张涛，张潜，张志良．三江源区生态移民的规模及后续产业的选择［J］．中国人口科学，2005：28-33.
③ 孟琳琳，包智明．生态移民研究综述［J］．中央民族大学学报，2004（6）：48-52.
④ 刘学敏．西北地区生态移民的效果与问题探讨［J］．中国农村经济，2002（4）：47-52.
⑤ 陈绍军，程军，史明宇．水库移民社会风险研究现状及前沿问题［J］．河海大学学报，2014（2）：26-30.

被迫离开祖祖辈辈生息之地、在外力推动下向外迁移的群体①。邹海霞、张兆军认为，工程项目嵌入农村用地需求会对征地拆迁的农户进行移民，这对这些生活在传统的长期处于稳定状态的农民的生存、生产生活方式产生了极大的影响，在一定程度上打破了传统、封闭、稳定的乡村社会结构，同时也带动了区域社会经济发展②。

3. 易地扶贫搬迁的类型研究

新中国成立以来，我国易地扶贫搬迁工作取得了丰硕成果，积累了诸多成功经验。学术界关于易地扶贫搬迁的研究成果，大致分为吊庄移民搬迁、水库移民搬迁、生态移民搬迁、易地搬迁精准扶贫四个类型。

（1）吊庄移民搬迁

"吊庄"是宁夏农民的一种传统的生产生活方式，是指一户人家走出去一两个劳动力，到其他地方开荒种地，并在开荒之地建一个简陋且供暂栖的住所，即一户或是一庄分吊两个地方，因而称之为"吊庄"。我国学者对吊庄移民进行了诸多研究。桑敏兰认为，吊庄移民是指移民在搬迁初期，搬入地与搬出地都有移民的住房和土地，待搬入地得到开发，生产生活基本稳定后再搬迁③。黄承伟认为，吊庄移民是宁夏回族自治区借助国家专项资金的扶持，动员居住在南部山区一些生存条件极度恶劣地方的贫困群众，搬迁至交通便利、能源充足、有水利灌溉条件的引黄灌区的大片荒地上进行开发性建设，创建新的家园④。罗强强认为，吊庄移民是指宁夏党委政府根据"以川济山、山川共济"的扶贫政策，动员宁夏南部山区部分生产生活条件比较落后的贫困群众，搬迁至有灌溉条件的荒地上进行扶贫开发，创建新的家园⑤。潘华、马伟华认为，吊庄移民是指宁夏回族自治区人民政府在国家扶贫资金的支持下，将居住在宁夏南部"西海固"地区的由于环境恶劣而无法维持正常生活的人民群众，集中搬迁至黄河

①　罗用能. 生态文明视角下的水库移民安置政策研究［J］. 贵州社会科学，2013（12）：75-77.

②　邹海霞，张兆军. 工程移民生产方式转换的选择行为［J］. 广西民族大学学报，2019（6）：137-144.

③　桑敏兰. 论宁夏的"生存移民"向"生态移民"的战略转变［J］. 生态经济，2004（S1）：23-25.

④　黄承伟. 中国农村扶贫自愿移民搬迁的理论与实践［M］. 北京：中国财政经济出版社，2004：313.

⑤　罗强强. 宁夏民族地区的扶贫开发［J］. 西南民族大学学报，2009（5）：48-51.

灌区能够得到便利灌溉的地方①。郑国琴、王朝良认为，吊庄移民是宁夏经过多年实践的一种生态移民模式，是宁夏回族自治区人民政府将贫困人口成批地从一个生态脆弱地区迁至另一个有荒地资源的地区，重建新家园，构建新社区，实现脱贫致富和可持续发展②。文妮从民生效益的角度出发，分析了宁夏吊庄移民工程带来了民生生态、民生经济、民生收入和民生社会环境的变化，探讨了吊庄移民工程关注民生的意义。她认为吊庄移民工程关注民生面临着移民区生态环境与经济效益之间的矛盾问题，产业结构单一、经济效益低下问题，教育发展不平衡、文化素质较低问题，回族文化适应问题和移民社会管理问题，从而提出要加强生态环境保护，加强技术投入，采取多种方式全面提高农村劳动者素质，加强移民的宣传和引导以及加快基础设施建设和社会管理制度的完善。③潘华、马伟华从文化适应的视角研究了宁夏吊庄移民的生育观念，认为吊庄移民对生育子女数量、性别以及子女入学的态度已经发生了巨大的改变。这是因为政治、经济和文化等诸多因素的影响，移民不得不从思想深处尽快改变自己，并重新完成对自身的角色定位④。

（2）水库移民搬迁

陈胜东、孔凡斌认为，水库移民搬迁主要是因水利水电资源开发建设或是大江大河治理而发生的、国家或政府主导的、多方参与的、有组织的、大规模的非自愿人口迁移过程及其引发的社会经济系统重建活动⑤。陈绍军等人认为水库移民是由于兴建水库而造成的人口迁移和社会经济恢复重建活动，是水利水电工程建设的重要组成部分⑥。罗用能认为，水库移民是由于水利水电工程建设被迫离开祖祖辈辈世代生息之地、在外力推动下向外迁移的群体⑦。我们可以从中看出水库移民最显著的特征是国家因水利水电资源开发建设或是大江大河治

① 潘华，马伟华．移民的文化适应：宁夏吊庄移民的生育观念调适［J］．南方人口，2008（2）：50-55.
② 郑国琴，王朝良．论宁夏吊庄移民实践中的环境治理与可持续发展［J］．宁夏社会科学，2008（6）：207-109.
③ 文妮．宁夏"吊庄移民"工程与民生效益［J］．黑龙江民族丛刊，2011（1）：39-42.
④ 潘华，马伟华．移民的文化适应：宁夏吊庄移民的生育观念调适［J］．南方人口，2008（2）：50-55.
⑤ 陈胜东，孔凡斌．农户生计改善视域下区域易地扶贫搬迁政策评价研究［M］．北京：经济管理出版社，2019：14.
⑥ 陈绍军，程军，史明宇．水库移民社会风险研究现状及前沿问题［J］．河海大学学报，2014（2）：26-30.
⑦ 罗用能．生态文明视角下的水库移民安置政策研究［J］．贵州社会科学，2013（12）：75-77.

理等经济重要活动的需要而引起的非自愿性的移民搬迁。新中国成立至今，完成了三门峡、新安江、丹江口等诸多大型水库建设，安置了大量的水库工程的移民。在移民安置方式上，国家逐渐改变了原先移民后靠安置的单一模式，采用了跨省外迁移民以及其他移民安置模式，如将重庆库区的 16 万余名农村移民迁移至湖南、上海、江西等 11 个省市。我国学者对水库移民搬迁研究重在实证调研的基础上展开探讨，研究移民社会保障、移民安置问题、移民适应与整合、移民返迁问题和移民后期扶持与发展等问题。张勇基于丹江口水库移民返迁意愿的调查，认为造成水库移民返迁的原因众多，但是生产适应是其中一个非常重要的因素，并运用定量和定性的方法分析了生产适应对水库移民返迁意愿的影响，生产适应越困难者，返迁意愿越强烈。针对这一结论，他认为，在外迁安置前要充分考虑迁入地与迁出地的文化差异，避免文化差异过大，移民土地要有保障，教育培训与脱贫相结合以及因地制宜调整农业产业结构。① 陈绍军等人认为，我国水库移民社会风险研究关注的前沿问题主要有水库移民权益保障研究、水库移民社会风险控制研究、水库移民社会稳定风险评估、水库移民社会冲突研究和水库移民社会风险管理研究五个方面，需要采用多学科的视角丰富移民风险研究，推进移民工作，共建和谐社会②。罗用能从生态文明的视角研究水库移民搬迁安置，要特别注重库区、安置区的生态保护、移民个体的全面发展、小康社会建设和可持续发展等问题。并要求创新移民安置方式，破解环境资源制约；适当提高征地移民补偿标准，增加生产安置补偿费；加大后期扶持力度，推进库区安置区跨域发展；提高移民综合素质，促进移民个体的全面发展③。孙良顺认为，由于我国精准扶贫战略的深入推进，水库移民后期扶持项目的精准化供给成为政策调整的核心趋势，但是在执行过程中基于利益平衡和博弈妥协的执行策略，导致移民需求被遮盖、权力配置缺乏制衡、资金使用绩效较低和部门协作较难实现等困境，这就需要以"精准化"为导向，确保精准匹配移民需求，优化配置方式，破除权力分割壁垒，整合调动多元主体，等等，根治水库移民贫困问题④。

---

① 张勇. 生产适应对工程性移民返迁的影响 [J]. 中南民族大学学报，2003（3）：98-101.

② 陈绍军，程军，史明宇. 水库移民社会风险研究现状及前沿问题 [J]. 河海大学学报，2014（2）：26-30.

③ 罗用能. 生态文明视角下的水库移民安置政策研究 [J]. 贵州社会科学，2013（12）：75-77.

④ 孙良顺. 水库移民后期扶持项目运作中的政策执行失准 [J]. 湖湘论坛，2018（6）：123-132.

（3）生态移民搬迁

在我国，易地扶贫搬迁和生态移民搬迁之间最大的区别在于：易地扶贫搬迁是把自然生态环境恶劣、生存条件极度艰苦地区的贫困户搬迁至更加适宜人类生存和发展的地区而摆脱贫困，而生态移民的目的是保护或是恢复原搬迁地已破坏的自然生态环境。我国学者在生态移民概念、生态移民政策、生态移民安置和生态移民效益分析等方面都进行了深入研究。桑敏兰认为，生态移民是指原居住在自然保护区、生态环境严重破坏地区、生态脆弱区以及自然环境条件恶劣、基本不具备人类生存条件地区的人口，搬离原来的居住地，到另外环境较好的地区定居的活动①。张涛等人认为生态移民是为了保护森林、草地、湿地及生物栖息地，减少人类活动对生态环境的压力，恢复重建生态环境而进行的搬迁②。刘学敏认为，生态移民是从改善和保护生态环境、发展经济出发，把原来位于环境脆弱地区分散的人口，通过移民方式集中起来，形成新的村、镇，让生态环境脆弱地区达到人口、资源、环境和经济社会的协调发展③。陶少华基于基层政府政策视角，通过对渝东南民族地区的实地调查研究，认为民族地区生态移民面临着建房资金筹集乏力、少数贫困户无力搬迁、基础设施和公共服务投入不足且发展滞后、移民后续产业发展和生计保障困难、移民政策落地较难、基层管理滞后以及移民生活观念落后等问题。生态移民工作需要提高基层政府效率、多渠道筹措资金，强化基层政府部门间协作、保障突出问题顺利解决，基层政府应加强产业支撑、技能培训和多措施并举力促生态移民政策落到实处，创新基层政府社会管理方式和改变搬迁群众的生活观念④。祁进玉、陈晓璐基于三江源地区生态移民的实地调查，详细分析了生态移民群体的异地安置情况和生态移民经济社会变迁与逐步适应情况，认为只要生态移民群众的易地生活生产安排得当，搬迁群众的社会适应能力得到充分发挥，在自然生态环境得到保护和改善的同时，是可以实现经济社会的可持续发展的。实施生态移民政策是既有利于改善和保护自然生态环境，也有利于惠及民生的一种重要措

① 桑敏兰．论宁夏的"生存移民"向"生态移民"的战略转变［J］．生态经济，2004-12-30．

② 张涛，张潜，张志良．三江源区生态移民的规模及后续产业的选择［J］．中国人口科学，2005：28-33．

③ 刘学敏．西北地区生态移民的效果与问题探讨［J］．中国农村经济，2002（4）：47-52．

④ 陶少华．基层政策视域下民族地区生态移民的现实困境与优化路径［J］．西南民族大学学报，2018（10）：203-207．

施。① 贾耀峰对我国从 20 世纪 80 年代初以来的生态移民效益评估文献进行了全面的梳理，从评估对象、内容、方法和结果等方面进行了分析，认为我国未来生态移民效益评估要以第三方作为评估主体，甄选适宜的指标和方法对生态移民政策的制定、实施及效果进行全程考察和评估②。

（4）易地搬迁精准扶贫

易地搬迁精准扶贫主要是指我国实施精准扶贫战略以来，为了让广大贫困群众摆脱贫困过上小康生活而实施的搬迁。我国易地搬迁精准扶贫是由国家主导、政策支持、地方政府执行的，是我国典型的重要扶贫策略之一。张玉强、李祥认为，易地搬迁精准扶贫是指坚持"时间节点要精准、搬迁对象要精准、规划编制要精准、资金使用要精准、政策把握要精准"的五个原则，将贫困人口搬迁到基础设施较为完善、居住条件好、具有良好的生存发展潜力的地方，使其能够更好地跟上现代社会发展的步伐，接受到更好的教育，为其脱贫致富创造良好的条件③。谭贤楚、胡容认为，我们在易地扶贫搬迁的实际工作中要以"精准"二字作为识别标准，识别人员要亲自到该户了解实际情况，不能让真正贫困群体被边缘化而得不到应有的帮助。同时，由于社会的发展与进步，存在着不确定性的客观因素，让贫困户呈现出明显的动态化特征，给贫困户的精准识别与帮扶带来了一定的困难。政府工作人员需要深入贫困群众，根据贫困户的具体情况进行精准识别，给予对口型的帮扶，切实帮助贫困户，从而提高政府的公信力。④ 鲁能、何昊从易地搬迁精准扶贫的效益出发，详细分析了易地搬迁精准扶贫的理论依据与现实依据，从社会、经济、文化、政治、生态五个方面评价易地扶贫搬迁的精准扶贫效益，认为社会效益是易地搬迁精准扶贫的基础效益，经济效益是易地搬迁精准扶贫的核心效益，而政治效益、文化效益和生态效益是易地搬迁精准扶贫的延伸效益⑤。郭俊华、边少颖基于恒大集团对大方县扶贫的实地考察，总结出恒大集团易地搬迁精准扶贫的扶贫经验和扶贫模式。针对政府主导扶贫工作存在资源配置低效、信息扭曲和措施不力等缺陷，

---

① 祁进玉，陈晓璐. 三江源地区生态移民异地安置与适应 [J]. 民族研究，2020 (4)：74-86.

② 贾耀峰. 中国生态移民效益评估研究综述 [J]. 资源科学，2016，38 (8)：1550-1560.

③ 张玉强，李祥. 我国集中连片特困地区精准扶贫模式的比较研究 [J]. 湖北社会科学，2017 (2)：46-56.

④ 谭贤楚，胡容. 精准扶贫中的"易地扶贫搬迁"：制约因素与社会影响 [J]. 湖北民族学院学报，2018 (3)：75-79.

⑤ 鲁能，何昊. 易地移民搬迁精准扶贫效益评价：理论依据与体系初探 [J]. 西北大学学报，2018 (4)：75-83.

建议政府为参与扶贫的企业提供政策优惠，增强扶贫企业的社会责任感；加强对扶贫企业的引导，建立企业扶贫数据库；建立扶贫企业宣传、奖励、监督和约束机制①。贺立龙等人认为，加大对深度贫困人口的易地搬迁力度是破除深度贫困的重要举措，而强制搬迁、粗放搬迁、安置包揽、安置包办、只搬不扶、有搬无业等政策执行偏差，降低了搬迁脱贫的精准性和施策成效。他认为，针对不同生计类型和搬迁意愿的贫困户，要实行搬迁政策引导；精准安置帮扶；优化搬迁考核评估；以减贫定搬迁、谋发展。② 何得桂等人从基层治理状况对移民搬迁政策执行的影响出发，认为精准扶贫是一项极其复杂且需要创造性的工作。实施减贫机制、公众参与机制和干部驻村帮扶机制，不仅是帮助基层干部摆脱作风贫困、思想贫困，而且还要引导和帮助基层摆脱治理方式和治理能力的贫困。同时，要对真正需要帮扶对象铲除穷根，注意规避和消除基层治理中的穷根，加强基层治理的规范化、现代化和党的领导，才能有效地促进精准脱贫政策落地③。

4. 易地扶贫搬迁的安置模式研究

从易地扶贫搬迁安置方式来看，不同的安置方式影响搬迁后移民的生产生活方式，这与移民自身后续的适应能力和思想观念的转变有关，也体现了国家对搬迁后安置工作的高度重视。我国易地扶贫搬迁安置模式多种多样，如集中安置、分散安置、跨区域安置、就近安置等。但这些安置形式并不适用于所有的易地扶贫搬迁，而是要因地制宜，根据当地具体情况，比如要考虑迁入地的自然资源、土地资源、交通条件、经济发展状况以及搬迁成本等诸多因素，选择最佳的安置模式。我国学者对易地扶贫搬迁安置模式进行了深入研究。王永平等人总结出贵州易地扶贫搬迁的安置模式，主要有旅游景区开发安置、小城镇集中安置、山上搬下山安置和退耕还林逐步安置等十种安置模式，并对每一种安置模式作了评价。他认为易地扶贫搬迁是见效快、返贫率低、可持续发展后劲强的扶贫措施。虽然各种安置模式各有优劣，但都有其产生和存在的理由，不能一概否定或肯定，应该结合各地的实际情况，选择适宜的安置模式。④ 李锦

① 郭俊华，边少颖. 西部地区易地移民搬迁精准扶贫的企业扶贫模式探析 [J]. 西北大学学报，2018（6）：43-52.

② 贺立龙，郑怡君，湖闻涛，於泽泉. 易地搬迁破除深度贫困的精准性及施策成效 [J]. 西北农林科技大学学报（社会科学），2017（6）：9-17.

③ 何得桂，党国英. 精准扶贫与基层治理：移民搬迁中的非机构性制约 [J]. 西北人口，2016（6）：55-62.

④ 王永平，袁家榆，曾凡勤，陈妮. 贵州易地扶贫搬迁安置模式的探索与实践 [J]. 生态经济（学术版），2008-5-20.

基于四川横断山区生态移民的实践分析，总结出了高山农业居民移民模式、高寒草原移民模式、干旱河谷区移民模式和横断山区边缘区市场化引导的自愿移民模式四种安置模式，归纳、总结四种安置模式的特点和主要存在的问题。她认为这四种移民安置模式并存的现象，为成功实施生态移民提供了更多的选择①。张茹等人基于陕西定边县移民扶贫的实地调研，总结出了中心村就近安置模式、小城镇安置模式和农业示范区安置模式三种安置模式以及各自的特点，运用 Hildebrand Frey 模式评价方法从经济效益、社会效益、环境效益和主体效益四个方面对这三种安置模式的效果进行了综合评价。她认为农业示范区安置模式是定边移民的特色，要改变整村搬迁集中安置的现状，实施分批搬迁，有选择性安置，针对不同的移民要因人制宜采取不同的安置模式。② 涂人猛认为，我国大型水电工程移民安置模式主要有集中安置与分散安置相结合的大农业模式、小城镇安置模式、成建制外迁到具备生存与发展条件的地区的安置模式和混合型安置模式四种安置模式。无论哪一种模式都是立足于移民安置点的资源，因地制宜，以土地资源开发农业为主、工商业开发为辅，发展当地经济。他对外迁集中大移民点的特点和发展进行了详细的分析，提出了"平地造新城"模式。这一模式是外迁集中安置的一种方式，是指对移民集中安置点进行统一规划和管理，充分利用政府扶持资金和优惠政策，采用专业合作社、企业、专业户等规模经营方式，发展大规模、集约化的高效农业以及其他特色工业，恢复移民的生产生活状况，满足移民离土不离乡的愿望，稳定移民的心态，达到移民搬迁妥善安置的目的。③ 杨文建、刘虹认为，库区的"离乡不离土、城乡联动"安置模式是在充分考虑移民环境容量的基础上，把移民的生产生活问题与城乡一体化的要求结合起来，将移民相对集中安置到集镇的一种新的安置模式，有利于解决库区移民的生活生产问题，降低生活风险，发展集镇产业并带动库区经济发展，最终实现库区城乡经济的梯度开发和协调发展④。许佳君、施国庆基于三峡外迁移民与沿海安置区的社会整合进行了探讨，认为沿海地区三峡外迁移民安置模式主要是集中安置和分散安置。集中安置就是将移民集中安置在

① 李锦. 四川横断山区生态移民安置模式 [J]. 贵州民族研究, 2007 (1): 64-71.

② 张茹, 王耀麟, 张爱国, 薛龙义. 陕西省定边县扶贫移民安置模式分析 [J]. 2014 (11): 315-318.

③ 涂人猛. "平地造新城": 外迁集中安置大移民点发展的基本模式 [J]. 江汉论坛, 2013 (11): 70-76.

④ 杨文建, 刘虹. 库区农村移民城乡联动安置模式的战略思考 [J]. 中国农村经济, 2003 (5): 40-44.

一个地方，形成自然村或村民小组，构建成行政村或村民小组，并纳入当地行政系统统一管理。分散安置就是将移民分散到安置区原有的村组中进行安置，不再建立新的建制村组。同时，对这两种安置模式的优点和缺陷进行了详细的阐释，并建议易地扶贫搬迁要因地制宜、采取适当的安置模式。① 而周丽和黎红梅从农户生计资本变动的视角，采用 DID（Differences-in-Differences）模型探讨集中安置移民与分散安置移民的生计资本水平和结构的差异性，他们认为集中安置移民相比分散安置移民的生计资本总量显著增加，为完善易地扶贫搬迁后续配套政策提供参考依据②。王晓毅认为，要谨慎评估易地扶贫搬迁的需求，逐步减少集中安置模式（除严重自然灾害地区的贫困人口需要集中安置之外），提高资源利用率，着重强调就地扶贫，把产业发展和扩大就业作为工作的核心，促进移民就业，从而实现从非自愿移民的安置方式向自愿移民的安置方式的转变③。王永平、吴晓秋等人对贵州省土地资源稀缺地区的生态移民安置模式进行了探讨研究，提出了易地扶贫搬迁要采用以城镇集中安置模式为主、其他安置方式为补充的思路，对依托城镇发展对生态移民安置过程中应着重关注安置城镇选择问题、城镇基础设施与公共服务设施问题、移民的培训和就业问题、移民社会适应性问题以及控制移民搬迁成本问题④。丁同民等人对黄河下游滩区的移民搬迁进行了研究，认为黄河下游滩区的移民搬迁要采用城市近郊移民安置方式、产业移民方式、中心城镇移民方式和就地安置方式，不断推进和完善移民搬迁的体制机制⑤。魏珊、余江认为，参与式移民搬迁是非自愿性移民搬迁的最佳方式，让非自愿性搬迁移民参与到安置过程中，让他们了解移民安置政策、安置进程、安置程序、安置目标以及公开各项与安置有关的信息，消除他们的疑虑，从而达到易地扶贫搬迁的目的⑥。

① 许佳君，施国庆. 三峡外迁移民与沿海安置区的社会整合 [J]. 江海学刊，2002（6）：94-99，206-207.
② 周丽，黎红梅. 易地扶贫搬迁安置模式与农户生计资本变动 [J]. 湖南科技大学学报（社会科学），2020（3）：85-92.
③ 王晓毅. 易地扶贫搬迁方式的转变与创新 [J]. 改革，2016（8）：71-73.
④ 王永平，吴晓秋等. 土地资源稀缺地区生态移民安置模式探讨 [J]. 生态经济，2014（1）：66-69.
⑤ 河南省社会科学院课题组：丁同民、韩鹏、生秀东、王宏源. 黄河下游滩区移民搬迁问题研究——以河南省黄河滩区为例 [J]. 中州学刊，2014，216（12）：80-84.
⑥ 魏珊，余江. 非自愿性移民的可持续安置 [J]. 中国人口·资源与环境，2009（5）：76-81.

5. 易地扶贫搬迁后续发展研究

易地扶贫搬迁后续发展，是指居民因生存环境恶劣、生产生活困难或是其他原因而搬迁至其他区域居住，充分利用安置地的自然资源、地理环境、社会资源和地方特色发展社会经济，走上可持续发展的道路。易地扶贫搬迁不是一搬了之、一蹴而就的短期工程，而是一个为了实现搬迁群众能够"搬得出、稳得住、能致富"的长期工程。我国学者对易地扶贫搬迁后续稳定发展极为关注，学者们从多视角、多维度、多方位进行了深入探讨，对我国易地扶贫搬迁后续稳定发展提供了参考。

(1) 易地扶贫搬迁后续产业发展

从易地扶贫搬迁后续产业发展的视角，张涛等人认为，民族地区的生态移民后续产业要遵循特色经济原则、民族经济原则、外部驱动原则、科技驱动原则和稳步推进原则，产业发展要以保护环境为前提、以不破坏自然生态环境为底线，立足于绿色、生态产业①。王放、王益谦认为，经济持续快速发展是稳定的前提。少数民族贫困地区实施有组织、有计划的生态移民，移民通过集中安置，使移民生产生活相对集中，改变了过去农（牧）民基本生产单位、各户分散经营的生产组织形式，逐步走上了"公司+基地+农户"的产业化经营道路，有利于特色资源开发和特色产业生产，政府要依托生态移民安置区的旅游、矿产等资源，发展相关的产业和服务业②。郭俊华、赵培认为，要依托当地自有资源，选择适合本地区发展、具有比较优势和长远市场发展潜力的特色产业，通过扶贫优惠政策吸引较强的企业参与产业扶贫。切实结合各个贫困村的实际情况及需求，因地制宜探索出适合各地的产业模式并加以优化，大力发展农业和特色产业，提供大量就业岗位，帮助有劳动能力的贫困户脱贫，从而带动当地经济发展③。张丽君、王菲论述了我国西部牧区生态移民的现状，并总结出生态移民后续发展面临着迁入地的选址缺乏研究导致新的生态破坏、后续产业发展滞后、移民资金不足、移民的故土情结和少数民族的文化、风俗习惯等问题。特别是少数民族地区，要根据地区实际情况培育、发展服饰、工艺品等民族手工业，以此推进生态移民后续产业发展，增加移民就业岗位和经济收入，从而

---

① 张涛，张潜，张志良. 三江源区生态移民的规模及后续产业的选择 [J]. 中国人口科学，2005：28-33.

② 王放，王益谦. 论生态移民与长江上游可持续发展 [J]. 人口与经济，2003 (6)：63-68.

③ 郭俊华，赵培. 西北地区易地移民搬迁扶贫 [J]. 西北农林科技大学学报，2019 (4)：69-77.

稳定移民的生活①。张丽君、吴俊瑶基于阿拉善盟生态移民后续产业发展的田野调查，着重分析了生态移民后续产业的发展状况、存在的问题和面临的困境。他们认为阿拉善盟生态移民后续产业发展必须建立长效机制，将经济利益、生态利益和社会利益结合起来，要因地制宜培育和发展产业向绿色产业发展，要加快和引导相关产业的发展，要加快建立和完善生态移民后续产业中二、三产业的专项扶持机制和加强择业培训②。

（2）易地扶贫搬迁后续生计可持续发展

学术界从多维度、多视角、多层面对易地扶贫搬迁生计可持续发展进行了研究，出现了众多的优秀成果。刘伟和黎洁认为，生计能力是家庭利用已有知识技能获取资源以满足自身发展的能力③。李雪萍和魏爱春认为，搬迁户的生计能力是他们通过改变自然居住环境规避风险，并在搬迁后充分利用现有资源存量与外界有利条件，不断整合资源、学习新技能、适应新环境并促进家庭可持续发展的能力与过程④。钱伯斯（Chambers）认为，生计能力不仅指行动者面对脆弱性环境时的，被动调适能力，而且强调他们主动处理和应对冲击，并不断利用和创造机会的能力⑤。也有学者指出生计能力是政府给予的在土地或住房安置、就业安置及社会保险方面的能力⑥。或是指应对脆弱性环境、实现生计可持续的能力⑦。马国璇、周忠发等人引入搬迁群众的主观满意度，对可持续生计分析框架进行改进，建立搬迁群众可持续生计评价指标体系和耦合协调模型，对其生计持续性及生计资本对生计稳定性的影响进行分析⑧。基于可持续生计分

①　张丽君，王菲. 中国西部牧区生态移民后续发展对策探析［J］. 中央民族大学学报，2011（4）：31-36.

②　张丽君，吴俊瑶. 阿拉善盟生态移民后续产业发展现状与对策研究［J］. 民族研究，2012（2）：22-34.

③　刘伟，黎洁. 提升或损伤？易地扶贫搬迁对农户生计能力的影响［J］. 中国农业大学学报，2019（3）：210-218.

④　李雪萍，魏爱春. 摆动型生计：生计能力视域下的生存策略选择［J］. 吉首大学学报，2020（4）：65-74.

⑤　Robertc. Vulnerability, Coping and Policy（Editorial Introduction）［J］. *IDS Bulletin*，2006（4）：33-40.

⑥　赵曼，张广科. 失地农民可持续性生计及其制度需求［J］. 财政研究，2009（8）：36-38.

⑦　何家军. 水利工程移民生计能力再造研究［D］. 武汉大学博士学位论文，2014.

⑧　马国璇，周忠发等. 改进可持续生计框架下易地扶贫搬迁前后农户生计对比分析［J］. 中国农业资源与区划，2022（5）.

析框架，学者将生计能力转化为生计资本①，通过定量分析生计资本的变化②，衡量生计能力的变化③。也有学者将可行能力与生计能力相结合，并将其转化为资本，从而提升获取能力、就业能力和对社会风险的应对能力④。还有学者将生计能力置于动态的过程中进行具体化，主要体现在资源整合能力、风险控制能力、环境适应能力和生计创新能力方面，不断提高移民的可持续生计能力⑤。赵曦等人认为，搬迁户必须在国家、社会的扶持下依靠自身力量走自我发展道路，积极参与到易地扶贫搬迁后续发展中去，发扬自力更生、艰苦奋斗、奋发图强和自强不息的创业精神，克服"等、靠、要"思想，改变消极畏难、宁愿苦熬不愿苦干的精神状态，积极参加政府开展的基础教育、职业技术培训和其他各种培训，不断提高自身能力，尽快适应迁入地的环境，并摆脱贫困⑥。常艳基于西部地区易地扶贫搬迁的土地安置能力进行分析，将搬迁户安置到小城镇附近，政府只提供宅基地，意味着搬迁户告别了原有农业生计方式，需要鼓励他们重新掌握新的生存技能，特别是劳务输出或是经商⑦。徐龙顺等人认为，要提高搬迁户的民主参与意识，政府要认可搬迁群众作为参与者的存在与主体地位，以及在维护他们合法权利的前提下，争取实现搬迁群众参加者的共同利益⑧。

（3）易地扶贫搬迁后的文化与教育发展

一个人、一个村或是一个乡镇易地扶贫搬迁后，如何适应新的文化环境、保护和传承优秀传统文化，成为众多学者研究的重点。方静文认为，从农村搬迁到城市，不是简单的物理移动，而是文化遭遇，是农耕文化与城市文化的碰撞，并且这种碰撞是瞬时发生和人为造成的，因而文化不适是不可避免的。文

---

① 丁士军，张银银，马志雄. 被征地农户生计能力变化研究——基于可持续生计框架的改进 [J]. 农业经济问题，2016（6）：25-33.

② 赵锋，邓阳. 甘肃省独生子女户与多子女户生计能力的比较分析 [J]. 人口与经济，2015（1）：64-71.

③ 蔡洁，夏显力. 农户农地转出行为诱因及对其生计能力的影响研究 [J]. 南京农业大学学报（社会科学版），2018（4）：98-108.

④ 张峻豪，何家军. 能力再造：可持续生计的能力范式及其理论建构 [J]. 湖北社会科学，2014（9）：41-47.

⑤ 赵锋. 可持续生计与生计动态能力分析：一个新的理论研究框架 [J]. 经济研究参考，2015（27）：81-87.

⑥ 赵曦，严红，刘慧玲. 西部农村扶贫开发战略模式研究 [J]. 经济问题研究，2007（12）：75-80.

⑦ 常艳. 西部地区易地扶贫搬迁的土地安置能力分析 [J]. 经济问题探索，2008（6）：155-157.

⑧ 徐龙顺，李婵，黄森慰. 精准扶贫中的博弈分析与对策研究 [J]. 农村经济，2016（6）：15-21.

化既可以是易地扶贫搬迁的助力，也可以是易地扶贫搬迁的阻力，关键在于如何运用。他认为决策者要提高文化敏感性，发现文化不适的具体症结，充分发挥搬迁群众的主体性和能动性，才有可能尽快实现文化适应，让文化成为易地搬迁的助力①。罗银新认为，易地扶贫搬迁是将农民从乡村熟人社会搬迁到城镇陌生人社会的过程。熟人社会更多靠情感维系发展，陌生人社会则更多靠契约来约束彼此，这是乡村熟人文化和现代理性文化的体现、折射。把社区教育作为中介，促进搬迁人员的文化适应，提高搬迁人员的适应能力②。梁雪萍基于敖鲁古雅鄂温克民族的实地考察，认为生态移民让民族文化脱离了赖以生存的场域，出现了民族文化堕距与代际矛盾、民族文化模式的同化与冲突、民族信仰和风俗的弱化问题。政府需要从制定少数民族文化发展规划、创新少数民族社区善治模式、提高政府公信力、改善民族话语权、创新民族自治发展模式、加强对民族文化"符号"的保护、提高青少年文化素质、发挥教育的文化传承作用和多方合力打造特色旅游文化体系着手，开辟出一条符合民族期盼、具有民族特色的民族文化发展道路，实现民族文化的保护、传承和社会的发展③。在教育方面，杨智认为，社区教育不但有助于乡村振兴战略的落实、脱贫长效机制的建立、搬迁地区终身教育体系的构建，而且有助于搬迁移民尽快适应新社区的生活生产方式，实现搬迁后"稳得住、能致富"的目的④。肖菊、梁恒贵认为，教育保障能够有效推动易地扶贫搬迁，优质教育能让搬迁户子女重塑自信⑤。袁利平、姜嘉伟认为，塑造良好文化环境，可以激发居民现代乡村建设热情；把优秀乡村文化纳入教育，是传承乡村优秀文化的有效路径⑥。费胜章论述了青海省互助土族自治县班彦村落文化特征及产业现状，分析了文化产业发展在人力资本及积累、文创产品与营销、风险投资和创新、产业集群与竞争四个方面面临的挑战。他认为文化产业发展要把握传统文化产业市场取向、突出民族传统特色、坚持"一优两高"的基本原则、辩证处理和统筹村落经济发展与

①　方静文．时空穿行［J］．贵州民族研究，2019（10）：52-57.
②　罗银新，胡燕，腾星．从鸿沟到共生：易地扶贫搬迁人员文化适应的特征及教育策略［J］．当代教育与文化，2020（5）：38-44.
③　梁雪萍．生态移民的文化困境研究［J］．黑龙江民族丛刊，2017（2）：31-37.
④　杨智，杨定玉．城乡融合视域下易地扶贫搬迁移民社区教育发展探究［J］．现代远程教育研究，2021（1）：56-86.
⑤　肖菊，梁恒贵．贵州易地扶贫搬迁安置点教育保障研究［J］．贵州社会科学，2019（7）：102-107.
⑥　袁利平，姜嘉伟．关于教育服务乡村振兴战略的思考［J］．武汉大学学报，2021（1）：159-169.

民族传统文化、文化事业与民族传统文化产业、均衡发展与非均衡发展、加快发展和可持续发展等的相互关系。班彦村要立足本村土族民俗文化资源，积极发展民族刺绣、民族服饰等手工业产业，积极带动当地经济发展①。

（4）易地扶贫搬迁后的城镇化发展

新型城镇化是我国近年来研究的热点，目前的研究趋向于成熟，主要从新型城镇化特征、新型城镇化建设面临的困境和新型城镇化建设路径三个方面进行研究，给我国新型城镇化建设提供重要参考。易地扶贫搬迁与新型城镇化的协调发展研究，主要针对我国易地扶贫搬迁集中安置模式或是在城镇附近安置模式。何得桂认为，移民搬迁与就地城镇化相结合的形式是我国新型城镇化的一种创新模式②。白燕、李静选取新疆六种生态移民城镇化模式区域，对其生态移民城镇化效应进行研究，认为城镇化对生态移民的发展有一定的促进作用。城镇化使得移民生活生产方式均有所改善，也与我国对口援疆政策投入资金大、生活环境变化大、城镇化进程快有直接的关系。但是城镇化与生态移民之间还没有完全形成完美的"契合点"，两者之间的互相促进作用还未充分发挥，还需要从培育后续产业、创造良好环境和提高移民技能着手③。文兵认为，易地扶贫搬迁与新型城镇化、农业现代化协调发展，有利于促进农业增效、农民增收、农村繁荣，打造美丽、和谐、宜居的新型社区、新型集镇和新型城镇④。刘军对新常态下脱贫攻坚中的易地扶贫搬迁与城镇化建设问题进行了探讨，认为创新扶贫理论、提高扶贫能力、整合各种资源和改革创新扶贫工作的新体制、新机制是解决易地扶贫搬迁与城镇化建设问题的有效举措⑤。赵双分析了X乡易地扶贫搬迁推进过程中面临着城镇规划不合理、搬迁动员效果不佳、财政负担重、搬迁对象反悔现象等问题，认为应在城镇发展规划、扶贫资金监管、生计保障、干部培训、配套措施跟进等方面加大力度，确保易地扶贫搬迁工作与城镇化建

---

① 费胜章. 易地搬迁土族村落文化产业可持续发展研究 [J]. 青海民族研究，2019（2）：50-54.

② 何得桂. 山区避灾移民搬迁政策执行研究——陕南的表述 [M]. 北京：人民出版社，2016：1.

③ 白燕，李静. 新疆生态移民城镇化效应研究 [J]. 新疆社会科学，2016（5）：49-55.

④ 文兵. 如何处理好易地扶贫搬迁与新型城镇化和农业现代化的关系 [N]. 中国民族报，2017-1-6.

⑤ 刘军. 新举措 新问题 新对策——关于易地扶贫搬迁与城镇化建设问题的探析 [J]. 经济研究参考，2015（26）：65-68.

设推进和搬迁群众的可持续发展。①

（5）搬迁群众的市民化研究

农民市民化是指传统农民向城镇转移，并在城镇生活而逐渐转变为城镇市民的一种过程。易地扶贫搬迁策略是一种让农民变市民的方式，这一策略让搬迁农民在三个方面发生了巨大的变化，即身份变化（农民变市民）、空间变化（农村变城市）和生活生产变化（传统的农村生活生产方式变为城市生活生产方式）。如何让搬迁农民尽快去适应这三个方面的变化并在城镇中摆脱贫困、过上幸福生活，成为众多学者研究的重点。向德平认为，易地扶贫搬迁贫困户的市民化是在一种特定政策背景的推动下，是毫无准备状态下的"被动市民化"。他以土地增减挂钩政策为背景探讨易地扶贫搬迁贫困户市民化的困境及解决路径，认为易地扶贫搬迁贫困户市民化存在着三个方面的困境：一是文化层面的市民化困境。二是经济层面的市民化困境；三是身份角色层面的市民化困境。他提出从三个方面加以解决：一是分类施策，分层次推进易地扶贫搬迁贫困户的市民化；二是搞好配套建设，用发展的方法推进易地扶贫搬迁贫困户的市民化；三是以公共服务供给为切入点，构建易地扶贫搬迁贫困户的社会支持系统。② 王寓凡、江立华从空间视角出发，认为易地扶贫搬迁实际上是一个空间再造的过程，而制度性—能动性空间打造是推动农村搬迁贫困人口市民化的关键③。何玲玲、吕翠丽基于广西少数民族聚居地区的实践表达，对易地扶贫搬迁与搬迁人口市民化耦合进行了研究，认为易地扶贫搬迁与搬迁人口市民化存在两个方面的问题：一是搬迁人口自身存在的问题，主要体现在搬迁人口身份的转变、精神贫困问题突出、搬迁意愿不强、乡土情结难舍以及搬迁人口自身发展动力不足等问题；二是客观因素上的搬迁人口市民化的困境，主要体现在当地经济发展基础薄弱，如社会保障水平低、覆盖面窄，文化教育、医疗卫生、道路等公共基础设施不完善，产业基础薄弱，等等。他们通过耦合论与系统论进行耦合内部逻辑分析，对易地扶贫搬迁与搬迁人口市民化耦合提出了四条建议：一是解决搬迁人口就业问题；二是改变观念扶贫；三是完善公共服务供给；四是做

①　赵双. 易地扶贫搬迁在推进城镇化进程中面临的主要问题及对策探析 ［J］. 小城镇建设，2018（12）：11-17.
②　邹英，向德平. 易地扶贫搬迁贫困户市民化困境及其路径选择 ［J］. 江苏行政学院学报，2017（2）：75-80.
③　王寓凡，江立华. "后扶贫时代"农村贫困人口的市民化 ［J］. 探索与争鸣，2020（12）：160-166.

好易地扶贫搬迁宣传工作。① 冯伟林等人认为，易地扶贫搬迁后，政府应加强对搬迁群众的相关技能培训，开展各种活动让搬迁群众快速融入社会，构建新的社会网络，让搬迁群众在城镇化过程中快速市民化和市场化②。

6. 易地扶贫搬迁其他相关研究

关于易地扶贫搬迁的实践研究。易地扶贫搬迁不能帮助搬迁群众解决生产生活问题或是摆脱贫困问题，也不能对当地经济社会产生有利影响，那么易地扶贫搬迁就是失败的，与搬迁的初衷相悖，易地扶贫搬迁的意义就不大。因此，很多学者对易地扶贫搬迁的实践进行总结和分析。李博和左停以陕西王村的扶贫移民开发为研究对象，通过分析该村在易地扶贫搬迁过程中的搬迁户识别与动员、地方财政影响、工程验收中的治理缺失、搬迁后的可持续生计四个方面来透视易地扶贫搬迁的逻辑困境。压力型体制下的精准识别、扶贫治理的碎片化、精准扶贫中多重制度逻辑的围困和精准扶贫的可持续性困境四个逻辑困境，需要从四个方面加以应对：一是充分考虑各个贫困地区的特殊情况和发挥地方在扶贫中的自主权；二是加大对贫困地区的财政转移支付与扶贫专项资金的拨付力度；三是构建综合性贫困治理体系；四是不断强化扶贫搬迁后移民的可持续生计。③ 金梅和祁丽以湖北省公祖村91户搬迁户为对象，通过该村的易地扶贫搬迁工作实践，就其工作程序、方式、方法进行了调查分析和研究，发现该村易地扶贫搬迁存在着移民的乡土情结和生活习惯问题、新的居住环境适应性问题、搬迁后可持续发展问题、搬迁后技能学习和掌握问题。他们认为要加强政策宣传，耐心、细致地动员和慰抚，给易地扶贫搬迁安置提供多样性选择，采取科学规划产业培育与易地扶贫搬迁同步谋划等措施，以期能对精准扶贫工作有所借鉴。④ 张玉强、李祥对我国集中连片特困地区的旅游精准扶贫模式、金融精准扶贫模式和易地搬迁精准扶贫模式及其主要经验进行了详细的总结和分析，从三种实践模式中的实施条件、主要路径、困难性和扶贫成效四方面进行了比较分析。他们认为要尊重地区之间的差异性，因地制宜选择精准扶贫模式；做好精准操作工作是实现脱贫的关键和核心；完善各项扶贫机制是精准化扶贫

① 何玲玲，吕翠丽. 易地扶贫搬迁与搬迁人口市民化耦合研究［M］. 北京：经济科学出版社，2018：241-242.

② 冯伟林，李树茁. 生态移民风险应对策略的选择及影响因素［J］. 农村经济，2016（9）：91-97.

③ 李博，左停. 遭遇搬迁：精准扶贫视角下扶贫移民搬迁政策执行逻辑的探讨［J］. 中国农业大学学报，2016（2）：25-31.

④ 金梅，祁丽. 精准扶贫与易地扶贫搬迁实践的思考与讨论［J］. 郧阳师范高等专科学校学报，2016（5）：4-9.

工作顺利完成的保障；创新精准扶贫模式是切实提高扶贫成效的重要路径。① 吴右认为，西藏自治区达嘎村易地扶贫搬迁的经验在于将精准扶贫思想贯彻到了易地扶贫搬迁工作之中。在易地扶贫搬迁工作开展过程中，做到了精准识别、精心选址、精细规划、精确推进、精准帮扶、精准管理和精准考核，为达嘎村的脱贫致富创造了条件。②

关于易地扶贫搬迁的效益研究。易地扶贫搬迁能否解决搬迁群众的贫困问题，能否对社会经济产生有利影响，这对全面建成小康社会、实现各民族共同富裕与发展有重要的影响。如果易地扶贫搬迁既不能解决贫困问题，也不能对社会经济发展产生积极影响，易地扶贫搬迁就没有实施的意义。因而，国内很多学者对我国易地扶贫搬迁所取得的效果以及相关的影响因素进行了深入研究。贾耀峰对我国从20世纪80年代初以来的生态移民效益评估文献进行了全面的梳理，从评估对象、内容、方法和结果等方面进行了分析，并认为生态移民效益评估要以第三方为评估主体，甄选适宜的指标和方法对生态移民政策的制定、实施及效果进行全程考察和评估③。邰秀军等人基于宁夏回族自治区10个移民村调查，采用FGT贫困测度指标和偏相关分析法，分析了集中片区和集中但不连片2种安置方式的减贫效果，并进行了量化研究和对比分析，认为集中但不连片的安置方式相对于集中连片安置方式更有利于移民家庭脱贫致富④。李军以甘肃省古浪县东乡族为研究对象，从经济、社会和生态三个方面详细分析了易地扶贫搬迁所带来的效益，认为易地扶贫搬迁解决了部分东乡族人口的贫困问题，并产生了巨大的经济效益、社会效益和生态效益⑤。刘学敏对我国西北地区生态移民的效果进行了研究，对生态移民中存在的问题和对策进行了阐述，认为生态移民对西北地区的经济、社会发展具有重要意义，肯定了生态移民是改善农牧地区民生和城镇化建设的有效途径⑥。郭俊华、赵培总结了我国西北地区易地扶贫搬迁取得的巨大成绩，认为其基本实现了"搬得出、稳得住、能致富"的目标，并从精准识别、资金整合使用、区位环境等不同角度分析了易地扶贫

① 张玉强，李祥. 我国集中连片特困地区精准扶贫模式的比较研究［J］. 湖北社会科学，2017（2）：46-56.
② 吴右. 推进精准扶贫：达嘎村易地搬迁实证研究［J］. 西藏研究，2017（5）：157-160.
③ 贾耀峰. 中国生态移民效益评估研究综述［J］. 资源科学，2016（8）：1550-1560.
④ 邰秀军，畅东妮，郭颖. 宁夏生态移民居住安置方式的减贫效果分析［J］. 干旱区资源与环境，2017（4）：47-53.
⑤ 李军. 甘肃省古浪县东乡族移民搬迁动因及效益分析［J］. 甘肃联合大学学报，2009（2）：35-38.
⑥ 刘学敏. 西北地区生态移民的效果与问题探讨［J］. 中国农村经济，2002（4）：47-52.

搬迁中存在的难点，并提出了相应的路径、建议加以应对①。

（二）国外相关研究

1. 贫困与反贫困

贫困问题是世界性的难题，是阻碍发展的重要因素。对于贫困研究，最开始是从经济学领域对贫困一词进行定义的。英国郎特里（1899）认为，"如果一个家庭的总收入不足以维持家庭人口最基本的生存活动要求，那么这个家庭就基本上陷入了贫困之中"②。英国经济学家托马斯·马尔萨斯针对贫困问题提出了"人口致贫困"论。他从人口快速增长的视角分析，认为人口的增长速度超过食物供应的增长速度，随着时间的推移，因食物供应不足导致人口过剩，从而最终产生贫困、生态环境退化等现象，因此贫困是不可避免的③。英国学者从经济学领域提出贫困理论之后，世界各国学者从自己的学科领域研究贫困问题，认为贫困不仅是经济层面的问题，还应包括除经济层面以外的东西，如创业就业、基本权利、教育程度、社会制度、文化素质等。英国奥本海默认为，贫困是物质上的、社会上的和情感上的匮乏。它意味着在食物、保暖和衣着方面的开支少于平均水平④。经济学家阿尔伯特·赫希曼提出"极化-涓滴效应"，解释了发达地区对落后地区的不利和有利影响。发达地区可以为欠发达地区带来投资和就业等发展机会，缩小区域经济发展差距。他进一步指出，国家出面干预经济发展，特别是在政策层面，通过涓滴效应影响到贫困阶层，带动其发展和致富。促进落后地区经济发展，同时有利于发达地区经济持续增长，从而解决社会贫困问题。印度经济学家阿玛蒂亚·森认为，贫困是由于低收入而不能满足基本生存的需要的状况，一个人的贫困在于资源禀赋、利用机会的能力、利用资源的权利状况等方面不能获得基本的满足的状态⑤。

和平与发展是当今时代的主题，二者是政治问题与经济发展问题的关系，相互联系、相互影响。发展问题关键是要解决好贫困问题。贫困问题是世界性的难题，是阻碍发展的重要因素，反贫困是全世界共同面临的一项任务。因而，

① 郭俊华，赵培. 西北地区易地移民搬迁扶贫［J］. 西北农林科技大学学报，2019（4）：69-77.
② 樊怀玉. 贫困论 贫困与反贫困的理论与实践［M］. 北京：民族出版社，2002：43.
③ ［英］托马斯·马尔萨斯. 人口原理［M］. 朱映，等，译. 北京：商务印书馆，1992：6-7.
④ 樊怀玉. 贫困论 贫困与反贫困的理论与实践［M］. 北京：民族出版社，2002：44.
⑤ ［印］阿玛蒂亚·森. 贫困与饥荒——论权利与剥夺［M］. 王宇，王文玉，译. 北京：商务印书馆，2001：102-106.

反贫困成为世界各国学者研究的热点。瑞典经济学家冈纳·缪尔达尔最早把"反贫困"引入学术研究，他是从治理贫困的政策层面提出的这一概念。目前，在国内外学术研究和政策实践中，"反贫困"的概念有几种表述：一是减少贫困；二是扶持贫困；三是减轻贫困；四是根除、消灭贫困①。马克思与恩格斯从制度层面对贫困产生的原因与反贫困路径开展研究，他们认为资本主义私有制度让无产阶级失去了生产资料的所有权，无产阶级只能通过付出劳动才能获取生产资料，为资产阶级生产剩余价值。在这种制度下，资产阶级的资本不断积累，而无产阶级的生活资料在日益减少，最终陷入贫困的境地。因而，马克思认为资本主义私有制是贫困产生的根源，要彻底解决贫困问题就必须消灭剥削制度、消除两极化，建立社会主义制度。②"在这种社会制度下，一切生活必需品都将生产得很多，使每一个社会成员都能够完全自由地发展和发挥她的全部力量和才能。"③ 这是从资本主义制度和生产关系的视角分析出了无产阶级贫困的根本原因。古今中外，消除贫困绝非轻而易举，脱贫与返贫交替进行。当前，摆脱贫困、消除贫困是人类社会面临并需要解决的巨大工程，也是世界各国一个长期的、坚持不懈的奋斗目标。

减少和消除贫困是全人类发展共同追求的目标。针对世界性的贫困问题，很多次世界性会议、论坛和大多数国家都在强调消除贫困的重要性。特别是美国在 20 世纪 60 年代向贫困宣战后，各个国家政府都把减少、消除贫困作为本国的主要发展目标，并将其作为"一种人类道德、社会和政治的必要"承担了各自的责任。联合国、世界银行以及其他国际性组织也把减少、消除贫困作为重要的任务。《联合国第四个国际发展战略》《联大第十八届特别会议宣言》《90 年代援助最不发达国家行动纲领》等文件，都把减少、消除贫困作为国际发展战略的首要目标和国际合作的优先领域。1990 年国际发展委员会确定了消除全球贫困的千年发展目标，要求在 1990 年至 2015 年间全球贫困人口减少一半（6 亿人左右），各国在教育质量、医疗卫生、性别平等以及扭转饥饿和环境恶化等方面取得较大改善。1992 年第 47 届联合国大会将每年的 10 月 17 日确定为"国际消除贫困日"，要求各成员国切实采取行动，减少和消除世界贫困。1995 年联合国召开社会发展世界首脑会议，集中讨论了全球消除贫困的问题，会议通过了《哥本哈根宣言》和行动纲领，把 1996 年定为"国际消除贫困年"，并

---

① 曹扶生，武前波．国外城市反贫困理论研究综述［J］．城市问题，2008（10）：76.

② 中共中央马克思、恩格斯、列宁、斯大林著作编译局．马克思恩格斯选集：第 4 卷［M］．北京：人民出版社，1965：364.

③ 樊怀玉．贫困论 贫困与反贫困的理论与实践［M］．北京：民族出版社，2002：42.

推动了几项主要反贫困措施：一是加强南北合作，并积极推动南南合作；二成立联合国特别助贫基金；三是制定和实施《1997—2006 年消除贫困的 10 年规划》，从经济、文化、健康、环境等方面全面消除世界贫困，缩小世界贫富差距，提高发展中国家人民的生活水平，改善生态环境。2005 年 1 月 27 日，巴西总统卢拉在全球第五届世界社会论坛的反贫困行动大会上强调，贫困是人类面临的最严重的问题之一，而消除贫困的办法是穷国团结起来，加强内部合作和同其他国家的合作。此后，全世界各个国家和 100 多个非政府组织发起全球反贫困运动，向贫困开战，极大地鼓舞了全世界反贫困的信心。贫困问题受到了前所未有的广泛关注，消除贫困成为人类空前紧迫的任务。我们可以通过学习以上理论、思想观点和研究成果，结合我国基本国情，借鉴其经验，为我国减贫事业助力。

2. 生态移民搬迁

国外没有易地扶贫搬迁这一概念，但有与之相似的概念，如"生态难民""环境难民"。易地扶贫搬迁与生态难民或是环境难民在实施目的、实施方式、建设内容等方面存在相同性，都涉及经济建设、生态保护、移民搬迁、移民生产生活等核心内容。但是二者的侧重点不一样，生态难民搬迁主要是居住地环境的突变或是其他变化，对当地居民的生活或是生存条件产生了不利影响，而组织当地群众实施的易地搬迁，国内易地扶贫搬迁主要是为了让群众摆脱贫困过上小康生活而实施的易地搬迁。1976 年，莱斯特·布朗（Lester Brown）首次提出"环境难民"的概念，即"由于破坏环境（自然的或是人为引起的），威胁到人们的生存或严重影响到其生活质量，而被迫临时或永久离开其家园的人们。"① 1985 年，希纳维（EI Hinnawi）认为，环境难民是指由于自然的或人为环境破坏引起的，威胁到人们的生存或严重影响到其生活质量，而被迫临时或永久离开其栖息地的人们②。他还总结出三类造成迁移的原因：一是自然灾害或是人为灾害造成的迁移；二是环境崩溃造成的迁移；三是生态环境持续缓慢退化造成的迁移。③ 贝茨·黛安·c（D. C Bates）把生态难民划分为三种迁移，

————————

① Lester Brown. Twenty-two dimensioms of the population problem. ［J］. *Populations*，1969，5（11）：177-202.

② 严登才，施国庆 . 西方国家环境难民的争议与弥合路径解读［J］. 西北人口，2016（5）：87-93.

③ 严登才，施国庆 . 西方国家环境难民的争议与弥合路径解读［J］. 西北人口，2016（5）：87-93.

即灾害产生的迁移、政府改变当地环境条件而产生的迁移和环境退化产生的迁移①。生态难民经历了从环境难民到环境移民再到生态移民的过程。生态移民的概念是由美国科学家考尔斯于 1900 年最早提出的，他认为生态移民主要是为了保护环境的目的而实施的移民。② 楚普拉和古拉提（Chopra & Gulati，1997）、马切尔和海德（Amacher & Hyde，1998）等学者主要从生态移民与环境的视角进行分析，指出生态移民是逐渐摆脱贫困的重要生存战略。1998 年联合国人口基金组织、环境组织和世界保护联合会在瑞士召开的"国际人口、贫困和环境关系"研讨会报告中指出，人口压力是由于地区贫困和环境恶化达到极致的重要原因，生态移民是解决人口、贫困和环境问题的重要方式。阿马切尔（Amacheretal，1998）认为，人口、贫困、环境是生态移民的主要动机。马科斯·伊兹拉（Markos Ezra，2001）认为，人口压力是生态恶化而实施生态移民的主要原因。国际移民组织（IOM）把生态移民定义为，由于环境突然或缓慢变化，对人们的生活或生存条件产生不利影响而被迫或主动、暂时或永久离开家园的人或人群，他们既可以是国内迁移，也可以是国外迁移。③

（三）简要述评

通过文献梳理，国外移民搬迁研究起步较早，研究成果主要集中在生态移民和生态难民的研究上，而我国易地扶贫搬迁研究起步较晚，研究成果主要集中在易地扶贫搬迁的概念、原因、类型、安置模式等方面的研究上。总体而言，我国易地扶贫搬迁研究呈现诸多特征：宏观研究较多，政策话语解读较少；易地扶贫搬迁助力脱贫攻坚战，与乡村振兴有效衔接研究缺乏；易地扶贫搬迁研究范围较广，但可持续发展相关研究较少；搬迁群众市民化相关研究范围比较狭隘。现有研究对易地扶贫搬迁工程涉及搬迁群众的户籍、社会保障、公共服务、土地流转等制度的改革，对生态环境保护与治理、搬迁后如何脱贫致富与实现后续可持续发展等问题的研究明显不足。虽然易地扶贫搬迁后续发展研究也有一些成果，但都处于起步阶段，研究不够全面和深入。我国地域广阔、民族众多、地理环境差距大等方面的因素，导致研究成果的普遍适用性不强。系统梳理国内外研究成果，对于认清我国易地扶贫搬迁历史与现状、把握其问题

---

① D. C Bates. Environmental Refugees? Classifying Human Migrations Caused by Environmental Change [J]. *Population & Environment*，2001，23（5）：465-477.

② 何玲玲，区小兰. 易地扶贫搬迁与新型城镇化协调发展 [M]. 北京：经济科学出版社，2019：39.

③ 何玲玲，区小兰. 易地扶贫搬迁与新型城镇化协调发展 [M]. 北京：经济科学出版社，2019：39.

本质、评估现有政策效果并找出问题的解决方案，对深化我国易地扶贫搬迁后续发展研究具有重大意义。

贵州省是我国深度贫困地区之一，因其地理、经济、文化等方面的特殊性和复杂性，单纯的基层治理分析框架无法完成民族地区治理的知识积累。研究贵州易地扶贫搬迁后续特色发展的相关成果较少。基于此，本书研究以贵州黔西南晴隆县三宝彝族乡为个案，对其易地扶贫搬迁后续特色发展进行研究，着重探讨易地扶贫搬迁后续发展模式和经验以及其他相关问题，希望能够为我国全面推进乡村振兴战略提供借鉴和参考。

四、研究方法

本书遵循理论联系实际的基本原则，采用"田野—实证"的研究思路，将三宝彝族乡易地扶贫搬迁后续特色发展作为研究的核心内容，力图全方位展示其特色发展的全貌，揭示其发展的社会、制度、人文等机理，分析存在的问题及其原因，提出改进的对策建议。本文采用的研究方法主要有以下几种。

（一）文献研究法

文献研究法是通过收集各种文献资料获取与研究主题的相关信息，从而了解和掌握所要研究主题内容的一种研究方法，此方法广泛运用于各种学科研究。文献资料是开展学术研究的基础条件，有助于帮助研究者了解研究主题的历史、现状和确定研究课题。本书的文献研究法是充分利用图书馆、档案馆、网络资源、资料室等资源，收集晴隆县和三宝彝族乡的地方志、年鉴和其他历史文献，了解其发展演进的历史过程；收集新中国成立以来地方经济社会发展资料，并进行深入解读，为理解易地扶贫搬迁的经济社会原因以及进行发展变迁的对比，提供丰富、真实的资料等；收集研究党和国家、地方政府关于易地扶贫搬迁的政策文本，进行解读，为全书提供理论政策的支撑。

（二）田野调查法

本研究以贵州省黔西南布依族苗族自治州晴隆县三宝彝族乡和阿妹戚托小镇为调查场域，具体采用访谈、问卷调查和参与观察的方法开展研究。深入搬迁群众中与他们相处一段比较长的时间，与他们建立起良好的关系，充分取得访谈对象的信任，倾听访谈对象的心声，保证访谈资料的可信度；填写调查问卷；观察搬迁前后搬迁群众的住房条件、教育卫生、生活方式等方面的变化。

1. 调研访谈法。访谈法是研究者深入调查场域，面对面地与被调查者运用口头交流的方式获取信息资料，是民族学工作者从事田野调查工作使用频率最高的基本方法，也是获取第一手资料的主要方法之一。本书的调研访谈法，主要是对三宝彝族乡政府工作人员和搬迁群众进行访谈，了解三宝彝族乡人民搬迁前后的日常生产生活、居住条件、医疗教育等方面的情况。三宝彝族乡的政府工作人员是负责实施易地扶贫搬迁前线工作的人员，他们对易地扶贫搬迁的政策、实施过程中遇到的困难、人民反映的情况以及搬迁前后的变化等方面都有深刻的体会。通过对政府工作人员的访谈，可以从政府的视角了解易地扶贫搬迁及其后续发展的相关情况。搬迁群众是易地扶贫搬迁政策的受益者，通过对他们的访谈，了解他们对易地扶贫搬迁前后的生活、生产、住房、医疗、教育等方面的变化和遇到的问题。通过深度访谈，真实了解三宝彝族乡干部群众对易地扶贫搬迁的看法，为本书的研究提供可靠依据。

2. 问卷调查法。"问卷法是社会学调查研究中为观察研究而采用的一种由调查对象填写表格的方法"①，也是民族学中一种重要的田野调查方法。本书问卷调查法是采用发放已设计好的问卷的方式，让调查对象填写问卷。著者共发放 250 份调查问卷，收回 210 份调查问卷，有效调查问卷 172 份。调查对象包括三宝彝族乡搬迁的妇女、医生、学生、老师、基层干部、党员、老人等。了解他们对易地扶贫搬迁的满意度、生活质量、幸福感以及存在的问题等。通过整理问卷所收集的数据和信息，分析出该乡人民对易地扶贫搬迁的真实看法和生活中存在的问题。同时，对问卷进行对比和总结研究，为本书的论证提供可靠的依据。

3. 参与观察法。参与观察是民族学、社会学和人类学等学科开展田野调查，运用最为常用的收集第一手资料的方法。本书在确定研究主题和对象之后，深入到三宝彝族乡和阿妹戚托小镇开展田野调查，全面观察搬迁前后的自然地理、住房建筑、搬迁群众生活生产状况以及搬迁群众的心理变化。运用文字记载、相机拍摄、手机录音的方式记录下来，为本书易地扶贫搬迁后续特色发展研究提供第一手资料。

（三）比较分析法

"比较分析法是按照一定的比较标准或原则，对两个或两个以上的相同或相似的事物进行对照、比较，发现他们之间的相同点和不同点，从而揭示事物本质的思维过程和方法。"② 广泛运用于科学实践。本文比较分析法主要是通过横向比较、纵向比较分析，总结易地扶贫搬迁前后的发展变化，总结出发展经验，

---

① 林耀华. 民族学通论（修订版）[M]. 北京：中央民族大学出版社，2012：169.
② 林新奇. 管理学原理与实践 [M]. 大连：东北财经大学出版社，2017：57.

分析存在的问题；发现阿妹戚托小镇后续发展的优势、特色。同时借鉴相关案例的可持续发展经验，不断推进阿妹戚托小镇的全面振兴。

五、创新之处

（一）选题有新意

选题富有新意性和时代感。2020 年是我国重要的时间节点，我国全面进入小康社会，但是我国脱贫攻坚战的相关政策、举措仍在继续施行。全面推进乡村振兴战略被纳入"十四五"规划，成为党和国家下一步的工作重心。因此，脱贫攻坚战略与乡村振兴战略的有效衔接成为当前研究的重点和焦点。目前对易地扶贫搬迁后续发展的相关研究较少，本研究力求弥补一些空白点。

（二）选点有特色

本书是研究黔西南晴隆县三宝彝族乡易地扶贫搬迁后续特色发展，以三宝彝族乡整乡易地扶贫搬迁事件为个案，以解剖麻雀的方法详细考察三宝彝族乡易地搬迁前后社会各领域的深刻变化，特别是搬迁后的发展问题。三宝彝族乡是全国唯一一个整乡易地搬迁的民族乡，拥有浓厚的民族文化，是国家非物质文化遗产阿妹戚托舞蹈的发源地。易地搬迁后，搬入地被打造成特色旅游小镇。房屋建筑、街道和广场的命名等，充分利用了三宝彝族乡苗、彝族的文化元素，这极大增添了特色旅游小镇的魅力。

（三）研究视角新颖

运用主体主观的角度，从搬迁群众主体的所思、所想和所遇到的具体问题出发，针对搬迁群众自身的需要提供对策或是对当地政府提出合理的、实用的建议，帮助搬迁群众实现"稳得住、能发展、能致富"的目标。

第一章　易地扶贫搬迁后续发展的理论基础

　　研究易地扶贫搬迁后续发展主要关注易地扶贫搬迁的后续发展状况及围绕其后续发展所产生的一系列问题。如通过人口迁移推拉理论，分析易地扶贫搬迁的产生和出现；通过马克思主义社会发展理论，掌握易地扶贫搬迁的社会发展规律；通过习近平总书记关于精准扶贫的论述，剖析易地扶贫搬迁政策在我国脱贫攻坚中的重要作用；通过可持续发展理论，把握易地扶贫搬迁后的可持续发展和环境保护问题，等等。当然，可持续发展绝非民族学研究所特有，在社会学、人类学以及自然科学领域也同样被关注。本书主要从民族学和社会学的角度关注易地扶贫搬迁后续发展。

一、人口迁移推拉理论

　　人口迁移推拉理论是关于人口流动与迁移的重要理论。人口迁移是自人类出现以来就存在的一种现象，伴随着人类社会的进步与发展从未间断。在联合国《多种语言人口词典》中，人口迁移是指人口在两个地区之间的地理或是空间流动，涉及迁出地和迁入地的永久性或是长期性的改变①。人口迁移推拉理论是英国学者雷文斯坦（E. G. Ravenstien）最早提出的，他在 1880 年出版的书籍《人口迁移理论》和 1889 年发表的论文 *The Laws of Migration* 均提到 7 条人口迁移规律：经济律——移民为了提高和改善生活质量而进行迁移；递进律——人口流动由农村→城镇周围地带→城镇中心迁移，呈阶梯式的特征；年龄律——各年龄阶段人们的迁移意向是不同的，迁移主体以青年人为主；双向律——迁移的流向不是单向的，每次大的人口迁移都存在相对应的反向流动；数量律——人口迁移数量因与迁入城镇中心的距离的增加而减少；城乡律——农村人口的迁移率远高于城市人口迁移；性别律——男性人口迁移比率低于女性，

---

　　① 联合国国际人口学会 . 多种语言人口学词典 ［M］. 北京：商务印书馆，1992：93.

且以短途迁移为主。他认为经济因素是人口迁移的主要原因①。雷文斯坦的这些观点被认为是人口迁移推拉理论的渊源。1938年赫伯尔（R. Herberle）第一次系统地总结了人口迁移推拉理论，认为人口迁移是由于一系列"力"引起的，其中"拉力"（吸引力）是吸引一个人到另外一个地方的力量，"推力"（排斥力）是促使一个人离开的力量，人口迁移是这两者共同作用的结果②。

　　20世纪50年代，美国学者康拉德·博格（D. J. Bogue）从运动学的角度提出人口迁移推拉理论，认为人口迁移是"推""拉"两种不同方向力量相互作用的结果。推力因素（推动人口迁出的因素），主要来自迁出地的诸多消极因素，如迁出地的自然资源枯竭、生态环境恶化、农业生产成本提高、经济收入不平衡和农村劳动力过剩等12条；拉力因素（推动人口迁入的因素），主要来自迁入地的诸多积极因素，如迁入地有较高的经济收入、良好的气候环境、较多的就业机会和优越的区位条件等6条③。他总结出推力与拉力的因素涵盖了经济、社会、环境、资源等诸多领域，表现出了较强的系统性特点。巴格内（D. J. Bagne，1960）从社会学的视角提出"推力-拉力"理论（推拉理论），认为流入地优越的生产生活条件的积极因素成了拉力，而流出地恶劣的生活条件的消极因素成了推力，人口迁移则由流出地"推力"和流入地"拉力"两种力量前推后拉所决定，其目的是寻求更好的发展机会和改善生活条件④。刘易斯（W. Arthur Lewis）认为，农村人口过多和城乡之间的"峭壁"式收入差距促使农村人口向城市流动。⑤ 1956年美国学者伊沃里特·S·李（Everett. S. Lee）在 *Atheory of Migration* 一文中指出流入地和流出地都有拉力和推力的作用，人口迁移往往是在拉力大于推力或是推力大于拉力的情况下而发生的，并进一步指出距离远近、语言文化、物质障碍因素和移民本人的价值判断因素都能促使人口迁移⑥。可以看出伊沃里特·S·李（Everett. S. Lee）的人口迁移是四种因素

---

① E. G. Ravenstien. The Laws of Migration［J］. *Joural of the Royal Statistical Society*，1989，52（2）.

② ［美］R. 赫伯尔. 乡村—城市迁移的原因［M］//李竞能. 现代西方人口理论. 上海：复旦大学出版社，2004：139.

③ D. J. Bogue. *Principles of Demography*［M］. New York，John Wiley and Sons，1969：753-754.

④ 何玲玲，区小兰. 易地扶贫搬迁与新型城镇化协调发展［M］. 经济科学出版社，2019：18-19.

⑤ W. Arthur Lewis. Economic Development with Unlimited Supplies of Labour［J］. *The Manchester School*，1954，22（2）：139-191.

⑥ Everett. S. Lee. Atheory of migration［J］. *Demography*，1966（1）：47-57.

综合作用的结果，是对人口迁移推拉理论的进一步补充。1978 年拉尔夫·r·赛尔和戈登·f·德容（Ralph R. Sell and Gordon F. De Jong）在 *Toward Motivational Theory of Migration Decision Making* 一文中提出了迁移动机的四个要素：价值、可能性、诱因和预期。价值是迁移决策中个人或情景的目标的力量；可能性是在迁移过程中，决策者分析迁移的认知可能性和物质可能性；诱因是指与迁移目标有关的一切消极和积极因素；预期是决策中对完成迁移目标可能性的主观预测。① 另外，有许多国外学者对人口迁移理论进行了研究，如托达罗（Michael Todaro）、舒尔茨（Theodore W. Schultz）、索瓦尼（Sovani）、迈德尔（G. Mydal）等，他们不断补充和完善了人口迁移推拉理论。

我国学者辜胜阻、简新华在国外人口迁移推拉理论的基础上，提出了城乡推拉力模式（农村—城镇人口迁移模式），认为我国人口迁移是拉力占主导地位②。赖光宝、赵邦宏提出"双向推拉"理论，认为迁移到城镇的农村人口除受推力和拉力作用外，还受到反推力和反拉力的作用③。任素华认为，城市人口迁移受国家政治、经济形势和控制城市人口增长政策的制约④。项本武、杨晓北认为，收入水平是城市人口增长的主要因素，生活质量和生活成本是影响人口迁移区位选择的重要因素⑤。可见，人口迁移推拉理论为我国易地扶贫搬迁提供了理论依据。因此，在安置地完善基础设施建设、完善医疗卫生教育和民生保障、加强产业配套设施和提供就业岗位等措施，提高安置地的"拉力"，让在自然生态环境、经济基础恶劣或是难以生存的地区的贫困人民（"推力"较大地区的人民）实施易地扶贫搬迁，从而摆脱贫困，过上小康生活。

二、马克思主义社会发展理论

人类社会是由人们的活动组成的。社会发展是人类社会以一定的活动方式来满足人类的社会需求而获得进步的过程总和。马克思的唯物史观和关于社会发展的相关论述，是马克思主义社会发展的主要理论基础。马克思关于社会发

---

① Ralph R. Sell, Gordon F. De Jong. Toward Motivational Theory of Migration Decision Making [J]. *Journal of Population*，1978（4）：313-335.

② 辜胜阻，简新华. 当代中国人口流动与城镇化 [M]. 武汉：武汉大学出版社，1994：73.

③ 赖光宝，赵邦宏. 基于"推拉理论"的农村人口流动原因探讨 [J]. 商业经济研究，2015（17）：48-49.

④ 任素华. 我国城市人口迁移情况浅析 [J]. 社会学研究，1988（4）：101-106.

⑤ 项本武，杨晓北. 我国城市便利性对城市人口增长的影响研究 [J]. 城市发展研究，2017（2）：146-150.

展理论的论述十分丰富，其内容涉及历史、经济、社会结构及其发展规律等方面。马克思运用唯物史观的方法分析社会发展的客观规律，认为人类社会的发展既受人的主观意识的引导，也受自然条件制约及其发展规律的影响。可见，社会发展与自然发展，既是物质世界发展的内容，也是相互联系、相互区别、相对独立的发展过程。人类在历史长河中，不断对自然利用和改造，人类社会发展渐渐地开始摆脱自然界的客观条件制约，以特定的社会关系和主观能动性区别于纯粹的自然发展过程。马克思指出，自然界及其历史发展是在各种没有意识、盲目的动力的相互作用中实现的，"没有任何事情是作为预期的自觉的目的发生的"，但"在社会历史领域内进行活动，它是具有意识的、经过思虑或凭激情行动追求某种目的的；任何事情的发生都不是没有自觉的意图，没有预期的目的的"①。马克思主义对社会发展的一般看法认为，人类社会发展是受人类意识的影响，任何实践活动和人的劳动都具有目的性。

虽然人类社会发展受到人类主观意识的影响，但是社会发展的规律依然是客观的、不以人的意志为转移的。正如列宁所说，"所谓客观的，并不是指有意识的生物的社会（人的社会）能够不依赖于有意识的生物的存在而存在的发展，而是指社会存在不依赖于人们的社会意识"②。马克思认为，社会发展的阶段始终由低到高、从简单到复杂、从原始到最高级，最后进入共产主义社会。他从历史唯物主义出发，将人类历史划分为原始社会、奴隶社会、封建社会、资本主义社会、社会主义社会和共产主义社会。我们可以从他们对社会发展的相关论述中发现社会发展的规律，并利用规律推进人类社会发展的进程。要以人类社会发展由简单到复杂的共同规律为主线，不同国家根据本国的文化传统、自然环境、历史发展进程等情况推动社会发展。同时，社会发展将会呈现不同的发展道路和经济形态。马克思指出："历史本身是自然史的一个现实部分，是自然界生成为人这一过程的一个现实的部分。"③ 他在《资本论》中提出："社会经济形态的发展同自然的进程和自然的历史是相似的。"④ 英国历史学家霍布斯鲍姆认为："马克思对历史发展的观点从来就不是单线式的，他也从来没有把它

---

① 中共中央马克思、恩格斯、列宁、斯大林著作编译局．马克思恩格斯选：第4卷［M］．北京：人民出版社，1995：247.

② 中共中央马克思、恩格斯、列宁、斯大林著作编译局．列宁选集：第2卷［M］．北京：人民出版社，1995：220-221.

③ 马克思．1844年经济学·哲学手稿［M］．北京：人民出版社，1979：82.

④ 马克思．资本论：第1卷［M］．北京：中国社会科学出版社，1983：4.

视为一种单纯的进步记录。"① 我国学者罗荣渠认为："马克思的历史发展观是多线的而不是单线式的，至少他晚年的观点是明显的一元多线历史发展观。"② 可见，社会发展和自然界、历史发展一样，有着不以人的主观意志为转移的客观规律性。

三、习近平总书记关于精准扶贫的论述

党的十八大以来，习近平总书记基于对我国贫困地区的考察与调研，在实地考察、重要讲话、会议报告中提出一系列关于精准扶贫精准脱贫的重要论述。这些论述标志着我国减贫战略从过去的粗放式扶贫向新时代精准扶贫精准脱贫转变。习近平总书记关于精准扶贫的论述，是中国特色社会主义理论体系的重要组成部分，是我国减贫事业工作的实践指引，也是本文研究的重要理论依据。从 20 世纪 80 年代中期起，我国开始实施大规模扶贫开发计划。当时我国贫困人口数量多，采用的是"大水漫灌"的粗放型扶贫模式。随着改革开放的不断深入、我国经济社会的快速发展，现行标准下的贫困人口不断减少，但仍然有一小部分群众没有脱贫。这不仅影响了我国在 2020 年全面建成小康社会的目标，而且也影响了实现中华民族伟大复兴的进程。基于此，2013 年 11 月，习近平总书记在湖南湘西考察时提出"实事求是、因地制宜、分类指导、精准扶贫"的要求。随后，在这项重要扶贫要求指引下，我国提出了一系列切实可行的扶贫目标，针对不同的贫困类型开展点对点、人对人等扶贫举措。2014 年，习近平总书记在中央经济工作会议上指出："扶贫工作事关全局，全党必须高度重视。做不好，不但贫困群众不满意，人们也会怀疑全面建成小康社会的真实性。"③ 2015 年 11 月，中共中央、国务院颁发的《关于打赢脱贫攻坚战的决定》指出："到 2020 年确保我国现行标准下农村贫困人口实现脱贫，贫困县全部摘帽，解决区域性整体贫困"④，帮助 7000 多万农村贫困人口过上小康生活。

精准扶贫的目的是精准脱贫，最终实现全面建成小康社会。习近平总书记明确指出："全面建成小康社会是实现中华民族伟大复兴中国梦的关键一步。"⑤

---

① 郝镇华. 外国学者论亚细亚生产方式［M］. 北京：中国社会科学出版社，1981：431.

② 罗荣渠. 现代化新论［M］. 北京：北京大学出版社，1993：57.

③ 中共中央文献研究室. 习近平关于全面建成小康社会论述摘编［M］. 北京：中央文献出版社，2016：6.

④ 中共中央党史和文献研究院. 十八大以来重要文献选编（下）［M］. 北京：中央文献出版社，2018：253-254.

⑤ 中共中央文献研究室. 习近平关于全面建成小康社会论述摘编［M］. 北京：中央文献出版社，2016：4-5.

只有实现各民族的共同繁荣，才能实现全民共享社会发展的成果和实现中华民族伟大复兴。自 2015 年年末，我国提出坚决打赢脱贫攻坚战以来，精准扶贫精准脱贫成为我国扶贫开发事业的基本方略。习近平总书记明确强调："全面实现小康，少数民族一个都不能少，一个都不能掉队，要以时不我待的担当精神，创新工作思路，加大扶持力度，因地制宜，精准发力。"① 这明确告诉我们，要举全党全国之力，坚决完成脱贫攻坚任务，如期啃下少数民族脱贫这块"硬"骨头，确保各族群众如期实现全面小康，从而兑现承诺。

全面建成小康社会，离不开少数民族地区的全面小康。我国是统一的多民族国家，民族众多。虽然少数民族比例小，但是基数很大，关系我国社会稳定、民族团结、国家统一，更关系中华民族伟大复兴。我国农村贫困人口很大部分分布在民族地区。民族地区是我国的资源富集区、水系源头区、生态屏障区、文化特色区、边疆地区、贫困地区、革命老区，其集这么多的"区"于一身，足以证明民族工作在党和国家工作全局中的重要地位。习近平总书记一直强调精准扶贫的重要性，民族贫困地区的精准扶贫工作一定要落到实处，一定要精准，"精准"关乎我国扶贫工作的成败。因此，一是严格遵守精准扶贫的总体要求，即对象精准、内容精准、目标精准、措施精准和考评精准；二是按照精准扶贫的实现路径帮助贫困人口脱贫，即发展生产脱贫一批、易地扶贫搬迁一批、发展教育脱贫一批、生态补偿脱贫一批和社会保障兜底一批；三是做好贫困户的识别工作，按照贫困地区贫困村寨的脱贫要求做好脱贫攻坚工作。

党的十九大召开以后，为了帮助少数民族贫困群众脱贫致富，习近平总书记将考察重点放在了少数民族地区贫困山区。经过对民族贫困山区的调研和一次次脱贫专题座谈会的深入讨论，习近平总书记形成了少数民族地区贫困群众精准脱贫的工作思路，包括通过易地扶贫搬迁解决住房问题、发展农村产业解决就业问题、完善教育设施解决就学问题、推进交通基础设施建设解决出行问题、利用当地旅游资源优势发展旅游业增加贫困群众经济收入等。总之，党和国家加大对贫困人口的帮扶力度，其目的就是要打赢脱贫攻坚战，如期完成贫困人口和贫困县脱贫摘帽的任务，全面解决"两不愁三保障"问题，最终实现全面建成小康社会的目标。

四、生态贫困理论

生态环境是一个地区、一个国家的重要资源，是经济发展的重要资本。当

---

① 全面实现小康，少数民族一个都不能少——习近平同志帮助福建少数民族群众脱贫致富纪事 [N]. 福建日报，2015-11-23（1）.

生态环境这一资本发展到一定界限或是程度，生态环境自身就会遭到一定程度的破坏，从而影响经济发展，导致贫困问题。可见，贫困问题与生态环境问题关系十分密切，生态贫困实质上是经济和生态环境的双重贫困。美国迈克尔·P. 托达罗认为，贫困与生态环境退化的恶性循环是造成贫困落后地区经济社会难以发展的重要原因①。戴维·皮尔斯和杰瑞米·沃福德认为，对于任何一个地区而言，没有比承受"贫困→环境退化→进一步贫困"的恶性循环更悲惨的了②。我国清华大学胡鞍钢教授在《60 年中国减灾的成功之路》一文中提出四类贫困：传统的收入贫困、人类贫困、知识贫困和生态贫困。他认为生态贫困是指生态环境恶化造成的贫困，尤其是气候变化形成的贫困。生态贫困是由于全球气候环境的变化导致自然条件恶劣，造成人们基本生活和生产条件可视为基本权利被剥夺的贫困现象，远高于或严重于传统的收入贫困。③ 麻朝晖认为，在我国广大的贫困地区，表层特征是经济贫困，而深层原因是生态贫困；生态系统的稳定性差是生态贫困的重要因素之一，而人类的不合理开发利用更容易造成生态环境恶化④。孙永珍和高春雨认为，生态贫困有四个特征：系统性、扩散性、差异性和难恢复性，而自然资源衰竭和生态环境恶化是造成生态贫困的主要原因⑤。可见，生态贫困是某一地区的生态环境遭受破坏或是生态环境脆弱，超过其承载能力，造成不能满足这一地区生活的人们的衣食住行等方面的基本生存需求和难以维持再生产的贫困现象。

我国是统一的多民族国家，民族众多，疆域辽阔。我国绝大多数的贫困人口分布在广大的农村地区，特别是我国西部、西南部、西北部大部分农村地区。自然生态条件恶劣，人们对自然资源的不合理开发利用和缺乏对生态环境保护的思想意识，导致生态环境退化或是遭到严重破坏，使得在原地实施脱贫的难度极大。即使依靠国家政策、资金扶持以及其他外界力量实现脱贫，也只是暂时的脱贫，不能长久脱贫。由于贫困群众脱贫受基本生存条件、生态环境、自然灾害等外部因素的影响，即使脱贫，也极易返贫。因此，实施易地扶贫搬迁

① ［美］迈克尔·P. 托达罗. 经济发展与第三世界 ［M］. 印金强，译. 北京：中国经济出版社，1992：102-103.
② ［美］戴维·皮尔斯，杰瑞米·沃福德. 世界无末日 ［M］. 张世秋，等，译. 北京：中国环境出版社，1996：313.
③ 潘维编. 人民共和国六十年与中国模式 ［M］. 上海：上海三联书店，2010：2-3.
④ 麻朝晖. 我国的贫困分布与生态环境脆弱相关度之分析 ［J］. 绍兴文理学院学报，2003（1）：93.
⑤ 孙永珍，高春雨. 新时期我国易地扶贫搬迁安置的理论研究 ［J］. 安徽农业科学，2013（36）：14096.

是解决生态贫困地区生态贫困问题的重大策略和根本方法。同时，实施易地扶贫搬迁既可以减缓贫困、减少土地资源的开发利用，也可以保护生态环境，从而打破"贫困→环境破坏、退化、恶化→进一步贫困"的恶性循环。

五、可持续发展理论

可持续发展理论最开始是由环境问题而产生的，最早是在1972年斯德哥尔摩人类环境大会被提出。世界各国围绕环境与发展问题开展了10多年的研究和探索，在探索摆脱传统发展模式之后，提出"可持续发展"这一概念并形成理论。1987年世界环境与发展委员会报告《我们共同的未来》指出："可持续发展既满足当代人的需要，又不对后代人满足其需要的能力构成危害的发展。"这一概念包含三个重要的内容：一是"需求"，满足人类发展的需求，尤其是世界上贫困人民的基本需求；二是"限制"，发展不能损害当代人和后代人满足需求的能力，特别是经济发展不应超出环境的容许极限，一旦超出环境的容许极限，会破坏经济与环境的可持续发展；三是"平等"，人类的发展应是平等的，各代之间、当代不同地区、不同国家以及不同人群之间的发展都是平等的，可持续发展应特别优先考虑世界上穷人的需求。1991年，世界野生生物基金会、联合国环境规划署和世界自然保护同盟共同发表的《保护地球——可持续生存战略》一书中指出"可持续发展是指在生存于不超过维持生态系统涵容能力的情况下，改善人类的生活品质"，并强调人类的生活生产方式要与地球的承载能力保持平衡状态，保护地球的生命力和生物多样性。1992年联合国环境与发展大会的《里约宣言》，将可持续发展阐述为"人类应享有以与自然和谐的方式过健康而富有成果的生活的权利，并公平地满足今后时代在发展和环境方面的需要，求取发展的权利必须实现"。我国在《中国21世纪议程——中国21世纪人口、环境与发展白皮书》中指出："必须努力寻求一条经济、社会、环境和资源相互协调的、既能满足当代人的需求而又不对满足后代人需求的能力构成危害的可持续发展的道路。"叶文虎和栾胜基将可持续发展定义为："不断提高人群生活质量和环境承载力的、满足当代人需求又不损害子孙后代满足其需求能力的、满足一个地区或一个国家人群需求又不损害别的地区和国家人群满足其需求能力的发展。"①

从上述关于可持续发展理论的阐述中可以看出，可持续发展理论把握了当前世界社会的共同问题：发展、环境和贫困。它既要达到人类发展的目的，又

① 叶文虎，栾胜基.论可持续发展的衡量与指标体系［J］.世界环境，1996（1）：8.

要保护人类赖以生存的环境，在不损害后代人需求的前提下合理利用自然资源，满足当代人的需求。具体而言，可持续发展包含了三个方面的内容。一是生态环境可持续发展。保护和加强生态环境系统的生产和更新能力，从而维持生态环境系统的涵容能力。生态环境可持续发展是经济发展和社会发展的基础。也就是说，人类的经济建设和社会发展要与生态环境的承载能力相协调，同时必须保护和改善生态环境，包括改善环境质量、控制环境污染、恢复生态环境系统和保护生物多样性等，使得人类在生态环境可承载范围之内实现可持续发展和人与自然和谐相处。二是经济可持续发展。为了满足人类的基本需求和日益增长的物质文化需求，要鼓励经济增长，因为它展现了国家实力和社会财富。经济可持续发展不能以生态环境保护为名取消经济增长，也不能为了经济增长而破坏生态环境，既要重视经济增长的数量，也要追求经济发展的质量，更要维护生态环境系统与经济增长的平衡。因而，我们要改变传统的以"高投入、高消耗、高污染"的生产模式和消费模式，寻求一种提高效率、减少废物、改善环境质量、增长经济数量的经济发展模式和集约型的经济增长方式，实现"资源—生产—再生资源"和绿色可持续发展的目标。三是社会可持续发展。社会可持续发展是人类共同追求的目标，是以改善和提高人们生活质量为目的，与社会进步相适应的。由于世界文化多元、政治多元和经济多元等因素，世界各国的发展也是多元的。长期以来，世界上很多国家把 GDP 作为经济发展的主要甚至是唯一的评价指标，片面追求 GDP 增长。在这一背景下，为了追求 GDP 的快速增长，人们盲目地、掠夺性地开发资源，甚至以破坏生态系统、危害人民健康、污染自然环境为代价换取 GDP 的快速增长，导致了资源、环境和人类生存的矛盾日益尖锐。社会可持续发展并不是要求人类回到原始社会，而是在保护人类生存的生态环境的前提下，提高人类生活质量，提升人类健康水平，创造一个世界各族人民平等、自由、幸福和免受暴力的人与自然和谐相处的社会环境。因此，社会可持续发展，不能为了 GDP 增长而破坏环境和损害人类健康，也不能为了满足人类物质方面的需求而损害其他方面的需求，从而削弱社会全面发展和可持续发展的能力。由此可见，生态环境可持续发展、经济可持续发展和社会可持续发展是相互关联且不可分割的。生态环境可持续发展是基础，经济可持续发展是条件，社会可持续发展是目的。人类在改善和提高生活质量时，要追求自然和社会复合系统的可持续、稳定和健康发展。总而言之，可持续发展，既要推进人类发展，又要促进人与自然的和谐发展，最终实现人类生活质量的全面提高。

六、人的自由全面发展理论

人的自由全面发展是马克思始终坚持的革命追求。社会发展的主体是人，离开人的发展而追求社会发展，那么社会发展就成了"无源之水、无本之木"。社会发展的关键在于"人"，是"处于现实的、可以通过经验观察到的、在一定条件下进行的发展过程中的人"①。可见，社会发展是人的发展的基础和条件，人的全面发展才是最终目的。马克思认为人的发展会历经三个发展阶段：人的依赖关系阶段、以物的依赖性为基础的人的独立性阶段、个人全面发展和他们共同的、社会的生产能力成为从属于他们的社会财富这一基础上的自由个性阶段②，并将人的发展形容为"偏离的原子"向"人性的复归""人的解放"，但他对人的自由全面发展的观点来源于其对资本主义异化劳动的批判。劳动是人的本质的体现，但是在资本主义私有制下，劳动成为对人的奴役、剥削、生命的摧残和压迫人、敌视人的异己力量，这种现象被马克思称为异化劳动。基于此，马克思提出实现人的自由全面发展的社会理想，即："共产主义是人的本质的或作为某种现实东西的人的本质的现实的生成，对人来说的真正的实现"③"代替那存在着阶段和阶级对立的资产阶级旧社会的，将是这样一个联合体，在那里，每个人的自由发展是一切人的自由发展的条件。"④

人的自由全面发展是人有意识地、自由地从事生产实践，发挥自身的体力和能力，提高自身道德品质，追求个人的志趣，等等。这是一种人能够控制自我发展方面的主观能力。人的全面发展以劳动为基础（这里的劳动不仅包含劳作的意思，还包括学习、创造、培训等方面的含义），人们通过劳动不断改变自身、挖掘自身各方面潜能，让劳动能够得到人的支配，从而实现人的自由。人的自由发展是所有人的自由发展，不是某个民族、某个有地位的人的自由发展，更不是某些人自由发展的特权。不同的人有各自不同的需求，他们会通过努力劳动来满足这种需求而实现自由。可见，人的自由全面发展包含人的全面发展和人的自由发展，二者在实践中互为条件、相辅相成。马克思指出："为了人而

---

① 中共中央马克思、恩格斯、列宁、斯大林著作编译局. 马克思恩格斯选集：第 1 卷 ［M］. 北京：人民出版社，1995：73.
② 中共中央马克思、恩格斯、列宁、斯大林著作编译局. 马克思恩格斯全集：第 46 卷 （上）［M］. 北京：人民出版社，1995：104.
③ 中共中央马克思、恩格斯、列宁、斯大林著作编译局. 马克思恩格斯全集：第 3 卷 （上）［M］. 北京：人民出版社，2002：331.
④ 中共中央马克思、恩格斯、列宁、斯大林著作编译局. 马克思恩格斯选集：第 1 卷 ［M］. 北京：人民出版社，1995：294.

且通过人对人的本质和生命、对象性的人和人的产品的感性占有，不应当仅仅被理解为直接的、片面的享受，不应当仅仅理解为占有、拥有。人以一种全面的方式，也就是说，作为一个完整的人，占有自己全面的本质。"① 但是人的自由全面发展不是绝对的，而是相对的。我国是现代化法治国家，人必须在我国国家法律允许的范围内进行自由全面发展，杜绝国家法律禁止的内容进行发展。当前，在全面推进乡村振兴的背景下，我国很多易地扶贫搬迁安置点正在发生迅速的社会转型。推动搬迁群众实现人的全面自由发展，跟上文化变迁、物质变迁、社会变迁和思想变迁的步伐，对推动城乡现代化建设具有重要意义。

---

① 中共中央马克思、恩格斯、列宁、斯大林著作编译局. 马克思恩格斯全集：第 42 卷[M]. 北京：人民出版社，1979：123.

第二章　我国易地扶贫搬迁的历史演变与早期实践

　　梳理和掌握我国易地扶贫搬迁的演变，了解易地扶贫搬迁的早期探索实践，是研究易地扶贫搬迁后续发展的基础。易地扶贫搬迁政策是党和国家主导和实施的重要扶贫策略，是帮助我国贫困地区人民摆脱贫困问题的优惠政策。在新时代全面推进乡村振兴背景下，全面推进易地扶贫搬迁安置点的乡村振兴成为当下课题研究和实践发展探索的重点。为此，梳理我国易地扶贫搬迁的历史演变、了解易地扶贫搬迁的早期探索实践和清楚易地扶贫搬迁在贵州的实施情况和成效，为易地扶贫搬迁后续发展奠定坚实的基础。

一、易地扶贫搬迁的历史演变

（一）易地扶贫搬迁的萌芽阶段（1949—1982 年）

　　贫困问题是世界性难题，它与人类社会的产生是相伴相随的，世界各国在不停地为解决贫困问题做出长期性的努力。在中华人民共和国成立之后的很长一段时间里，我国经济基础薄弱，广大农村地区交通十分落后，抗日战争、解放战争导致我国处于贫困落后的境地，各项事业百废待兴。广大农村老百姓的生活过得至艰至难，处于极端贫困的状态。为了医治战争创伤和发展国民经济，让广大人民群众吃得起饭、穿得起衣、能够自给自足，党和国家结合当时国内政治经济环境采取了计划经济体制，同时也确定优先发展重工业的发展战略。在社会主义改造过程中，党和政府把农业合作化当作国家反贫困的重要手段。毛泽东在《关于农业合作化问题》中明确指出："全国大多数农民，为了摆脱贫困，改善生活，为了抵御灾荒，只有联合起来，向社会主义大道前进，才能达到目的。"① 农村农业合作化通过各种互助合作的方式，实行农业生产集体所有制、农产品低价收购等一系列政策措施，大力支持国家工业建设。推广农业技

---

① 毛泽东. 关于农业合作化问题［J］. 法学研究，1955（6）：1-9.

术、兴修水利，提高农业生产率和产出率；积极开展防灾救灾活动，提高抗灾能力；建立灾后救济机制，提高救济效率；等等。1949 年到 1978 年，我国主要是通过整体性的经济增长促进农村社会的发展，如先后进行了土地改革、农业合作化和人民公社化运动等，解决我国的贫困问题。党和国家的政策性救济与救急措施大多数是应急性的、广义的，虽然起到了缓解贫困群众的救急之需，但并未解决大范围和彻底解决贫困地区的贫困问题，仍有数亿人生活在贫困标准线以下。截至 1978 年，我国农村绝对贫困人口约 2.5 亿人，约占全部人口的四分之一①。

1978 年党的十一届三中全会，党和国家把工作重心转移到经济建设上来，以经济建设为中心，实行对内改革、对外开放的政策。我国是传统的农业大国，有 80% 以上的人口是农民，农业发展基础整体水平较低，而农业发展的程度直接影响我国的经济发展和国内政治稳定。为了大力发展我国农业经济和有力提高贫困农民经济收入，全会通过了《中共中央关于加快解决农业发展若干问题的决定（草案）》和《农村人民公社工作条例（试行草案）》。我国从计划经济变为有计划的商品经济，党和国家在全国实施包产到户、包干到户的家庭联产承包责任制，推翻原先的人民公社制度，大力激发了农民的生产积极性和解放了生产力。这一制度改革激励了农民对生产工具的改进和生产方式的改善，大力提高了我国农业生产力水平。同时，加强农村流通体制改革，取消对大量商品的限制，对农业产品价格的管控也有所放宽，更多的农业产品被投入市场，由市场机制调节和政府宏观把控，推动商品流通；大力发展农业，解决农民温饱；大力发展乡镇企业，增加农民经济收入，这为农村贫困人口问题打开了出路②。这一制度改革大力促进了我国经济增长，提高了农民经济收入，使得广大贫困农民脱贫致富，使贫困人口数量逐渐减少。

（二）易地扶贫搬迁的初步探索阶段（1983—2000 年）

我国大多数地区以国家改革开放政策为契机，依托本地资源大力发展经济，特别是东部及沿海地区发展速度迅猛。而西部、西南部、西北部等地区由于历史文化、经济落后、地理环境恶劣、交通不便、资源有限等因素，经济发展异常缓慢。这些地区与东部沿海发达地区相比，各个方面的差距在逐步扩大。所

---

① 中华人民共和国国务院新闻办公室、国务院开发领导小组. 扶贫开发卷——攻坚克难 [M]. 北京：团结出版社，2019：14.
② 中华人民共和国新闻办公室、中华人民共和国国务院扶贫开发领导小组办公室. 扶贫开发卷：攻坚克难 [M]. 北京：团结出版社，2012：2.

以国家成立了专职扶贫机构，拨付专项扶贫资金对这些地区实施帮扶，制定针对性优惠政策，实行开发式扶贫方针，解决贫困人口的温饱问题。1982 年，为了改变甘肃河西地区、定西地区和宁夏西海固地区（"三西"）的贫困面貌和解决"三西"地区的农民温饱问题，国务院专门成立了"三西"地区农业建设领导小组。1983 年，宁夏回族自治区党委、人民政府根据"三西"农业建设方针，制定和实施"以山济山、山川共济"的扶贫开发政策，采用吊庄移民的形式进行开发建设，开创了我国有计划、有组织、大规模扶贫开发的先河。经过多年实践，探索出许多开发方式和安置途径，积累了成功经验，这是我国易地扶贫搬迁的早期雏形①。随着农村改革和扶贫制度的不断推进，我国贫困人口数量持续减少。截至 1998 年年底，宁夏回族自治区已从特困地区向新开发的灌区移民 63 万人②。这时期的"吊庄"成为我国移民扶贫的典型经验。"三西"地区的移民扶贫搬迁经验为今后的易地扶贫搬迁积累了丰富经验。

进入 20 世纪 90 年代，虽然我国贫困人口数量大幅度减少，但是解决剩余贫困人口的温饱问题难度越来越大。1994 年，国家针对中西部缺土的石山区、资源匮乏的荒漠区、缺水较严重的黄土高原区、环境恶劣和基础设施落后的高寒地区等的广大贫困群众，制定和实施《国家八七扶贫攻坚计划（1994—2000年）》（以下简称《计划》）。这是新中国成立以来的，首个具有明确目标、对象、期限和措施的扶贫开发纲领，同时标志着我国的易地扶贫搬迁正式进入社会实践。该《计划》明确指出，对极少数生存和发展条件特别困难的村庄和农户，实行开发式移民，力争在 20 世纪内最后 7 年，基本解决全国农村 8 000 万贫困人口的温饱问题。随后，在国家政策的指引下，除宁夏、甘肃外，中西部其他省份也相继制定和出台相关移民搬迁扶贫政策并开展易地扶贫搬迁工作。经过国家动员和社会各个力量的支持和参与，截至 2000 年年底，中国农村贫困人口由 1994 年的 8 000 万人减少到 2000 年的 3 000 万人，农村贫困发生率由 1994 年的 8.87%下降至 2000 年的 3%左右，农民人均纯收入增加至 1337 元，此次扶贫目标基本完成③。

（三）易地扶贫搬迁的试点推进阶段（2001—2010 年）

2001 年是实施国家易地扶贫搬迁试点工程的开局之年。温家宝在中央扶贫

---

① 马明，仇旭辉，张闽剑.宁夏实施国家易地扶贫搬迁试点工程初步设想［J］.市场经济研究，2002（2）：50-51.

② 白永秀.中国城乡发展报告（2018）［M］.北京：中国经济出版社，2018：56.

③ 温家宝.在中央扶贫开发工作会议上的讲话［N］.新华每日电讯，2001-9-21.

开发工作会议上对易地扶贫搬迁工程明确指出："一要制定具体规划，切实搞好试点，在试点的基础上有计划、有组织、分阶段地进行，千万不能一哄而起。二要坚持自愿原则，充分尊重农民意愿，决不允许搞强迫命令。三要从实际出发，因地制宜，量力而行。四要妥善做好安置工作。"①党中央在总结《国家八七扶贫攻坚计划（1994—2000年）》的经验教训的基础上，制定并实施《中国农村扶贫开发纲要（2001—2010年）》（以下简称《纲要》）。该《纲要》的目的是解决少数贫困人口温饱问题，改善贫困地区的基本生产生活条件，提高贫困人口的生活质量，加强贫困乡村的基础设施建设，改善生态环境，逐步改变贫困地区经济、社会、文化的落后状况，为达到小康水平创造条件。《纲要》明确指出："稳步推进自愿移民搬迁。对目前极少数居住在生存条件恶劣、自然资源贫乏地区的特困人口，要结合退耕还林还草实行搬迁扶贫。要在搞好试点的基础上，制定具体规划，有计划、有组织、分阶段地进行；要坚持自愿原则，充分尊重农民意愿，不搞强迫命令；要因地制宜、量力而行、注重实效，采取多种形式，不搞一刀切；要十分细致地做好搬迁后的各项工作，确保搬得出来、稳得下来、富得起来。"②可见，党中央将自愿搬迁扶贫作为我国扶贫工作的重要途径和手段。

为了贯彻落实中央扶贫开发会议精神，2001年原国家计委印发《关于易地搬迁试点工程的实施意见》，将云南、贵州、宁夏和内蒙古四省（区）列为易地扶贫搬迁的实施试点省（区）。随后这四个省（区）相继启动了易地扶贫搬迁工程。从2001年起实施易地扶贫搬迁试点工程至2005年的时间里，国债投资56亿元，搬迁122万人，安置区生产生活条件明显改善，搬迁群众增收渠道增多，迁出地生态环境得到有效保护和恢复。我国贫困人口从1978年的2.5亿人减少到2005年年末的2 365万人，贫困发生率由30.7%减少到2.5%。③为了进一步减少贫困人口数和帮助贫困人口摆脱贫困，我国《易地扶贫搬迁"十一五"规划》把实施范围划定在西部农村贫困地区，重点是西部地区国家扶贫开发工作重点县，其间完成搬迁农村贫困人口150万人。实际上，"十一五"期间，国家累计安排易地扶贫搬迁中央预算内投资76亿元，连同地方投资总投资106亿

---

① 温家宝. 在中央扶贫开发工作会议上的讲话［N］. 新华每日电讯，2001-09-21.

② 国务院. 国务院关于印发中国农村扶贫开发纲要（2001—2010年）的通知［EB/OL］. (2001-6-13)［2021-12-21］. http：//www.gov.cn/zhengce/content/2016-09-23/content_5111138.htm.

③ 数据来源于《易地扶贫搬迁"十一五"规划》。

元，搬迁 162.7 万人，帮助搬迁群众摆脱了贫困，走上了发展致富的道路。① 这一阶段，国家利用国债资金在 4 个省（区）开展易地扶贫搬迁试点工程，坚持先开发、后自愿搬迁原则，大力鼓励搬迁群众发挥自力更生精神。

（四）易地扶贫搬迁的全面推行阶段（2011—2014 年）

从 2011 开始，我国易地扶贫搬迁工程进入全面推行阶段。为了加快贫困地区的快速发展和帮助贫困人民摆脱贫困困境，党和国家在《国民经济和社会发展第十二个五年规划纲要》（2011）中明确指出，在南疆地区、青藏高原东缘地区、武陵山区、乌蒙山区、滇西边境山区、秦巴山-六盘山区以及中西部其他集中连片特殊困难地区，实施扶贫开发攻坚工程，加大以工代赈和易地扶贫搬迁力度。在《国家八七扶贫攻坚计划（1994—2000 年）》实施期间和《中国农村扶贫开发纲要（2001—2010 年）》试点探索期间，我国扶贫事业取得了巨大成就，易地扶贫搬迁工程积累了丰富经验，取得了巨大成效。中共中央、国务院在此基础上，制定并实施《中国农村扶贫开发纲要（2011—2020 年）》，明确了连片特困地区成为我国脱贫攻坚的主战场，把易地扶贫搬迁放在了专项扶贫工作的重要位置。同时，强调易地扶贫搬迁要"坚持自愿原则，对生存条件恶劣地区扶贫对象实行易地扶贫搬迁。引导其他移民搬迁项目优先在符合条件的贫困地区实施，加强与易地扶贫搬迁项目的衔接，共同促进改善贫困群众的生产生活环境。……有条件的地方引导向中小城镇、工业园区移民，创造就业机会，提高就业能力。加强统筹协调，切实解决搬迁群众在生产生活等方面的困难和问题，确保搬得出、稳得住、能发展、可致富。"② 党和国家把易地扶贫搬迁与城镇化、工业化相结合，这是易地扶贫搬迁工作的一大创新，是将搬迁群众从"搬得出、稳得住"向"搬得出、稳得住、能发展、能致富"方向发展。

2012 年，国家发展和改革委员会根据《中华人民共和国国民经济和社会发展第十二个五年规划纲要》和《中国农村扶贫开发纲要（2011—2020 年）》制定了《易地扶贫搬迁"十二五"规划》，力争对生存在环境恶劣、不具备基本生产和发展条件、"一方水土养不活一方人"的深山区、石山区、荒漠区、地方病多发区等地区的 240 万农村贫困人口实施易地扶贫搬迁③。通过引导、带动其他相关支农投资和出台配套政策，加强住房、农田水利、乡村道路、人畜饮水、

---

① 数据来源于《易地扶贫搬迁"十二五"规划》。

② 中共中央、国务院.中国农村扶贫开发纲要（2011—2020 年）[EB/OL].（2011-12-15）[2021-12-11].http://www.gov.cn/gongbao/content/2011/content_2020905.htm.

③ 数据来源于《易地扶贫搬迁"十二五"规划》。

农村能源、教育卫生等设施建设，大幅提高了搬迁群众的生产条件和生活质量。同时，统筹解决了劳动力外出务工和特色产业发展问题，有效拓宽了增收渠道和致富空间，缓解了迁出区的人口压力，有效恢复和保护了生态环境。"十二五"期间，中央预算内投资 231 亿元，是前 10 年投入的 1.75 倍；累计搬迁贫困人口 394 万人，是前 10 年的 1.37 倍，同时带动其他中央部门资金、地方投资和群众自筹资金近 800 亿元。① 通过实施易地扶贫搬迁工程，建设了一大批安置住房和水、电、路网等配套基础设施以及教育、卫生、文化等公共服务设施，大力改善贫困人民的生产生活条件和有力帮助搬迁群众摆脱了贫困，让其走上了发展致富之路。

（五）易地扶贫搬迁的决胜攻坚阶段（2015—2020 年）

"十三五"时期，我国进入了全面建成小康社会决胜阶段。2015 年 11 月，中共中央、国务院颁发《中共中央、国务院关于打赢脱贫攻坚战的决定》，指出："到 2020 年确保我国现行标准下农村贫困人口实现脱贫，贫困县全部摘帽，解决区域性整体贫困。"② 标志着我国扶贫开发事业进入了脱贫攻坚的决胜阶段。其中"五个一批"是我国打赢脱贫攻坚战的重要脱贫措施，帮助 7 000 多万农村贫困人口过上小康生活，而易地搬迁脱贫一批则是打赢脱贫攻坚战的"头号工程"和最难啃的"硬骨头"。"五个一批"扶贫举措的实施是为了确保2020 年我国农村贫困人口实现脱贫，并全面进入小康社会。同年，中共中央、国务院还召开全国易地扶贫搬迁工作的电视电话会议，着重强调加大易地扶贫搬迁力度。为坚决打赢脱贫攻坚战，国家发展和改革委员会根据《国民经济和社会发展第十三个五年规划纲要》和《中共中央、国务院关于打赢脱贫攻坚战的决定》，制定了《全国"十三五"易地扶贫搬迁规划》，通过"挪穷窝、换穷业、拔穷根"，从根本上解决居住在"一方水土养不起一方人"地区的 1 000 万贫困人口的脱贫发展问题。《"十三五"时期易地扶贫搬迁工作方案》要求在"十三五"期间完成对"一方水土养不起一方人"贫困地区的建档立卡贫困群众实行易地搬迁，解决 1 000 万贫困人口的脱贫发展问题，涉及全国 22 个省（区、市）、约 1 400 个县（市、区）③，并在 2020 年全国人民进入小康社会。这一阶段易地扶贫搬迁安置点的选择以县城、集镇为主，由于搬迁人数众多、搬

---

① 数据来源于《全国"十三五"易地扶贫搬迁规划》。

② 中共中央党史和文献研究院．十八大以来重要文献选编（下）［M］．北京：中央文献出版社，2018：253-54.

③ 数据来源于《"十三五"时期易地扶贫搬迁工作方案》。

迁范围大、搬迁资金来源多元化和投入范围更广泛、更全面等因素，实施精准扶贫和健全社会参与制度，力求在 2020 年完成 1 000 万人贫困人口的易地搬迁，并进入全面建成小康社会。五年来，经过党和全国人民的共同努力，我国脱贫攻坚战取得了全面胜利，现行标准下 9 899 万农村贫困人口全部脱贫，832 个贫困县全部摘帽，12.8 万个贫困村全部出列，区域性整体贫困得到解决，完成了消除绝对贫困的艰巨任务。

二、易地扶贫搬迁的早期实践

1978 年，党的十一届三中全会将国家工作重心转移到经济建设上来，实行改革开放，大力发展国民经济，增强国家经济实力。邓小平指出："社会主义的本质，是解放生产力，发展生产力，消灭剥削，消除两极分化，最终达到共同富裕。"① 1982 年，为了改变"三西"的贫困面貌和解决"三西"地区贫困农民的温饱问题，国务院专门成立了"三西"地区农业建设领导小组，并启动实施"三西"地区的农业建设扶贫项目工程。该项工程是把农业建设与扶贫开发、土地开发和移民搬迁相结合，是有计划、有组织、大规模的移民扶贫开发，开创了我国区域性扶贫开发的先河，对我国扶贫事业具有重要的意义。

（一）宁夏西海固地区的基本概况

宁夏回族自治区是我国 5 个省级建制的少数民族自治区之一，境内居住着回族、维吾尔族、哈萨克族、保安族、撒拉族和汉族等民族，是我国最大的回族聚居地，总面积 6.64 万平方公里，第七次全国人口普查总人口为 7 202 654 人。宁夏回族自治区分为北部引黄灌区、中部干旱带和南部山区三大板块，海拔在 1 100—1 200 米，地形从西南向东北逐渐倾斜，丘陵沟壑林立，土地贫瘠，植被稀疏。虽然地处黄河水系，地势南高北低，呈阶梯状下降，但是干旱少雨，生态条件恶劣，自然灾害频发。当时全区信息闭塞、交通不便，经济社会发展十分缓慢，素有"苦瘠甲天下"之称。宁夏回族自治区的南部山区也称西海固地区，该地区共 8 县辖 162 个乡镇 1 635 个行政村，总面积 3.9 万平方公里，占自治区总面积的 59%，是宁夏回族自治区的半壁河山。② 该地区地处黄土高原，土地沟壑纵横，南北气候悬殊（南部为六盘山阴湿地区、北部为干旱风沙区），水土流失严重，自然灾害严重。由于历史、文化等因素，该地区的生产力水平和社会发展程度一直较低，人民群众的生产生活困难。1982 年该地区农民人均

---

① 中共中央文献编辑委员会．邓小平文选［M］．第 3 卷．北京：人民出版社，2008：373.
② 王福临．中国民族地区扶贫到户 10 模式［M］．北京：民族出版社，1997：38.

有粮 88.2 公斤，农民人均纯收入 126.5 元。① 大部分农民的温饱问题长期得不到解决。1983 年，宁夏回族自治区党委、人民政府根据国务院"三西"农业专业建设方针，对宁夏西海固地区资源缺乏、一方水土养不活一方人、生态环境恶劣等具体情况，制定了"以川济川、山川共济"的政策。在政策实施的过程中，当地政府借助国家专项资金的扶持，采取了移民吊庄的形式，对居住在南部山区的一些生存条件恶劣或是生产生活困难的贫困群众，搬迁至交通方便、资源充足、有水利灌溉条件的大片荒地上进行开发性生产建设，创建新的家园。

（二）宁夏西海固地区移民吊庄的基本形式

按照移民吊庄地理位置来划分，宁夏移民吊庄的形式划分为县内移民吊庄、县外移民吊庄和县外插户移民吊庄三种形式。县内移民吊庄是自治区各级党委、政府借鉴同心扬水工程经验，重新调整土地分配标准，将富余土地用于移民搬迁安置县内其他贫困群众的移民吊庄的一种移民形式。这种形式的移民吊庄具有明显的特征：不出县境、不改变隶属关系、搬迁距离短。同时，也便于组织协调，建设速度快，见效快，基本上两三年能够解决贫困人民的温饱问题。县外插户移民吊庄是在迁入县人少地多的地方安置贫困地区贫困农民的一种移民形式。国家给予每个移民一定数量的定额补助，资金由迁入县管理，并划分给每个移民 2 亩耕地、一户 2 间房和一口水窖。迁出县则负责搬迁和当年搬迁群众的生活和一些日常生产资料安排，第二年年底移交迁入县管理。县外移民吊庄是迁出县经过自治区政府批准在黄灌区无偿划拨出大片荒地上进行开发建设，安置搬迁贫困群众的一种移民方式。在宁夏回族自治区各级党委、政府的高度重视下，三种移民吊庄形式灵活运用，经过 19 年的扶贫开发建设，共建成移民吊庄基地 23 处，其中县外移民吊庄 12 处，县外插户移民吊庄 5 处，县内移民吊庄 6 处。截至 2001 年年底，开发配套耕地 56 万亩，搬迁房屋建设 6.9 万间，搬迁安置群众 442 434 人。② 吊庄移民让几十万贫困群众摆脱了贫困，走上了幸福发展之路。

（三）宁夏西海固地区移民吊庄的基本经验

1. 加强组织领导，制定优惠政策，带动搬迁群众扶贫开发建设的积极性

移民吊庄工程是一项扶贫搬迁开发的社会系统工程，工作量大，涉及范围广，投入资金多。为了确保移民搬迁工作的顺利推进，宁夏回族自治区加强组

---

① 王福临. 中国民族地区扶贫到户 10 模式［M］. 北京：民族出版社，1997：38.
② 黄承伟. 中国农村扶贫自愿移民搬迁的理论与实践［M］. 北京：中国财政经济出版社，2004：314.

织领导，统一协调，有计划、有步骤地逐步推行。各个部门依据自身优势，对吊庄建设给予大力支持。各个吊庄县把移民工作当作为本县群众脱贫致富和振兴经济的一项重要举措，认真研究，精心布置，并派出一批能力强的干部组成指挥部现场指挥，具体负责工程实施和工作落实。同时，宁夏回族自治区根据吊庄移民工程的实际情况，在补助、资金、物资等方面制定了一系列的优惠政策，带动了搬迁群众开发建设的积极性。

2. 统一思想，提高认识，做好干部队伍和搬迁群众的思想工作

移民吊庄是一项远离故土、在灌区荒漠地带实施开发建设的社会系统工程，没有一批精明能干的干部队伍和没有良好的群众基础是难以实施的。宁夏回族自治区党委、人民政府根据国务院"三西"农业专业建设方针，制定"以川济川、山川共济"政策，把山区建设和灌区开发建设相结合，把土地开发和移民吊庄相结合，兴引黄、扬黄灌溉之利，济山区干旱、高寒之贫。这一庞大的工程需要一大批能力强的干部队伍参与进来。自治区人民政府给相关部门及其工作人员做好统一思想工作，提高了他们的思想认识，并组织迁出县领导和群众代表到开发地勘察、了解、分析利弊，增强了搬迁群众开发荒地、易地安家和克服困难的信心。同时，加强吊庄移民搬迁政策的广泛宣传，让广大搬迁群众了解搬迁政策。各级干部和搬迁群众清楚地认识到移民吊庄建设带来的益处和重大意义，坚定自力更生和艰苦创业的信心和决心，才能确保吊庄移民工程的顺利实施。

3. 科学规划，分步骤组织实施

在开始实施移民开发建设前，各吊庄县组织规划队伍，对开发荒地的水资源、土地资源、自然环境、社会环境等方面进行全面、系统的勘测了解。根据开发荒地的自然资源、基础设施、自然地理条件和生产生活所需的必备条件等情况，科学规划、合理开发并确定开发步骤，有序地实施。此外，规划还把吊庄基地建设、农业发展和城镇建设结合起来，把开发性生产和开发性建设结合起来，使得规划更加合理、科学，更有助于帮助搬迁群众自力更生、克服困难和摆脱贫困。因此，科学的移民吊庄搬迁规划，有助于在移民搬迁过程中有组织、有计划、有步骤地实施，确保了移民搬迁工作的顺利开展。

4. 坚持搬迁自愿、政府引导原则

我国人民自古以来就有浓厚的乡土情结，对乡土有着深深的眷恋之情。在实施吊庄移民的过程中，遇到一些贫困群众故土难离，不愿意离开家乡的实际情况，移民搬迁工作自始至终遵循群众自愿的原则。同时，政府工作干部深入贫困群众家里做好其思想工作，宣传吊庄移民政策。在搬迁过程中，迁出县领

导带领群众代表到开发地勘察、了解、分析利弊，增强搬迁群众开发荒地、异地安家和克服困难的信心。

三、贵州易地扶贫搬迁的实践

（一）贵州易地扶贫搬迁的提出

贵州省位于中国西南部，东连湖南、南毗广西、西邻云南、北接四川和重庆，总面积 176 167 平方千米，丘陵、山地面积占 92.5%。贵州属于亚热带温湿季风气候，有冬无严寒、夏无酷暑的特征，但受大气环流及地形等影响，气候呈现多样性，素有"一山分四季，十里不同天"之说。贵州地处云贵高原东部和长江、珠江流域上游地带，平均海拔约 1 100 米，是典型的喀斯特地貌山区省份，素有"八山一水一分田"之称。贵州省高原山地居多、土质贫瘠、生态环境脆弱，受特殊的自然地理环境、历史、社会等诸多因素的影响，贵州经济社会发展滞后，农村贫困问题突出。贵州省境内大多数贫困人口生活在生态环境脆弱、生存条件恶劣的高山区、深山区、石山区、武陵山区、滇黔桂石漠化区和乌蒙山区，这些地方的发展关系着长江和珠江下游的生态安全。因此，贵州脱贫攻坚与生态文明建设两者必须并重、并举。此外，贵州贫困地区经济基础薄弱、人多地少、交通闭塞、条件艰苦等因素，导致贵州"一方水土养不起一方人"的现状。在贵州实施就地扶贫难度大、成本高和极易造成生态环境持续破坏，难以从根本上解决贫困人民的贫困问题。反而在贵州实施易地扶贫搬迁工程，既是推动贵州扶贫开发、改变贫困人民生活状况、促进民族团结和加快贵州经济社会发展的一条行之有效的路径，也是将生态环境和脱贫攻坚作为共同目标，消除贫困人口问题、维护生态环境安全和构建"两江"上游生态屏障的重大策略。

1994 年，贵州省根据《国家八七扶贫攻坚计划（1994—2000 年）》的内容和要求，制定了《贵州省扶贫攻坚计划（1994—2000 年）》，明确指出在 7 年内解决贵州省 1 000 万贫困人民的温饱问题和初步探索移民搬迁问题。2001 年原国家计委在《关于易地搬迁试点工程的实施意见》文件中，明确将贵州省列为易地扶贫搬迁的实施试点省。2012 年贵州省编制了《贵州省扶贫生态移民工程规划（2012—2020）》并组织实施（"十三五"规划后全部改为"易地扶贫搬迁"），其目的是在 2020 年贵州省实现全面建成小康社会。因此，贵州省自 2001—2020 年实施具有消除贫困和保护生态环境双重意义的易地搬迁工程以来，帮助一大批贫困人口走上了脱贫致富之路，并在经济、社会、生态方面取得了巨大成效。

(二) 贵州易地扶贫搬迁的实施概况

贵州省为了有效解决贫困人口的温饱问题，从 1986 年开始在开展扶贫工作的同时，也在一些贫困问题特别突出、生存条件极端恶劣的地区着手易地扶贫搬迁的探索和实践。虽然贵州省采取了一系列有效措施，通过贫困地区广大干部群众的共同努力，扶贫工作取得了一定的成效，但是贵州省的贫困现象仍然十分严重。截至 1993 年年底，贵州省仍有 1 000 万贫困人口，占全国贫困人口的 12.5%，其中人均纯收入不到 200 元的贫困人口有 392 万[①]。要解决这些贫困群众的温饱问题，必须集中力量开展脱贫攻坚战工作。为此，贵州省根据《国家八七扶贫攻坚计划 (1994—2000 年)》的内容和要求，结合贵州的实际情况，制定和实施《贵州省扶贫攻坚计划》，于 1944 年 10 月 21 日正式颁布实施。党和国家把移民开发纳入《国家八七扶贫攻坚计划 (1994—2000 年)》后，贵州省为了进一步探索和积累易地扶贫搬迁经验，加大了移民搬迁工作力度，在紫云、罗甸、长顺和普安县四个县启动了以工代赈易地扶贫搬迁试点工作。据不完全统计，贵州省在 1994—2000 年期间，共投入移民搬迁资金 7 971.45 万元，包括民政救济资金 2 439.73 万元、以工代赈资金 3 212 万元、民委少数民族移民资金 108.5 万元、地方配套资金 497.83 万元、社会捐赠资金 880.24 万元和农户自筹资金 883.15 万元，累计搬迁群众 17 817 户、85 237 人[②]。

世纪之交，国家印发《关于实施西部大开发若干政策措施的通知》、制定和组织实施《中国农村扶贫开发纲要 (2001—2010)》，明确指出要加强生态环境保护和加大扶贫开发力度，将易地安置和生态移民作为西部大开发和农村扶贫开发的重要措施，其目的是保护和恢复西部地区或是贫困地区的生态环境、大幅减少农村贫困人口、基本解决农民生存和温饱问题、稳步提高农民收入、明显改善贫困地区基础设施、不断完善社会事业。2000 年贵州省贫困县人口占全省总人口的 53%，贫困县农民纯收入少于 1 000 元的共计 667.92 万人，其中少于 400 元的有 94.92 万人，全省农民纯收入在全国 12 个西部省区中排名倒数第二[③]。2000 年年末，贵州全省仍有 19 个乡和 8 500 多个行政村不通公路，1 045

① 中共贵州省委党史研究室. 贵州脱贫攻坚战略行动实录：文献资料选编 (1) [G]. 贵阳：贵阳佳讯印务有限公司，2018：214.

② 吴大华，李胜. 贵州脱贫攻坚 70 年 [M]. 贵阳：贵州人民出版社，2019：227.

③ 贵州省人民政府研究室. 贵州发展研究 (2001 年度) [Z]. 贵阳：贵州省人民政府研究发展中心，2001：95.

个村不通电,约450万人被饮水难问题困扰①。原国家计委在《关于易地搬迁试点工程的实施意见》中,明确将贵州省列为易地扶贫搬迁的实施试点省。贵州省委、省政府根据党中央、国务院的指示精神和大力支持,按照"群众自愿、易地安置、量力而行、适当补助"的原则,通过制定优惠政策、畜牧业开发、招商引资、龙头企业带动、小城镇或旅游景区建设、开垦和调整耕地、退耕还林、置换土地等路径,对一大批贫困人口实施易地搬迁措施。据不完全统计,贵州省在2001—2010年期间,共投入资金24.2亿元,累计完成搬迁群众8.87万户、38.27万人②。

2011年,为了加快贫困地区社会经济快速发展、帮助贫困人口摆脱贫困困境和实现2020年全面建成小康社会的目标,国家制定了《国民经济和社会发展第十二个五年规划纲要》,明确要求在集中连片特殊困难地区,实施扶贫开发攻坚工程,加强以工代赈和易地扶贫搬迁力度,由政府主导,使搬迁工作与推进城镇化和工业化相结合。中共中央、国务院在此基础上,制定并实施《中国农村扶贫开发纲要(2011—2020年)》,明确了连片特困地区成为我国脱贫攻坚的主战场,把易地扶贫搬迁放在了专项扶贫工作的重要位置。这标志着我国进入了全面推行易地扶贫搬迁工程阶段。2012年7月,贵州省在总结易地扶贫搬迁成功经验的基础上,遵照党中央、国务院相关文件的要求,召开了"扶贫生态移民工程推进大会",决定将移民规模从原定的150万人增加到200万人,并积极开展相关的摸底、调查与核实工作。从2012起,贵州省主要以自然生态环境恶劣、生态区位重要、满足不了人类基本生存的地区的贫困人口为搬迁对象,以自然村或是村民小组为单元实施整体搬迁,以城镇、产业园区为主进行集中安置。据统计,贵州省在"十二五"期间,投入财政扶贫资金305亿元,减少贫困人口656万人,其中易地扶贫搬迁66万人③。

2015年,贵州全省仍有贫困人口493万人,占全国贫困人口的8.77%,居全国首位④,脱贫攻坚任务艰巨、时间紧迫。"十三五"时期是全国决战脱贫攻坚、全面建成小康社会决胜阶段。可见,脱贫攻坚重中之重的易地扶贫搬迁是

---

① 贵州省人民政府研究室.贵州发展研究(2001年度)[M].贵阳:贵州省人民政府研究发展中心,2001:265.

② 王永平,陈勇.贵州生态移民实践:成效、问题与对策思考[J].贵州民族研究,2012(5):77-83.

③ 贵州省政府办公厅.贵州省2016年政府工作报告[EB/OL].(2016-02-05)[2022-01-01].https://www.guizhou.gov.cn/zwgk/zfgzbg/gzsgzbg/202109/t20210913_70131327.html.

④ 金莲,王永平,黄海燕.生态移民可持续发展[M].北京:中国社会科学出版社,2021:44.

贵州省有史以来最繁重、最艰巨、最紧迫的任务。2016 年, 贵州省人民政府办公厅根据中共中央、国务院颁发的《中共中央、国务院关于打赢脱贫攻坚战的决定》和国家发展和改革委员会制定的《全国"十三五"易地扶贫搬迁规划》的相关规定和要求, 印发了《贵州省人民政府关于推进新时期易地扶贫搬迁工作的意见》, 通过"挪穷窝、换穷业、拔穷根"的途径, 从根本上解决居住在"一方水土养不起一方人"地区人民的贫困问题, 确定"十三五"时期计划搬迁 162.51 万人, 其中建档立卡贫困人口 130.47 万人①。2018 年 9 月, 贵州省指挥部根据多轮精准摸查情况正式印发《关于调整下达贵州省"十三五"易地扶贫搬迁项目和计划任务的通知》, 把原计划搬迁人数调整到 188 万人, 其中建档立卡贫困人口 150 万人, 同步搬迁人口 38 万人, 并计划在三年内完成计划②。经过国家的大力支持和贵州全省人民的共同努力, 贵州省在"十三五"期间, 一共搬迁 192 万人, 全省总投入扶贫资金超过 1 万亿元③。

(三) 贵州易地扶贫搬迁的成效

1. 有效解决贫困人口温饱问题

1978 年改革开放以来, 贵州省在反贫困事业方面取得了辉煌的成绩, 到2020 年年底, 全省人民进入小康社会。在 1985 年实施扶贫开发之前有 1 500 万贫困人口, 农村贫困率高达 57.7%。④ 1994 年, 贵州全省有国家级贫困县 48个、贫困人口 1 000 万人⑤。通过多年的扶贫攻坚, 2008 年贵州省贫困发生率为8% 左右。2008 年国家把低收入人口并入贫困人口, 导致贫困人口数量增多; 2011 年国家把贫困线大幅度提高, 也导致贫困人口数量增加。1994 年实施移民开发以来, 虽然中途两次国家贫困线标准的调整使贫困率上升, 但是贵州省从最初探索实施移民搬迁工程以来, 反贫困效果十分明显。贵州省从 1994 年实施生态移民工程, 截至 2020 年年底, 全省共移民搬迁贫困人口 2 453 937 人, 并解决了其温饱问题, 为我国反贫困事业作出了巨大贡献, 也为我国全面推进乡村振兴战略打下了坚实的基础。

---

① 金莲, 王永平, 黄海燕. 生态移民可持续发展 [M]. 北京: 中国社会科学出版社, 2021: 44.

② 金莲, 王永平, 黄海燕. 生态移民可持续发展 [M]. 北京: 中国社会科学出版社, 2021: 44.

③ 贵州省政府办公厅. 贵州省 2021 年政府工作报告 [EB/OL]. (2021-01-25) [2021-12-26]. https://www.guizhou.gov.cn/zwgk/zfgzbg/gzsgzbg/202109/t20210913_70131495.html.

④ 杨颖, 胡娟. 贵州扶贫开发成效、历程及挑战思考 [J]. 开发研究, 2013 (2): 89-92.

⑤ 吴大华, 李胜. 贵州脱贫攻坚 70 年 [M]. 贵阳: 贵州人民出版社, 2019: 238.

2. 明显改善贫困人口经济状况

实施移民搬迁工程，将贫困人口迁入合适的安置区域，其目的是改善贫困人口的生产生活条件。特别是贵州省在 2001—2010 年的 10 年时间里，调整和新增耕地 1.43 万公顷，建设住房及附属设施 508.36 万平方米，架设输电线路 2 190.87 千米，建设乡村公路 3 098.19 千米，建设沼气池 21 945 口，解决了 46.48 万人的饮水困难问题。① 2010 年贵州省的农村人均纯收入是 3 471.9 元。"十二五"规划和"十三五"规划实施生态移民扶贫工程以来，到 2020 年贵州省人均纯收入 11 642 元，在 2010 年的基础上翻了 3 倍多。通过易地扶贫搬迁，不仅改善了搬迁群众的居住环境、基础设施建设和提供了良好的公共服务，而且有力地改善了搬迁群众的生产条件，提供了大量的产业岗位，为广大搬迁群众的生活生产提供了保障。可见，易地扶贫搬迁让搬迁贫困群众的经济收入大大增加了，有力地改善了贫困人口的经济状况。

3. 有力保护自然生态环境

贵州省是典型的喀斯特地貌贫困地区，拥有丰富的森林资源和水资源，但由于贫困状况比较集中，两者之间的矛盾导致了"资源富集—集中贫困—生态脆弱""贫困陷阱"悖论②。贵州生态脆弱地区水土流失、洪涝、泥石流、石漠化等自然灾害频发，当地贫困人口为了生活只能依靠"天下雨地种食"，使得土地越垦越荒、越荒越穷，最终无法继续生存下去，同时也导致自然生态环境的严重破坏。自贵州开始实施易地扶贫搬迁工程后，将贫困群众搬出生态脆弱区，迁至更加适宜人生活生产的区域，有效缓解了原居住地人口与资源的矛盾。搬迁后，国家在原居住地实施退耕还林还草、复垦宅基地等政策，调整土地利用结构，有效促进了原居住地生态环境系统的良性循环，有力保护了自然生态环境。2001 年至 2010 年实施易地搬迁工程期间，贵州省累计实施退耕还林 117.3 万公顷③。"十二五"时期贵州省坚守"生态"和"发展"两条底线，完成了营造林 2 161 万亩，治理石漠化面积 8 270 平方公里，森林覆盖率超过 50%，二氧化硫、氮氧化物、化学需氧量、氨氮四项主要污染物排放量分别减少 22.77

---

① 王永平，陈勇. 贵州生态移民实践：成效、问题与对策思考 [J]. 贵州民族研究，2012（5）：77-83.

② 陈卫洪，漆雁斌. 喀斯特贫困地区生态建设与林业可持续发展对策研究 [J]. 林业经济，2012（11）：98-121.

③ 金莲，王永平，黄海燕. 生态移民可持续发展研究 [M]. 北京：中国社会科学出版社，2021：52.

万吨、4.91万吨、2.3万吨和0.3万吨。① "十三五"期间，贵州省牢固树立绿水青山就是金山银山理念和强力推进生态文明试验区建设，通过实施"双十工程"，有效推进乌江、赤水河等流域治理；率先全流域取缔网箱养殖，完成长江流域重点水域退捕禁捕；实施农村人居环境整治，改造农村卫生厕所197.7万户②；全面解决741万农村人口饮水安全问题，建成农村"组组通"硬化路7.87万公里，县级以上城市空气质量优良天数比率达98.3%，持续推进生态修复，森林覆盖率达60%，主要河流出境断面水质优良率100%。③ 由此可见，易地扶贫搬迁工程的实施有效地保护和恢复了搬迁群众原居住地的生态环境。

———————————

① 贵州省人民政府. 贵州省国民经济和社会发展第十三个五年规划纲要［N］.贵州日报，2016-2-17（1）.

② 贵州省政府办公厅. 贵州省2021年政府工作报告［EB/OL］.（2021-02-24）［2022-01-01］. https：//www.guizhou.gov.cn/zwgk/zfgzbg/gzsgzbg/202109/t20210913_70131495.html.

③ 中共贵州省委. 中共贵州省委关于制定贵州省国民经济和社会发展第十四个五年规划和二〇三五年远景目标的建议［N］.贵州日报，2020-12-14（1）.

第三章　易地扶贫搬迁前的三宝彝族乡

人是社会发展的主体，是推动社会发展的重要力量。马克思指出："人民自己创造自己的历史，但是他们并不是随心所欲地创造，并不是在他们自己选定的条件下创造，而是在直接碰到的、既定的、从过去继承下来的条件下创造的。"[①] 易地扶贫搬迁是中国解决区域性贫困问题、推进全民进入小康社会的重要策略，是推动中国社会发展的重要路径。在易地扶贫搬迁后续扶持与全面推进乡村振兴的背景下，了解三宝彝族乡易地扶贫搬迁前的自然地理状况、建制沿革、民族构成、历史文化、经济民生，对推动三宝彝族乡易地扶贫搬迁后续特色发展具有重要作用。

一、自然生态环境与建制沿革

三宝彝族乡是贵州省黔西南布依族苗族自治州的三个少数民族乡之一。该乡因天然屏障九层岩、香炉岩和观音岩为护寨三宝而得名，古称三宝寨。该乡地处云贵高原中段，属珠江水系北盘江流域。在地质构造上属黔桂台斜"晴隆弧"分布区，位于云南山字形东翼与广西山字形西翼交接复合部，属高原峡谷地带。因受高原峡谷阻隔和北盘江及其支流的强烈切割，在实施精准扶贫政策之前，这里一直是贵州发展最缓慢的地区之一。

（一）自然生态环境

三宝彝族乡地处云贵高原中段的高原峡谷地带，形成了高原峡谷地貌，最高海拔位于青龙组的望云山 1 867 米，最低海拔为下万组的中寨 1 500 米，全乡平均海拔为 1 600 米[②]，境内四面为坡。易地扶贫搬迁之前，三宝彝族乡除三宝水库外，未进行任何大型工程开发，也没有任何的自然矿产资源开发活动（无矿产资源）。三宝水库总库容 109 万立方米，是一座以乡镇人畜饮水和农田灌溉

---

① 马克思恩格斯选集［M］．第 1 卷．北京：人民出版社，2012：669.
② 晴隆县地方志编纂委员会．晴隆县志（1987—2016）［M］．北京：方志出版社，2020：66.

为主的小型水库，解决了三宝彝族乡和鸡场镇部分人畜饮水问题。该乡属少、边、远、高寒地区，人口稀少、种养业不发达，污染负荷小。该乡森林覆盖率较高，森林面积 1 651.8 公顷，森林覆盖率为 68.4%，森林覆盖率为全县之首，地下水资源可利用量为 10 万立方米。① 三宝彝族乡的自然生态环境几乎没有被破坏，基本维持原生态状态。

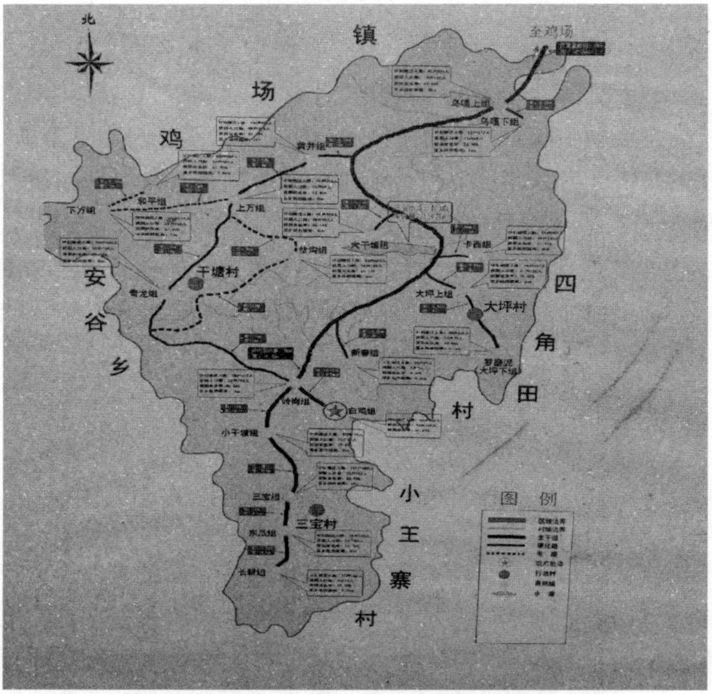

图 3-1　三宝彝族乡区域图

　　三宝彝族乡的气候属暖亚热带季风气候，受高原峡谷和北盘江及其支流的强烈切割的影响，年平均气温为 18.6℃，年平均温差为 20℃，作物生长期年平均 283 天，无霜期年平均 290 天②。年平均日照时数为 11.5 小时，太阳能年总辐射量 2 600 千卡每平方厘米。0℃以上持续 326 天（一般为 2 月 5 日至 12 月 18 日），年平均降雨量 545 毫米。自然灾害主要有旱灾、风灾、冰雹、雷击等③。三宝彝族乡适合种植薏仁米、小麦、玉米、薯类、水稻等粮食作物。2016 年三宝彝族乡的经济作物有核桃、板栗、茶叶、油菜、烤烟等；畜牧业主要以猪、

①　晴隆县地方志编纂委员会．晴隆县志（1987—2016）［M］．北京：方志出版社，2020：66.
②　晴隆县地方志编纂委员会．晴隆县志（1987—2016）［M］．北京：方志出版社，2020：66.
③　晴隆县地方志编纂委员会．晴隆县志（1987—2016）［M］．北京：方志出版社，2020：66.

牛、羊、家禽为主；森林资源主要有杉树、椿树、楸树和灌木等。

（二）区位人口

三宝彝族乡位于贵州省黔西南布依族苗族自治州晴隆县城南部，其乡政府驻三宝村白鸡组，距晴隆县城46.03公里；位于东经105°14′56″—105°18′25″，北纬25°41′12″—25°45′24″之间，东与沙子镇、兴仁县田湾乡相邻，南与安谷乡、紫马乡相连，西和北与鸡场镇相接壤①，辖区东西最大距离4.9公里、南北最大差距为7.6公里②。该乡总面积24.16平方公里，辖三宝村、甘塘村和大坪村3个村民委员会共19个村民组，辖区主要以彝族、苗族和汉族为主体民族③。2015年，三宝彝族乡1 348户共5 624人，男性2 952人，女性2 672人，其中少数民族占总人口的98.2%，其中苗族占62.2%，彝族占36%，汉族占1.8%④，彝族主要居住在三宝村，苗族主要居住在甘塘村和大坪村。2016年全乡1 381户共5 450人，耕地总面积为7 695亩，其中水田90亩、旱地7 605亩，人均1.41亩。⑤ 该乡虽然地广人稀，但可耕地面积较少且贫瘠。

（三）建置沿革

晴隆县在上古时期，属盘瓠国；殷商时期，属鬼方国；西周时期，属牂牁国；东周时期，属夜郎国；西汉时期，属牂牁郡。汉平帝元始四年，改牂牁郡为同亭郡，属同亭郡；东汉光武帝中兴之际，废同亭郡复置牂牁郡，属牂牁郡。313年，废牂牁郡置夜郎郡，属夜郎郡。太宗贞观八年（634年），属盘州。玄宗天宝年间（742—755年），属矢部万户府。元世祖至元十三年，县地属于普安路总管府辖，属云南省。自明朝初，境内始有行政建置。⑥

明洪武十四年（1381年），大将军付友德和副将军沐英、兰玉率领明朝大军由湖南进入贵州，攻克普安路，留兵驻守普安路各属地。1382年，明朝于今县城南门外置尾酒卫，属贵州行省；1384年，废尾酒卫改置尾酒驿站，属普安军民府；1390年，改尾酒驿站置安南卫，属贵州都司；至1392年，晴隆县城始

---

① 晴隆县地方志编纂委员会．晴隆县志（1987—2016）［M］．北京：方志出版社，2020：66．
② 晴隆县年鉴编纂委员会．晴隆年鉴（2020）［M］．贵阳：贵州人民出版社，2020：325．
③ 晴隆县年鉴编纂委员会．晴隆年鉴（2020）［M］．贵阳：贵州人民出版社，2020：325．
④ 晴隆县年鉴编纂委员会．晴隆年鉴（2015）［M］．德宏：德宏民族出版社，2017：222．
⑤ 晴隆县史志办公室年鉴编纂委员会．晴隆年鉴（2016）［M］．德宏：德宏民族出版社，2018：280．
⑥ 晴隆县地方志编纂委员会．晴隆县志（1987—2016）［M］．北京：方志出版社，2020：1．

定，① 而三宝彝族乡隶属安南卫淳德里。清朝康熙年间（1662—1722），三宝彝族乡属安南县。民国二十一年（1932年），设置三宝乡，属第四区。民国二十七年（1938年），改设三宝联保，属第三区。民国三十年（1941年），三宝联保下置新寨、老白寨、三宝寨和良友田4个保。民国三十四年（1945年），裁区署及联保，置1镇10乡，三宝乡编7保，直属县辖。②

1949年10月1日中华人民共和国成立后，政权性质发生根本变化。同年12月20日成立晴隆县人民解放委员会。1950年，晴隆县人民政府成立，撤销保甲制，改设行政村、组，置3区1镇10乡，三宝乡改隶第二区，区政府驻凉水营。1953年，晴隆县人民政府设4区1镇56乡，三宝乡属第二区，区政府移驻鸡场乡。1956年，晴隆县人民政府将原1镇56乡并为1镇36乡，设9个民族乡，其中将原三宝乡改为三宝彝族民族乡，隶属第二区。1958年，晴隆县人民政府将三宝彝族民族乡改设为三宝管理区。1963年，复改行政区为1镇36公社，废三宝管理区为三宝公社。1982年，复置乡，属鸡场区。1984年，改鸡场区的三宝彝族乡为三宝彝族乡，乡人民政府驻白鸡，仍属鸡场区。1991年，撤区建镇并乡，三宝彝族乡属鸡场镇。1996年，三宝彝族乡从鸡场镇划出单列。③ 此后，三宝彝族乡行政区划一直延续至今。

二、文化习俗

三宝彝族乡是在云贵高原峡谷地带逐渐发展起来的一个多民族聚居的民族乡，境内地形起伏大，山高、谷深、坡陡，居住着彝族、苗族、汉族。这里的民众都属农耕民族，他们的祖先是因为逃避战祸、不堪忍受统治者的奴役、压迫和剥削而举家迁徙、逃离故土、隐居深山，依靠山林谋生计。深山与世隔绝、远离战乱，先民们在这里开耕扩土、繁衍生息，逐渐形成了一个半封闭式，甚至是完全封闭式的自然村落格局。三宝彝族乡属于高原峡谷地带，开耕的土地面积小、坡度较陡、土质差，且毫无规律地分布在山峦之间以及山峦之上，乡民世世代代依靠这里的土地、森林、水资源繁衍生息。同时，他们的祖先以言传身教的方式把日常生活的习俗、文化世代传承下来，给后人留下了一笔宝贵的财富。

---

① 晴隆县地方志编纂委员会．晴隆县志（1987—2016）［M］．北京：方志出版社，2020：1-2.

② 晴隆县地方志编纂委员会．晴隆县志（1987—2016）［M］．北京：方志出版社，2020：2

③ 晴隆县地方志编纂委员会．晴隆县志（1987—2016）［M］．北京：方志出版社，2020：3-5.

（一）饮食居住

三宝彝族乡彝族以苞谷为主食，其次是薏仁米、食荞、高粱、大米、小麦等，蔬菜有酸菜、萝卜、豆类、薯类、辣子等。彝族历来性格豪爽，喜欢喝酒，主要是饮甜酒。新中国成立前，只有逢年过节才吃肉类。新中国成立后，彝族人平常也能大碗喝酒大块吃肉了。彝族人喜欢吃"坨坨肉"（彝语：乌涉觉玛），这是彝族的特产。"坨坨肉"是将羊肉、牛肉、猪肉砍成拳头大的块状，用清水煮熟后食用（坨坨肉越大代表主人越好客）。如有客人来访，主人现杀牲畜待客，让砧板沾血，这是好客的表现；如是最尊贵的客人来临，以打牛（用斧头背击打牛头部而毙之）待客，杀羊、猪、鸡等顺序逐步次之。除男性喜欢吸草烟外，老年妇女也喜欢吸草烟。如有客人来访，以烟酒待客表示最为恭敬。新中国成立前，彝族多居于吊脚楼中，上面住人，下面喂养牲畜，也有居住剪刀架状型的草棚。新中国成立后，随着社会的发展与进步，乡民居住条件也在不断改善。

图 3-2　三宝彝族乡村民的砖瓦房

图 3-3　三宝彝族乡村民的木房

三宝彝族乡苗族人民均以大米、玉米和麦类为主食，以及辅助饮食豆类、蔬菜等。他们的传统粮食主要有水稻、玉米、薏仁米、小麦、薯类等。肉食主要有猪肉、牛肉、羊肉、狗肉以及打猎获得的飞禽走兽。苗族亦好酒，以小麦酒为佳酿。新中国成立前，苗族善狩猎；新中国成立后，苗族自耕自食，以苞谷酒为主、小麦酒次之，以鸡肉配美酒，其他饮食习惯与汉族相同。苗族一般居住在山上或是依山傍水而居，住房多是干栏式木房。改革开放后，随着我国经济的快速发展，农村人民的生活质量逐渐提高，三宝彝族乡苗族和彝族的住房也逐渐发生了变化。易地搬迁前，三宝彝族乡苗族、彝族的住房大多数是砖瓦房，也有少部分干栏式木房。

（二）语言文字

1. 彝族语言。晴隆县的彝族大致分为两个阶段迁徙而来，一是明朝中期由云南宣威经普安州之杨那山，到普安后迁入；二是晚清由威宁、毕节、黔西一带迁入①。三宝彝族乡是晴隆县境内彝族较为集中的聚居地，彝族是明朝时迁徙而来，其语言属于汉藏语系藏彝语支。三宝彝族乡绝大多数的彝族人民会说彝语，但几乎没有人会写彝文和认识彝文。彝族语言有一语两字、一词三字和三词两字等组合形式；彝文与汉字类似，为方形字，一字一音，单音节词，一字一词，其造字和用字规律和汉字六书相似，形义相同②。

2. 苗族语言。据史料记载，苗族先民在秦汉时期居住在今湘西、黔东的"五溪地"，由蚩尤部落的"九黎"发展而来。由于历史上的战祸、洪涝、干旱、瘟疫等原因，致使苗族先民迁徙至其他地方，逐渐发展成不同的支系。晴隆县境内居住的苗族主要有四种语言：（1）以长牛、鲁打为中心聚居的苗族，其语言以吴语系湘西土语为主，无本民族文字，使用汉语交流；（2）蒙沙（歪梳苗）支系，其语言是西部方言第三土语区第一方言第二土语，没有本支系文字；（3）蒙斗（白苗）支系，其语言为西部方言第三土语区第一方言第一土语，历史上无支系文字。新中国成立后，国家民委语言文字委员会，以拉丁字母进行拼读；（4）青苗支系，其语言是黔东方言。③ 三宝彝族乡的苗族属于歪梳苗支系，没有文字，绝大多数的苗族都会讲苗语。

（三）服装饰样

1. 彝族服饰。三宝彝族乡彝族有着自己特色的民族服饰。男性和老年妇女头缠青头帕。女青年则盘白头帕，前额呈"人"字形，头帕用毛巾折成四指宽绕在头上，再用一尺二寸宽、十二尺长的白布折成四指宽包在几块毛巾外面成直径一尺余长的圆盘，包得越大越漂亮④。男女上衣款式均为父母装。男性穿短装，青年穿对襟服，年老者可穿长装；女性则穿长装，女装的后面块布料可长、前面块短，并用围腰遮盖，围腰上有飘带。纽扣和衣领是由棉布制成，青年女装胸前排领。男女均穿夹尖鞋，鞋尖稍高，鞋口呈"人"字，也称尖刀鞋，女鞋绣有各种花纹。男性冬穿窄底鞋，夏穿草鞋；女鞋改为圆口绣花布鞋。他们

---

① 贵州省晴隆县县志编纂委员会 . 晴隆县志［M］. 贵阳：贵州人民出版社，1993：75.
② 晴隆县地方志编纂委员会 . 晴隆县志（1987—2016）［M］. 北京：方志出版社，2020：113.
③ 贵州省晴隆县县志编纂委员会 . 晴隆县志［M］. 贵阳：贵州人民出版社，1993：73-74.
④ 晴隆县地方志编纂委员会 . 晴隆县志（1987—2016）［M］. 北京：方志出版社，2020：113.

从头到脚所穿的服装均为手工制作，领口、袖口、飘带、布鞋等处都绣有各种花纹。他们所戴的首饰，如耳坠、手镯、戒指等，大多数是用金银及玉石做成的。

2. 苗族服饰。三宝彝族乡苗族男性穿白色麻质父母装长衫，头上缠着青布帕，领、胸、腰绣花，腰束青、蓝腰带。妇女的衣裙长且花色繁多，有红、绿、黄、白等颜色，领、袖、前后衣边衣角均绣有不同花纹，如梅花、菊花等，佩花围腰。① 另外，妇女绾发辫垂脑后，发辫长后盘于头，插花纹木梳于头右前方。他们服装的布料均为麻质，均是自己种植、纺织、染色、制作成衣。他们身上的首饰为银或铜质。他们的服饰极别致。

图 3-4 三宝村彝族妇女

图 3-5 三宝彝族乡苗族服装

（四）婚姻习俗

1. 彝族婚俗。在新中国成立之前，三宝彝族乡彝族实行包办婚姻，严格遵守古训：同姓不婚、异族不婚、辈分不同不婚；白彝与黑彝不婚，受迷信限制者"瘦鬼"（蛇魂附体的女性）和"活鬼"（鬼魂附体的女性）不能结婚；亲上加亲类，只准侄女随姑妈，不准外侄还舅家②。对于寡妇，按照族俗之规定："先嫁由父母，后嫁由自身。"但必须遵循"家有老牛不卖草，家有小叔不嫁嫂"之信条和守亡夫一年。再婚后，其后夫必须遵循"讨人旧妻，换人旧债"。彝族旧有"纳妾"之俗，但遵循"前妻为婆，后妾为媳"，妾受结发妻之约束。彝族也有自恋婚姻，一般只限于父母早逝的孤男寡女和极少违背父母之命媒妁之言的男女青年。结婚程序大致与汉族相似，有提亲、订婚、合八字、送日子、

① 贵州省晴隆县县志编纂委员会. 晴隆县志［M］. 贵阳：贵州人民出版社，1993：88.
② 贵州省晴隆县县志编纂委员会. 晴隆县志［M］. 贵阳：贵州人民出版社，1993：82.

结婚和回门，其中送日子、结婚和回门有着彝族传统的特点。

提亲：一般在男女双方均为 6 岁左右时，媒人三次上门，"一次是访亲，二次是提亲，三次是双媒踏门，女方家收下礼品，亲事定"。

订婚：媒人带上米、酒和衣料，还带上银质耳环，以视为铁证，不可反悔。

合八字：以"鸡挂"看男女双方的八字是否相合。

送日子：在双方确定终身大事后，男方要先送些礼物，称之为"烧大香"，同时男方择定吉日，准备办理婚事。距操办婚事一二日，新娘哭嫁，族中姐妹陪哭。晚饭后，姐妹们聚于堂屋中，击起响器，跳"阿妹戚托"舞蹈（出嫁舞），直到天明；老人则围桌边喝酒边唱酒令歌。出嫁时，新娘用纱帕蒙脸，身穿垫肩布，头戴篾帽。由其兄背出家门扶上马，兄弟姐妹陪同，父亲、叔伯和亲友护送，一道去新郎家中。陪同的送亲婆穿戴与新娘相同，唯独不蒙脸，到达新郎家门外，送亲婆将新娘和自己戴的篾帽抛上男方家房顶，返亲时再取下。陪同新娘的女伴，其穿戴打扮同新娘一模一样。新婚之夜，送亲的女伴和胞妹陪伴新娘寸步不离，新郎不能随便出入洞房，更不能与新娘同宿。次日，新娘随送亲人辞别新郎返回娘家。

结婚：男方采用双马接亲，到达男方家院前下马，立即拉马转头，请"师人"（老摩师）行回马仪式。新娘进门之前，将 3 根连枝小树架成门栏状，意为关卡，内设一张桌子，桌上点燃香烛、一面镜子和一杆铜质戥。"师人"念完咒后，杀一小公鸡抛出栏外，新娘才可以进门。

回门：新媳妇当年不"坐家"，即使年满十八岁也要到当年秋后才能"坐家"。婚后第二年，由女婿通知女方父母，女方父母召集原先送亲人员，增加一位族中的亲堂姐妹，带上粑粑和酒，陪同新娘至新郎家，在婆家居住 3—7 日后回娘家（新媳妇已满十八岁，则不返回娘家）。男方家须每家请客一餐，经过三接三送，男女双方才可以成家。至此，新婚夫妻才能同房共寝，谓之"坐家"。

新中国成立之后，随着我国经济社会的快速发展，各民族交往交流日益频繁，各民族的婚姻习俗逐渐发生了巨大变化。如今，彝族的婚姻习俗已经发生改变，恋爱、婚姻自由，结婚礼节日渐简化，讲究时新。

2. 苗族婚俗。三宝彝族乡苗族严守一夫一妻，嫡近亲不婚，同姓同祖不婚。他们的婚姻形式有三类：少年亲、"跳花"亲和"唱月亮（唱情歌）"亲。男女双方同意后，男方请媒提酒、糕点、糖类到女方家报亲，订婚酒由男方出钱在女方家办，女方父母送一套手工制作的婚裙给出嫁女。[①] 随着我国经济社会的

---

① 贵州省晴隆县县志编纂委员会. 晴隆县志 [M]. 贵阳：贵州人民出版社，1993：82.

快速发展，苗族婚俗也在发生变化。

（五）丧葬习俗

1. 彝族丧俗。彝族是一个古老的民族，葬礼内容非常丰富，葬礼形式有土葬、水葬、火葬、树葬等。三宝彝族乡的葬礼形式为土葬，其形式内容丰富，包括要水、装料、择地、打井坑、背弓射箭、打牛、祭祀、扫屋。彝族人在生命垂危之际，不能在病床上断气，需要在厨房铺地床，其子女不离左右。要用稀饭喂之，若不能食，则灌一口米汤，意味人生最后一餐，以饱归阴，若不喂之，世人视为不孝。断气时需要用手捏死一只鸡，不能用刀杀。死者为男性，则用公鸡；死者为女性，则用母鸡。然后洗身、穿戴，停放在凉床上，请"师人"择期将尸体入棺。

要水：报丧，先报外家和姑家，后报出嫁女，其他亲属不报。

装料：入殓，杀一只鸡祭奠（死者为男性用公鸡，女性则用母鸡）。

择地：师人根据逝者的生辰八字推算出其坐向，其子女带上清香、蜡烛、米、酒、纸钱、水果、甜品等，在灵柩前祝告，然后带一把斧头按照师人所指的方位到山上选择安葬地。在择好的安葬地以酒敬神，后用带来的锄头刨出0.5米左右的地并将地面整平坦，用斧头背在平地上捶寸许深的方印坑，在坑中间和四角各放一粒完整无损的米。在方印坑前摆上祭品，点上烛，烧上香，其子女面朝方框下跪，作揖叩头三次，再盖上石板。次日揭开石板，若五粒米集中为上好之地；若三粒或四粒集中为中好；若五粒米无散失亦为好；若失散一粒，必须另行择地。安葬地选好之后，寻找该地（集体荒山除外）的主人，带上酒与其商议。

打井坑：依山立向，挖好坑。若死者60岁以上，师人在坑内撒成"人"状，若是60岁以下者，则撒成八卦状。将灌了酒的鸡置于坑中啄米，鸡跳出坑外，即下葬。

背弓射箭：入土前，用桃木做弓，辣椒角做箭矢，孝男背弓执刀，沿着坑边砍土3圈，然后向外抛刀发箭（意味着不准别人争地），接着将灵柩下葬，杀鸡祭奠。

打牛：办丧事吃牛肉。相传不打牛者不可以石包坟书碑，其亡魂也不能入柩。也有"耕者不牛、衣食难求"之说，死者到阴间也是以牛耕种为生，故杀牛以谢亡魂。

奠祭：师人除去堂中怨气污气，亲朋好友献猪、牛、羊、鸡等祭品。

扫屋：俗称打处堂。师人左手拿着桃枝、竹枝和一只雄鸡，右手端着一碗净水，口中念着咒语，从堂屋开始，经过厨房，再到大门外。出大门即将门关上，直至寨边，杀鸡祭祀，丧事结束。[①]

2. 苗族丧俗。三宝彝族乡苗族在人死后，请本族先生（摩师）"开路"入殓，芦笙师用芦笙奏哀乐。入殓时用麻索1根，一端放在棺中死者手中，另一端牵出棺外系在用于祭祀的牲畜（牛、羊、鸡类），挂有3次，摩师念完咒后，即宰杀入席。然后地理先生选择安葬时间和地点，以土石垒坟，将竹卦于土上，埋葬13天后杀猪宰牛"解灵"（办白事）。

（六）民族节日

三宝彝族乡彝族和苗族有很多民族节日，过节形式各种各样，均以农历节日为主，有春节、元宵节、二月二、清明节、端午节、六月六、彝族火把节、七月半、吃新节、中秋节、重阳节、十月初一、腊月二十三。

春节：彝族在除夕，杀一只公鸡祭堂屋家神，杀一只母鸡祭祖灵，用纸封存生产用具。凌晨鸡鸣叫时，家里男子点香至井边取水回家煮饭，妇女回避。大年初一，男女青年参加打磨秋、拍飞键、斗牛等活动。苗族在正月初三至十五，竖花秆跳花，边吹芦笙边跳舞，一般是连跳三天，花秆倒后，又至其他地方继续吹跳至十五。

元宵节：彝族备酒菜供奉先祖，将农具开封启用。在寨旁落日方向杀一头小猪，看猪血泡沫大小多少来判断当年冰雹大小多少，称之为"祭白龙（冰雹）"。苗族则是竖花秆跳花，边吹芦笙边跳舞。

二月二：彝族、苗族均祭祀土地，祈求当年是个丰收年。

清明节：彝族、苗族均上坟扫墓，怀念已逝的亲人。彝族在清明凌晨鸟未啼鸣时，折柳枝插在祖先灵前、住宅门上和畜圈门上。

六月六：彝族、苗族一样，杀猪祭山、祭山林、祭田地，全寨共餐。

彝族火把节：农历六月二十四日，彝族用松木为炬，高达丈余，称为"火把"。夜幕降临时，彝族把"火把"放在比较宽阔的院坝中间，点燃火把，全寨不管年少老幼男性女性手拉着手围绕着成几圈，边唱歌边跳舞。彝族山寨一片热气腾腾，充满了欢歌笑语，火焰照得夜空一片火红。

七月半：各族祭祀祖先。彝族供奉祖先后，青年妇女以"请七娘神"为乐，唱《祝英台》《苦竹娘》等古歌，唱到凌晨鸡鸣，各自回家。

八月八：苗族绣花节。苗族身穿节日盛装，男性同胞们边吹芦笙边跳舞，女性同胞们则是一边刺绣、一边展示她们栩栩如生的刺绣作品。也有一些男性

---

① 贵州省晴隆县县志编纂委员会．晴隆县志［M］．贵阳：贵州人民出版社，1993：86-87.

青年和女性青年相互对山歌。

吃新节，也称尝新节。每年新谷成熟时，苗族和彝族要以新粮食祭祖。中秋节，苗族和彝族过中秋大同小异。重阳节，各族打糍粑、酿酒。十月初一，又称为过小年，苗族和彝族均杀鸡祭祖、杀猪祭山，推磨、挖土等停止三天。苗族还要祭祀"牛王神"，将少量的粑粑喂牛，并粘于牛角上。腊月二十三，各族祭祀灶神。

（七）彝族阿妹戚托舞蹈和苗族歌舞

1. 彝族"阿妹戚托"。三宝彝族乡是"阿妹戚托"的发源地和传承地，"阿妹戚托"舞蹈被赋予"东方踢踏舞"的美誉。彝族"阿妹戚托"，意为"姑娘出嫁舞"，是三宝彝族乡彝族人民在长期的生产生活和历史文化发展进程中逐步形成的民间原生态舞蹈，主要出现在三宝彝族乡彝族的传统婚姻礼俗中，并且是女方出嫁时必备的重要环节。一般是在姑娘出嫁当天吃完晚饭后，族中姐妹们从晚上一直跳到第二天清晨，表达族中姐妹们依依难舍之情。同时，也表达了新娘"坐家"之后要勤俭持家、尊老爱幼、相夫教子、尊重寨邻和祝福新娘与新郎全家和睦相处、兴旺发达。

"阿妹戚托"是一种没有音乐和乐器伴奏的舞蹈，完全靠彝族姑娘的心灵感应，互相配合默契，使整个舞蹈动作整齐无误、干净利落，脚掌发出极为脆响的踢踏之声、以足传情，极具视觉冲击力和艺术感染力，极为震撼。同时，传达浓浓的姐妹情谊，是我国重要的民族文化瑰宝。"阿妹戚托"是女子群舞，由8人、12人或16人偶数组成队形，人员增减以偶数计算，队形呈直排，手拉手就可以开始跳舞。舞蹈分为12个小节：插秧（彝语：哄的）、翻脚板（其找铺）、钻脚尖（起磨搂）、打脚板（其妥者）、男左女右（肉非唠谢）、踢板壁（拷其堵）、背靠背（胳膊布）、喂狗饭（期朝租）、踢鸡冠（哑高堵）、鸭喝水（贝液喏）、跨三步（收比秋）、耍克溪（骨节招）。主要内容有：欢送出嫁（散踏）、勤俭持家（西踏非踏母）、送镰刀（含各勾梁）、耕作（机堵）、插秧（哄的）、薅秧（美液朵）、幸福靠劳动（节根间）、劳动快乐（踏吉摩踏）、祝新娘终生幸福（其醒然），喻示着姑娘出嫁后要相夫教子、做个贤良的媳妇。整个舞蹈是靠肢体语言来表达的，其动作主要靠膝关节、髋关节、踝关节部位的运动变化来展现舞蹈之生动与美感。由于舞蹈来源于日常生产生活，很多动作形象生动地展现出彝族人民的婚姻习俗、勤俭持家、农耕劳作、审美娱乐和美好祝福，也表达了彝族人民对美好生活的向往。

1956年，晴隆县彝族"阿妹戚托"舞蹈作为优秀的民间民族舞蹈进京演出，演出人员受到国家领导人的接见，自此被外界所知；1995 年，参加意大利"世界民族民间文艺会演"；2007 年，参加"多彩贵州"舞蹈大赛，并获得"银瀑奖"；2008 年，被列为贵州省省级非物质文化遗产保护名录；2009 年，参加第四届贵州少数民族文艺会演，并获得二等奖；2011 年，参加第十一届校园春节联欢晚会演出，并获得金奖；2014 年，被列入第四批国家非物质文化遗产保护名录。此外，"阿妹戚托"舞蹈团队还参加许多文艺会演，获得了许多奖项，逐渐被全国乃至世界各国所知。现如今"阿妹戚托"成为县级、省级乃至国家级的重要的非物质文化遗产，经常出现在彝族年节、火把节以及一些庆典活动上，更是阿妹戚托小镇每晚演出的一项重要内容。

2. 彝族吹打乐。"彝族吹打乐"独具彝族音乐特色，是由打击乐器鼓、锣、抛锣、镲各 1 支和吹奏乐器唢呐 2 支组成的，人员一般由 5—6 名男性构成。一般情况下 2 人吹奏唢呐，偶尔只有 1 人吹奏唢呐。2 人吹奏唢呐时，两人吹奏的音名相同，但上手比下手吹的音高 8 度。打击乐器鼓、锣、抛锣、镲主要用于乐曲节奏和渲染现场气氛。"彝族吹打乐"曲调主要用于彝族婚嫁和丧葬两种场合。不同的场合、不同的环节演奏不同的曲调，如婚嫁等喜事场合演奏《接亲调》《迎亲调》《披红调》《敬酒调》《哭嫁调》《请酒上席调》《欢喜调》《一更里》《二更里》《三更里》《换菜调》《多谢主人家》等；丧事场合演奏《打牛调》等。流传下来的彝族传统曲调是依存于彝族民俗文化的重要的音乐表现形式，其大部分是通过演奏唢呐乐器表现出来的，不仅有丰富的语义性，而且有丰富的外在音乐形式，更赋予了音乐的表现内涵。

3. 苗族口弦。"苗族口弦"是用铜制作的一种乐器，长约 10 厘米、宽约 1 厘米、厚约 0.1 厘米，中间有舌状簧片。吹奏时，用两手握住其两端放于两唇之间，用手指拨动中间簧片，靠嘴部气流振动簧片发声进行演奏，以口腔为共振腔控制声音的大小和音色。"苗族口弦"一般是恋爱中的女子吹奏，因口弦声音较小，犹如窃窃私语。一般是在静谧环境下吹奏，恋爱男女需要靠得很近才能听到。"苗族口弦"曲调分为欢快和忧伤两种：欢快曲调用于男女恋爱期间，以曲代声，以音传情，含蓄地表达男女间的爱慕之意，节奏较为欢快；忧伤曲调用于女子独处时，表达对男方的思念之情。"苗族口弦"的曲调并不单纯地表现乐曲本身旋律，而是女子将自己不好意思说的话通过口弦演奏而表达出来，可谓曲为心声，知音懂之，以音寻觅心仪的终身伴侣。

4. 苗族山歌。"苗族山歌"没有音乐伴奏，歌词句式讲究对仗工整和押韵，其演唱的形式多种多样，如有独唱、对唱等。山歌内容丰富多彩，有表达男女之情爱、抒发心中喜悦之情、倾诉心中郁结愁闷之情、放牛之歌等，其中以情歌内容最为丰富，特别在对唱时展现得淋漓尽致。苗族山歌来源于自然界的花草树木、生活中的点点滴滴，即兴性很强。正所谓"水无常形"，山歌歌词亦随环境和对歌者的心情变化而变化，山歌对唱，随机应变，曲调高亢嘹亮，节奏自由悠长，具有直接畅快而自由抒发感情的特点。同时，不仅充分体现了对歌者的智慧，也展示了苗族山歌的魅力所在。"苗族山歌"还作为男女青年传情达意的媒介，突破了传统婚姻中"父母之命、媒妁之言"的桎梏，成为男女追求自由恋爱的工具，撮合了很多有情人。当前，"苗族山歌"依然在苗族青年群体中传承着，由于受社会现代多样化快速发展的影响，其影响力和功能都正在减弱，但依然是一些苗族青年男女社会交往的一种重要方式。目前，掌握"苗族山歌"的艺人主要集中于中老年人群体，主要是因为苗族山歌以情歌为主且受演唱环境的影响，使其在传承上受到很大的局限。

5. 苗族芦笙舞。芦笙舞是苗族民间舞蹈之一，是踏着芦笙吹奏的节拍起舞，又称为踩笙舞。芦笙是用一种叫芦竹的秆制作而成的乐器，大小形制两种，其小芦笙在上古时称"竽"，大芦笙称"笙"。"竽"和"笙"都是由簧片、簧管和笙斗组成。大芦笙的笙管少，高且大，管高至一二米或长有三四米，常用的芦笙有六根管，管侧有孔和回音筒，吹奏时，音质浑宏、粗犷、雄厚，正是上古时所谓感天动地撼人心之音。凡经历史沿革、演变，笙管数可增至二十余根，管上端套用薄铜皮制作的共鸣管，音域扩大到两个八度又五度。常用作伴奏芦笙舞，又可独奏、合奏和重奏。小芦笙称竽者，一般形体较小、轻便，可随身携带，管笙小而多，演奏方便，笙管下端有按孔，可以吹奏不同的音阶和曲调，可以边奏边舞，是一种交际场合常用的芦笙。

图 3-6 小朋友在学习芦笙舞

图 3-7 彝族·阿妹戚托舞蹈

苗族人民把芦笙作为最重要的吹奏乐器，每逢庆典、节日，人们都穿上节日盛装，聚集活动室、广场或宽敞院坝，吹芦笙、跳芦笙舞，以此来表达他们欢乐喜悦的心情。同时，苗族人民借芦笙集会，青年男女交际、谈情说爱，老人走亲访友，志同道合者饮酒行乐，交流生产经验和商品信息，成为民族交流的盛会。

三、经济与民生

三宝彝族乡是国家非物质文化遗产阿妹戚托舞蹈的发源地和传承地。由于国家精准扶贫战略和惠农政策的实施，三宝彝族乡通过易地扶贫搬迁，从根本上摆脱了贫困落后的面貌，搬迁群众过上了幸福的小康生活。掌握易地搬迁前三宝彝族乡的经济发展、社会发展、基础设施以及脱贫攻坚工作等方面的状况，有助于了解三宝彝族乡易地扶贫搬迁的原因和搬迁前人民群众生活、生产的基本情况。

（一）经济发展缓慢

三宝彝族乡属典型的高原峡谷地带的深山区，气候高寒冷凉，海拔 1 500—1 867 米。2016 年，三宝彝族乡全乡耕地面积 7 695 亩，人均耕地 1.4 亩，其中水田 90 亩、旱地 7 605 亩；林地 24 777 亩①。土地零碎贫瘠，大部分为 25 度以上坡耕地，不适宜机械化耕种，难以发展产业。地质结构疏松，对农作物生长影响较大，严重制约群众的生产发展。每年冷涝、冰雹等自然灾害频发。全乡居住环境恶劣，生产生活条件艰苦，是"一方水土养不起一方人"的典型边远贫困深山区。

三宝彝族乡各族人民从古至今皆以农业为主要生计，主要种植粮食作物有水稻、玉米、薏仁米、小麦、薯类等；经济作物有烤烟、水果、茶叶、油菜、苦荞等；饲养牲畜有羊、猪、牛、马、鸡、鸭、鹅等。全乡有 1 家乡镇企业，职工 30 人；29 个商业网点；1 个城镇集贸市场和 3 个农民专业合作社。全乡境内无较大河流，仅三宝组、长耕组、岔沟组、小干塘组有几条小河沟，但水流量较小且冬、春季节断流，导致全乡工程性缺水严重。国家虽然通过实施农村安全饮水工程、小水窖行动等人饮解困工程，基本解决了人畜饮水问题，但满足不了农业生产，农业生产也是"靠天吃水"。这些水利工程不仅成本高，而且维护费用高。全乡仅有小型三宝水库一座，全年 2/3 的时间处于干枯状态，严

---

① 晴隆县史志办公室年鉴编纂委员会．晴隆年鉴（2016）［M］．德宏：德宏民族出版社，2018：280.

重影响了全乡的生活、生产，导致三宝彝族乡的经济社会发展缓慢。2016 年，三宝彝族乡的农村居民人均可支配收入 5 487 元，① 高于同年国家贫困线 3 000 元，但是低于晴隆县农村居民人均可支配收入 6 844 元②，低于贵州省农村常住居民人均可支配收入 8 090.28 元③，远远低于全国居民人均可支配 23821 元④。虽然三宝彝族乡的农村居民人均可支配收入高于国家贫困线，但是全乡享受国家社会兜底保障政策的家庭有 705 户共 2 947 人，占全乡 1 381 户总人数 5 450 人⑤的 54.07%。一旦这些家庭的社会兜底保障政策没有了，他们的人均可支配收入就会低于国家贫困线，处于贫困状态。全乡贫困发生率在全州最高。据权威数据显示，三宝彝族乡是贵州省 20 个极度贫困乡镇之一，人口 6 000 多人，在 2016 年之前，贫困发生率高达 57.9%⑥。

（二）社会发展滞后

2016 年，三宝彝族乡全乡有乡文化站 1 处，有 3 处村级文化活动中心，有 1 项国家级非物质文化遗产——世代传承的原生态舞蹈"阿妹戚托"。在学校教育方面，中心学校 1 所（开设 1—9 年级），学校体育场 1 个；三个行政村各有 1 个教学点，每个教学点只开设 1—2 年级，教学点基础设施差；全乡专任教师有 46 人（由县教育局招聘、下派到三宝彝族乡任教），本科学历，其中 36 人有编制；全乡学生有 761 人，小学适龄儿童入学率 100%，初中适龄人口入学率、小学升初中的升学率、九年义务教育覆盖率均达 100%。由于三宝彝族乡没有公共交通工具，学生靠步行上学。天还没有亮，学生就要起床做饭吃，然后去学校。有的小学生要走 1 个多小时才能到学校。学生在课堂上极容易打瞌睡，严重影

---

① 晴隆县史志办公室年鉴编纂委员会．晴隆年鉴（2016）［M］．德宏：德宏民族出版社，2018：280.

② 晴隆县史志办公室年鉴编纂委员会．晴隆年鉴（2016）［M］．德宏：德宏民族出版社，2018：104.

③ 贵州省统计局．2016 年贵州省国民经济和社会发展统计公报［OB/EL］．（2017-03-23）［2022 - 03 - 01］．http://hgk. guizhou. gov. cn/publish/articles/c7/2022/02/a405/a405. html? locationhref = http%3A%2F%2Fhgk. guizhou. gov. cn%2Fpublish%2Fchannels%2Fc7%2Fc7_ 1psSuffix&pagesize = 15&curpage = 1&curainum = 11.

④ 国家统计局．中华人民共和国 2016 年国民经济和社会发展统计公报［OB/EL］．（2017-02-28）［2022-03-01］．http://www. stats. gov. cn/tjsj/zxfb/201702/t20170228_ 1467424. html.

⑤ 晴隆县史志办公室年鉴编纂委员会．晴隆年鉴（2016）［M］．德宏：德宏民族出版社，2018：280.

⑥ 程焕．贵州晴隆县三宝彝族乡整乡易地扶贫搬迁三年来——人挪了穷窝 地拔了穷根［N］．人民日报，2019-07-10（6）.

响了学生的上课质量。另外，三宝彝族乡政府打造彝族"阿妹戚托"舞蹈，让"阿妹戚托"舞蹈走进校园。三宝学校成为保护和传承"阿妹戚托"舞蹈非物质文化遗产的重要基地。

图 3-8　三宝彝族乡三宝学校

三宝街道办中心校办公室 XLH 老师说："三宝彝族乡是少数民族聚居区，主要居住着苗族和彝族，有一所九年义务教育学校，一年级到九年级。三个行政村各有一个教学点，每个教学点只开设 1—2 年级。当时，三宝乡人口不多，有 1 200 多户，4 800 多人，就在乡政府所在地建了一所九年义务教育学校，教学点的老师由县教育局招聘下来的。在教育质量方面，教育比较差，在全县是靠后的。以前三宝乡没有幼儿园，2016 年政府协同社会力量合办了一所幼儿园。然后我们中心幼儿园在建了，因为有规划了，幼儿园要覆盖乡镇。之前三宝乡属于少、边、远地带，教育文化水平比较落后。在师资力量方面，当时三宝乡在编老师（小学、初中）约有 39 人。基本上就是这一情况。"

2016 年全乡文盲半文盲占 35.0%，小学文化占 41.4%，初中文化占 14.2%，高中文化占 5.9%，大专以上文化占 3.5%[①]。可以看出，三宝彝族乡全乡人民文化水平普遍较低，中学文化水平占比约 20%，大专以上文化水平仅占 3.5%。

---

① 数据来源于 2020 年晴隆县移民局提供的《晴隆县三宝彝族乡易地扶贫搬迁摸底调查报告（2016 年）》。

全乡总劳动力 3 534 人，外出务工劳动力 1 747 人，占 49.4%①。可以看出，外出务工是该乡大多数家庭的重要经济来源。

在医疗卫生方面，全乡有 1 所乡卫生院，医疗设备少，药品种类少，医疗床位 5 张，专业卫生人员 3 人，其中执业医师 1 人，执业助理医师 1 人；村卫生室 3 个，村医 2 名。全乡新型农村合作医疗保险参保率 100%，参加新型农村养老保险 1 982 人，参保率 56.4%，医疗救助 18 人补助金 1.2 万元。农村最低生活保障户数 705 共 2 947 人，占全乡总人数的 54.07%，发放低保金 407 万元。临时救助 54 人救助金 2.7 万元、孤儿补助金 1.6 万元、优抚对象补助金 13 万元、高龄补助金 2.9 万元。② 另外，三宝彝族乡经济缺乏支柱产业，企业培育和产业发展滞后。几乎没有财政税收来源，政府机关日常运转虽由县级财政勉强支撑，但运行十分困难，全乡几乎没有多余资金用于公共事业投入。虽然近年来上级部门在三宝彝族乡文化、教育、卫生上实行了高比例投入，但总量依然较小，公共事业建设依然滞后，农民居住环境比较差。

图 3-9　三宝彝族乡卫生室

综上所述，全乡没有幼儿园，教学点基础设施差；贫困发生率高，最低生活保障人数高达 54.07%，农村养老保险没有达到 100%；乡卫生院医务人员少，

---

① 数据来源于 2020 年晴隆县移民局提供的《晴隆县三宝彝族乡易地扶贫搬迁摸底调查报告（2016 年）》。

② 晴隆县史志办公室年鉴编纂委员会. 晴隆年鉴（2016）［M］. 德宏：德宏民族出版社，2018：280.

医疗设备陈旧，连普通的 B 超器材都不具备条件，医务技术水平低，基本的妇女结扎手术都需要鸡场镇的医院帮助实施，严重影响了全乡人民的生活质量和身心健康。全乡综合文化场所和农村现代信息场所缺乏，群众业余文化生活较贫乏，获取信息的渠道较少。总之，全乡社会发展滞后。

（三）基础设施落后

2016 年，虽然三宝彝族乡的基础设施不断改善，但仍然比较落后。鸡场镇至三宝彝族乡境内柏油路长 6 公里；通村公路 3 条共 13 公里；邮政网点和投递点各 1 个，投递路线单程总长度 40 公里，乡村通邮率 100%；1 个电信服务网点；电话交换机总容量 300 门，固定电话用户 23 户，移动电话用户 890 户，互联网用户 28 户；1 个民族文化园。另外，政府投资 32.52 万元硬化通组道路 5.9 公里，投资 9 万元新建公厕 3 个，投资 79.1 万元安装太阳能路灯 379 盏，投资 6.84 万元硬化和平组风口岭移民搬迁点通组路 360 米①。政府花费了大量的财力物力人力不断改善全乡基础设施建设，但基础设施仍然比较落后。具体体现在：一是路网建设滞后。从图 3-10 可以看出，晴隆县城通往乡政府驻地主干道柏油路只有 1 条，路面宽仅 4.5 米，连接主干道柏油路的硬化路面宽 4 米或是 3.5 米。交通公路弯多路窄，易受恶劣气候影响，导致交通事故频发；路面管理和养护困难。全乡 19 个村民组中还有 3 个组（下万组、和平组和岔沟组）尚不通路，毛路（虚线部分）仅有 3 米宽，只有摩托车和农用汽车能勉强通行。所以，群众出行困难，运输成本高，整体效益发挥不足。二是农业生产设施落后。农业生产的地方基本没有机耕道，生产方式相当落后，无法满足群众生产生活需求。三是电网改造进展缓慢。全乡虽然基本实现了户户通电的目标，但由于易受地理环境和天气气候的影响，电线损毁严重，电压严重不足，停电断电现象频发。四是信息网络严重闭塞。全乡只有乡政府所在地通宽带网络，其余两个村群众无法享受宽带服务。全乡手机通信网络除乡政府所在地三宝村能勉强覆盖外，其余大部分村组受地形气候的影响，手机信号不通畅，与外界的信息联系常常处于中断状态。落后的基础设施，影响了全乡人民群众的生产、生活，制约了全乡的社会发展。

---

① 晴隆县史志办公室年鉴编纂委员会. 晴隆年鉴（2016）［M］. 德宏：德宏民族出版社，2018：280.

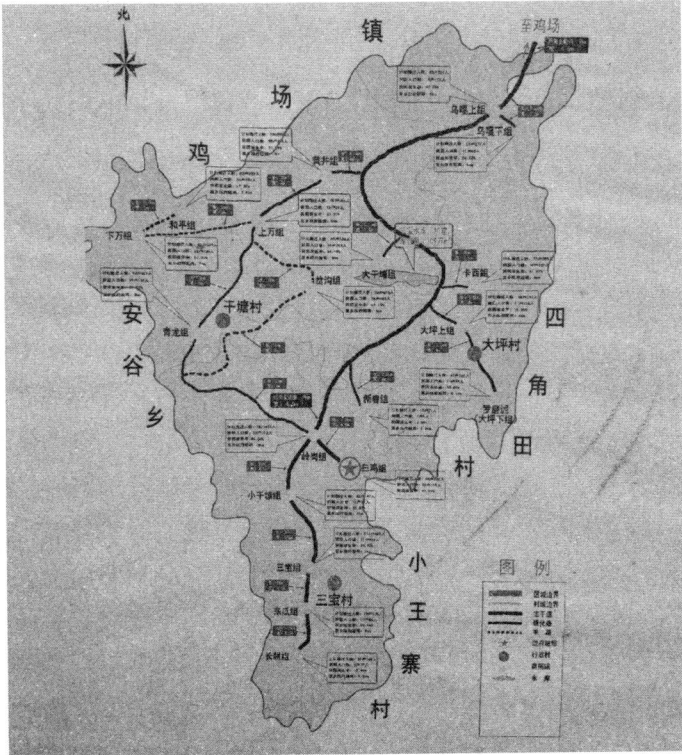

图 3-10 三宝彝族乡交通公路情况

（四）脱贫攻坚工作艰难

三宝彝族乡由于历史文化、自然地理、宗教信仰等诸多因素影响，其脱贫攻坚任务至艰至难。三宝彝族乡党委和政府，结合当地贫困情况和自然环境进行综合考虑，决定把发展产业作为三宝彝族乡脱贫攻坚的重要任务。政府立足本地群众认可度高、发展基础好的牛、猪、鸡传统产业，大力招商引资，推行"龙头企业+合作社+农户"的发展思路，加大产业培育扶持力度。为了抓好 3 个产业扶贫项目，政府组织专家帮助三宝彝族乡 3 个村，申报成立畜牧养殖农民专业合作社，将贫困户全部吸纳入社。为了进一步推动龙头企业参与扶贫，政府不断加强产业发展链条研究，并从养殖、销售等环节着手，全面引进龙头企业参与脱贫产业发展。2016 年，政府与多个公司合作，发展产业，带动当地经济发展。一是政府与贵州牛来香实业有限公司和中信国安合作，在三宝彝族乡长耕组建设标准化集中养牛场 1 个，修建圈舍面积 6 800 平方米，建设草料加工基地 1 个，面积 600 平方米，配套草场 1 000 亩，计划养殖肉牛 1 000 头（集中养殖 500 头、分散养殖 500 头），出栏 700 头，每头平均增收 3 000 元，覆盖贫困户 260 户 1 244 人；二是政府与正邦集团合作，在大坪村大坪上组建成规模化、标准化猪养殖场 1 个，面积 9 800 平方米，年内计划集中养殖出栏生猪 8 000 头，每头平均增收 200 元，覆盖贫困户 157 户 789 人；三是政府与兴伟集团合作，按照"公司+合作社+农户"的模式，在主要道路沿线实施年存栏 50 万羽、出栏 100 万羽林下生态鸡养殖，带动三宝彝族乡及周边群众 1 300 人以上。① 当地政府根据国家脱贫攻坚指示精神和诸多相关扶贫政策内容，实施了惠民惠农工程，引进了一些龙头企业参与脱贫产业发展，帮助了一部分贫困农民摆脱贫困、发家致富。虽然当地政府的脱贫攻坚工作取得了一定的成效，帮助一部分贫困群众实现了经济增收、生活改善，但依然没有改变全乡民众贫困落后的状况，到 2017 年仍有低保户 614 户 2 339 人②。

　　总而言之，三宝彝族乡地处偏远、高寒山区，基础设施落后，可用耕地较少，自然环境恶劣，缺乏支柱产业支撑，文化水平低，群众思想观念落后，贫困人口数量多，且贫困发生率居全州最高，大多数群众长期处于贫困状态，脱贫攻坚任务重，要实现全面建成小康社会目标，难度非常大。唯有对三宝彝族乡实施"整乡搬迁"，才能从根本上让贫困群众真正挪穷窝、拔穷根，阻断贫困代际传递，从而实现全面建成小康社会的目标。

---

① 晴隆县史志办公室年鉴编纂委员会 . 晴隆年鉴（2016）［M］. 德宏：德宏民族出版社，2018：281.
② 该数据由 2021 年三宝街道办民政办公室提供。

第四章　三宝彝族乡易地扶贫搬迁的实践

易地扶贫搬迁是新时代党和国家为了实现 2020 年实现全面建成小康社会和中华民族伟大复兴而提出的主要扶贫政策，希望解决我国农村贫困人口脱贫与发展的问题。易地扶贫搬迁的具体实践不仅验证了易地扶贫搬迁的科学性，而且也在不断完善易地扶贫搬迁政策，从而指导我国减贫事业开创新的奇迹。易地扶贫搬迁工程是一个复杂而艰巨的长期工程，涵盖了易地扶贫搬迁的依据与启动、选址与安置、资金筹措与资金管理、建设规模与规划设计和组织动员与搬迁入住等方面的内容。为了总结三宝彝族乡易地扶贫搬迁的经验和后续特色发展道路，我们深入了解其易地扶贫搬迁的具体过程。

一、依据与启动

2020 年贵州省实现全面小康，易地扶贫搬迁既是重点又是难点。① 贫困、落后、环境恶化是阻碍贵州社会发展的重要因素。党和国家实施易地扶贫搬迁策略的根本目的是从根本上挪穷窝、拔穷根、阻断贫困代际传递，从而达到消除贫困和保护生态的双重目标。这一策略是实现脱贫致富、缩小贫困地区与发达地区差距的重要措施。在我国一些环境恶劣、资源匮乏的深山区、荒漠区，民众仍处于贫困状态。这些地方因为地理位置差、资源匮乏、自然条件恶劣、交通不便、经济落后等诸多因素，导致当地民众无法摆脱贫困，贵州省黔西南三宝彝族乡就属于这样的典型。

（一）搬迁的依据

2011 年，中共中央、国务院颁布实施《中国农村扶贫开发纲要（2011—2020 年）》，明确连片特困地区成为我国扶贫攻坚的主战场，把易地扶贫搬迁放在了专项扶贫工作的重要位置。该《纲要》强调易地扶贫搬迁要"坚持自愿

---

① 周超. 贵州重建移民迁出区生态环境的问题与对策［J］. 贵阳市委党校学报，2015，142（3）：8.

原则，对生存条件恶劣地区扶贫对象实行易地扶贫搬迁。引导其他移民搬迁项目优先在符合条件的贫困地区实施，加强与易地扶贫搬迁项目的衔接，共同促进改善贫困群众的生产生活环境。……有条件的地方引导向中小城镇、工业园区移民，创造就业机会，提高就业能力。加强统筹协调，切实解决搬迁群众在生产生活等方面的困难和问题，确保搬得出、稳得住、能发展、可致富"①。

"十三五"时期，我国进入了全面建成小康社会决胜阶段。2015 年，中共中央、国务院颁发《中共中央、国务院关于打赢脱贫攻坚战的决定》，要求"到 2020 年确保我国现行标准下农村贫困人口实现脱贫，贫困县全部摘帽，解决区域性整体贫困"②。为此，国家发展和改革委员会制定了《全国"十三五"易地扶贫搬迁规划》，通过"挪穷窝、换穷业、拔穷根"，从根本上解决居住在"一方水土养不起一方人"地区的 1 000 万贫困人口的脱贫发展问题。国家发展和改革委员会、扶贫办、自然资源部、财政部和人民银行联合印发《"十三五"时期易地扶贫搬迁工作方案》，要求在"十三五"期间完成对"一方水土养不起一方人"贫困地区的建档立卡贫困群众实行易地扶贫搬迁，确保 1 000 万贫困人口尽快脱贫，从根本上解决生计问题。

中共贵州省委、省人民政府根据《中共中央、国务院关于打赢脱贫攻坚战的决定》《关于印发"十三五"时期易地扶贫搬迁工作方案的通知》《国家发展改革委关于印发全国"十三五"易地扶贫搬迁规划的通知》等文件的要求，制定并出台了一系列关于易地搬迁的政策文件，如《中共贵州省委贵州省人民政府关于坚决打赢脱贫攻坚战确保同步全面建成小康社会的决定》（黔党〔2015〕21 号）、《贵州省人民政府关于深入推进新时期易地扶贫搬迁工作的实施意见》（黔府发〔2015〕22 号）、《中共贵州省委贵州省人民政府关于落实大扶贫战略行动坚决打脱贫攻坚战的意见》（黔党发〔2015〕27 号）、《中共贵州省委办公厅贵州省人民政府办公厅印发〈关于扶持生产和就业推进精准扶贫的实施意见〉等扶贫工作政策举措的通知》（黔党办发〔2015〕40 号）、《中共贵州省委贵州省人民政府关于精准实施易地扶贫搬迁的若干政策意见》（黔党发〔2016〕6 号）、《省人民政府办公关于印发〈贵州省易地扶贫搬迁对象识别登记办法〉等易地扶贫搬迁工作政策措施的通知》（黔府发〔2016〕27 号）、《省易地扶贫搬迁工程建设指挥部关于印发〈贵州省易地扶贫搬迁跨区安置实施意见〉的通知》

---

① 中共中央、国务院.中国农村扶贫开发纲要（2011—2020 年）［EB/OL］.（2011-12-15）［2021-12-11］. http：//www. gov. cn/gongbao/content/2011/content_ 2020905. htm.

② 中共中央党史和文献研究院.十八大以来重要文献选编（下）［M］.北京：中央文献出版社，2018：253-54.

（黔迁指发〔2017〕3号）和其他相关行业规范，并下发到地方加以实施。这一系列关于易地扶贫搬迁的政策文件，为三宝彝族乡整乡搬迁提供了政策依据。

（二）搬迁的启动

2016年8月，三宝彝族乡被列为贵州省20个极贫乡镇之一，省委书记孙志刚（时任省长）亲自挂帅，省州县乡村"五级联动"，成立三宝彝族乡极贫乡镇定点包干脱贫攻坚指挥部，组建前线工作队驻乡，并指导开展工作。2017年6月，中共贵州省委、省人民政府根据习近平总书记关于易地扶贫搬迁重要指示精神和中央脱贫攻坚"五个一批"的要求，以"六个必须坚持"①为标准，在多轮调研、反复论证的基础上最终决定对三宝彝族乡实行"整乡搬迁"的脱贫路径。同时，采取在晴隆县城集中安置的方式，通过产业配套、教育帮扶、医疗保障、就业培训等措施，让三宝彝族乡贫困群众住上新房子，有效解决群众的贫困问题，彻底改变群众收入低、公共基础设施落后、交通出行不便和思想观念落后的现状，从而阻断贫困代际传递。

1. 建立组织。县级政府建立强有力的实体领导班子，下设常设机构，对具体村组和贫困户实行搬迁包保责任制度。出台组织保障政策，按照"硬抽人、抽硬人"的原则，抽调群众感情深、事业心强、责任心强、吃苦耐劳的同志专门从事该项工作。

2. 加强舆论宣传引导。加大宣传易地搬迁政策力度，采取不同侧重、不同形式的宣传方式，如走访入户、QQ、微信、宣传栏等。通过各种宣传方式，逐步形成社会认可、支持移民搬迁的强大舆论氛围和全民关注、参与的良好局面，从而推动易地扶贫搬迁的进程。

3. 多渠道筹措移民资金。按照"政府统筹、渠道不乱、用途不变、统一规划、项目捆绑、各记其功"的原则，搞好支农资金的整合工作。广泛动员社会扶贫力量，积极投身移民工程，引导银行信贷资金向移民区倾斜。

4. 出台移民的专项政策和后扶机制。由县政府统一部署，各有关部门专题研究，制定出台保障移民搬迁有序、顺利实施的土地流转、户口转移、教育、医疗社会保障、补助标准、城市管理等一系列配套政策。在制定移民搬迁总体规划的同时，同步出台完善移民后期扶持政策，明确扶持范围对象、扶持标准和扶持期限。建立灵活调整机制，加大移民区公益事业投入，健全移民社会保

---

① "五个一批"是指发展生产脱贫一批、易地扶贫搬迁一批、生态补偿脱贫一批、发展教育脱贫一批和社会保障兜底一批；"六个必须坚持"是指坚持精准识别、坚持规划先行、坚持因户施策、坚持长短结合、坚持创新驱动和坚持政策落地。

障体系，努力增加移民就业岗位，解决群众的后顾之忧。针对三宝彝族乡的实际情况采取差别于其他地方搬迁更加优惠的搬迁政策，从根本上让群众搬得出、稳得住、能致富、能发展。

二、选址和安置

移民安置点的科学选址至关重要，关系着移民搬迁后能否安居乐业①。具体而言，安置点的科学选址，不仅关系广大搬迁群众在新家园的基本生活生产、基本公共服务、稳定脱贫等问题，而且也关系着搬出地与迁入地的环境承载能力、生态环境保护等问题。而安置模式、住房类型则是搬迁群众在搬迁过程中因地制宜、因人而异、灵活安置的体现。因此，易地扶贫搬迁安置点的选址和安置类型是相互联系、相互影响的统一体，从而实现搬迁群众"搬得出、稳得住"的目标。

（一）选址优势

国家要求地方政府对安置点选址必须进行科学评估论证，避免出现因安置点选址不科学而造成风险隐患现象发生。安置点选址必须根据易地扶贫搬迁相关政策文件的要求，坚持"城乡统筹、布局优化、集约用地、规模适度"的原则，满足"四避开"和"四靠近"（"四避开"：避开洪涝灾害威胁区、避开地质灾害易发区、避开永久基本农田和避开生态保护区；"四靠近"：靠近城镇、靠近中心村、靠近产业园区和靠近旅游景区）的要求。在遵守原则和满足要求的情况下，结合三宝彝族乡的具体实际，当地政府把三宝彝族乡易地搬迁的安置点选在晴隆县东观街道办（含其他极贫乡镇搬迁），命名为晴隆县东观街道办安置点。东观街道办安置点离晴隆县客运站、晴隆县城比较近，位于东观街道五里村。该安置点建成后，三宝彝族乡搬迁群众居住的区域命名为阿妹戚托特色小镇。该安置点的选址具有以下几点优势：

1. 良好的区位优势

晴隆县东观街道五里村，地处晴隆县城东面，与晴隆县城相距4公里，位于东观街道东侧，其西南和东南方向约1.5公里处各有一个加油站。晴隆县地处云贵高原中段和珠江上游，是西江上游经济区、毕水兴经济带的重要组成部分。晴隆县境内有沪昆高铁、纳兴高速、晴兴高速、沪昆高速、320国道等，是黔西南州东部的"对外窗口"和"桥头堡"。晴隆县区位优势良好，经济发展

---

① 付恒阳，张静，习妍平. 陕南已建移民安置点选址适宜性评价——以略阳县为例 [J]. 西北师范大学学报，2018, 54 (6)：125.

潜力巨大，属典型的少数民族聚居山区县。近年来晴隆县紧紧围绕"加速发展、加快转型、推动跨越"主基调，大力实施"工业强县、城镇化带动"主战略，深化和拓展"晴隆模式"，以建设"工业强县、生态重县、旅游名县"为目标，打造"宜业、宜居、宜商、宜游"新晴隆。因此，安置点的选址与建设，正好契合晴隆县发展的思路与愿景，为新晴隆的建设添上了浓墨重彩的一笔。

图 4-1　五里村地理位置图　　　　图 4-2　阿妹戚托小镇区位图

2. 便利的交通设施

晴隆县东观街道五里村紧邻 G320 国道、G60 高速公路以及晴隆大道南环路，地理位置独特，交通十分便利，可满足搬迁安置后经济发展。目前，五里村境内规划设计 1 号路与 2 号路，1 号路起点连接县南环路，终点连接 G320 国道，道路全线路段总长约 1 613 米；2 号路起点连接南环路，终点连接 G320 国道，道路全线路段总长约 3 072 米。待规划道路建成后，搬迁安置点可通过 1 号与 2 号路与晴隆大道南环路以及 G320 国道无缝连接。总体上看，安置点规划选址交通便利，适宜搬迁移民安置。

3. 完善的基础设施

晴隆县东观街道五里村现有公立小学一所（五里小学），共有教师 27 名，在校生 371 名[①]。搬迁安置地规划建设晴隆县第四幼儿园（18 个班全日制幼儿园）、晴隆县第六小学（36 个班完全小学）、晴隆县第六初级中学（42 个班初级中学）、晴隆县第三高级中学，为搬迁移民子女入学提供保障。规划学校建设先于易地扶贫搬迁项目，待学校建设完成后，搬迁移民子女及三宝彝族乡现有居

---

① 数据来源晴隆县移民局提供：晴隆县 2017 年易地扶贫搬迁工程东观街道办安置点（含极贫乡镇搬迁）配套项目实施方案说明书。

民子女入学均能得到保障。搬迁安置点规划建设一个卫生服务站，将在项目实施前期建设，待社区卫生服务站建成后，能满足搬迁移民平日的医疗服务需求。随着1号路与2号路的建成，将连接起搬迁安置点与晴隆县城，能满足搬迁移民的医疗服务需求。由此可见，搬迁安置地教育及医疗设施规划完善，适宜搬迁移民安置。

4. 丰富的旅游文化资源

晴隆县城周边旅游资源富集，有名扬世界的"史迪威公路形象标识——晴隆24道拐"4A级景区、安南古城、史迪威小镇等旅游景点，它们离阿妹戚托小镇安置点比较近，为安置点建设提供了丰富的旅游文化。三宝彝族乡主要以彝族和苗族为主，拥有丰富的民俗文化，如彝族舞蹈"阿妹戚托"、风俗"晒月亮"、火把节、苗族舞蹈"芦笙舞"、风俗"爬牛圈"、祭祀"转山"、刺绣等，其中"阿妹戚托"尤为盛名。三宝彝族乡彝族具有能歌善舞的特点，最具代表性的是"阿妹戚托"舞蹈，极具视觉冲击力和艺术感染力，令人叹为观止，享有"东方踢踏舞"的美誉。三宝彝族乡人民政府不仅结合彝族的阿妹戚托舞蹈文化，而且还结合彝族尚虎、尚火文化，苗族牛角图腾文化，着力打造阿妹戚托特色旅游小镇，将易地扶贫搬迁与文化旅游业相结合，形成新型农村文化旅游业，传承和发展民族文化，带动地区经济发展。

图 4-3　晴隆县·二十四道拐　　　　图 4-4　晴隆古城（安南古城）

5. 搬迁移民就业有保障

一是结合五里村的农业优势，政府引导搬迁群众从事种养业特色产业、农副产品加工、民族文化旅游、运输等二、三产业。二是自主创业的搬迁群众，不仅能够获得创业优惠政策的支持，还可以利用政府对阿妹戚托小镇商铺的优惠政策进行自主创业。三是以阿妹戚托小镇新市民培训中心为平台，有针对性地对搬迁群众进行培训和引导就业，提高其就业本领。四是引导和支持企业优先招入搬迁群众，对就业有困难的，优先安排城市环卫、绿化、安保等公益性岗位。五是通过搭建就业服务平台，建立劳务信息，促进转移就业，让搬迁群众获得多渠道的就业机会，使其就业有保障。

（二）安置方式

移民安置是一项涉及社会、经济、资源与生态环境的复杂系统工程，其方式的选择决定了安置后人们的生活水平和发展前景①。根据不同的标准，易地扶贫搬迁安置方式可以划分为多种安置类型，最为常见的安置类型是集中安置与分散安置、农村安置（有土安置）与城市安置（无土安置）。我国西部易地扶贫搬迁安置方式主要是集中安置和分散安置两种。安置方式不是随意采取的，必须服从、服务脱贫目标，各地区要从本地实际出发、因地制宜，统筹考虑经济社会发展水平、公共服务能力、就业条件、水土资源条件等方面因素，经过充分、科学论证，科学选择和确定安置方式。2016 年贵州省在易地扶贫搬迁的起步阶段实行以城镇安置、集中安置为主，多种安置方式为补充的多元安置方式。实践经验表明，部分农村安置点和分散安置的搬迁群众依然难以实现脱贫的目标。2017 年贵州省委、省政府从实际出发，对安置去向和安置方式提出了明确要求：实行"两个全部"即在安置去向上，全部实行城镇化安置，以市、自治州政府所在地城市和县城安置为主、中心集镇安置为补充；在安置方式上，全部实行集中安置，不允许分散安置。② 三宝彝族乡实施整建制乡易地扶贫搬迁，采取的是城市集中—旅游安置型模式。这是城市集中安置模式和旅游型安置模式相结合的混合型安置模式，严格遵循"两个集中"，即坚持城镇化集中安置、向晴隆县城靠近，坚持以县为单位统筹安置点集中安置、不分散安置并向晴隆县交通干线靠拢。这种模式是根据三宝彝族乡的具体情况而选择的模式。之所以采取这种安置模式是因为三宝彝族乡是少数民族乡，具有丰富的民族文化资源；三宝彝族乡群众仍没有摆脱贫困困境；该乡生存环境恶劣、生产发展条件差；该乡成建制外迁。这一安置模式的选择，有利于三宝彝族乡贫困人民在易地扶贫搬迁后有业可就、有事可做，能够快速摆脱贫困，增加经济收入，

---

① 胡宝柱，谢怡然，张志勇．水库移民社区安置模式探讨［J］．人民黄河，2012（12）：112.

② 参考贵州省易地扶贫搬迁工程建设指挥部办公室提供：贵州省"十三五"时期易地扶贫搬迁工程实施指南。

提高生活质量，最终脱贫致富。

三、资金筹措和资金管理

（一）搬迁项目资金筹措

充足的易地扶贫搬迁项目资金支持，是易地扶贫搬迁项目工程顺利开展的财力保证。"十二五"时期，易地扶贫搬迁项目资金主要由中央、地方政府和搬迁群众共同承担，但是筹资渠道窄、资金规模小。而"十三五"时期，国家将开发性、政策性金融资金纳入资金筹措渠道，增加了易地扶贫搬迁项目资金的来源，有力地支持了这一时期的易地扶贫搬迁工作的顺利开展。具体而言，易地扶贫搬迁项目资金包括中央预算内投资、专项建设资金、地方政府债务资金、低成本长期贷款以及群众自筹资金。贵州省易地扶贫搬迁项目资金主要分为两个部分：一是中央预算内投资，按照国家发展和改革委员会、财政部审定的年度建档立卡贫困人口搬迁规模及人均 0.8 万元的住房补助标准，由省发改委、财政厅按年度预算下达，并由财政渠道拨付到县；二是省筹集资金，包括地方债务资金（人均 1 万元）、专项建设基金（人均 0.5 万元）、长期低息贷款资金（人均 3.5 万元）以及群众自筹资金（建档立卡贫困户人均自筹 0.2 万元，同步搬迁人口人均自筹 1 万元）。[1] 贵州省易地搬迁投资标准：建档立卡贫困人口6 万元/人，其中，建房补助 2 万元/人、旧房拆除奖励 1.5 万元/人、安置基础设施 2 万元/人、土地复垦 0.3 万元/人、搬迁对象自筹 0.2 万元/人；同步搬迁人口建房补助 1.2 万元/人，旧房拆除奖励 1.5 万元/人，安置区基础设施 2 万元/人，土地复垦 0.3 万元/人。[2]

晴隆县东观街道办安置点总投资为 60 619.9 万元，其中住房建设投资24 824.77 万元，配套基础设施建设投资 23 139.48 万元，征地费用 6 642.69 万元，其他费用 3 512.96 万元，预备费用 2 500 万元。[3] 这些资金来源于：中央预算内投资 4 479.20 万元，省级融资 40 000 万元，搬迁群众自筹 3 520.80 万元，

---

① 数据来源贵州省易地扶贫搬迁工程建设指挥部办公室提供：贵州省"十三五"时期易地扶贫搬迁宣传提纲。
② 数据来源贵州省易地扶贫搬迁工程建设指挥部办公室提供：贵州省"十三五"时期易地扶贫搬迁宣传提纲。
③ 数据来源晴隆县移民局提供：《关于晴隆县 2017 年易地扶贫搬迁工程东观街道办安置点（含极贫乡镇搬迁）实施方案（代可研）的批复》。

县级自筹资金 12 619.9 万元。①

（二）搬迁项目资金管理

易地扶贫搬迁项目资金的有效管理和使用，是确保易地扶贫搬迁工程顺利开展和效益最大化的关键。从 1983 年易地扶贫搬迁的早期探索至 2015 年，我国对易地扶贫搬迁资金的管理和使用已经形成了一套完整的制度体系，规范了项目资金的使用范围、途径。中央预算内专项资金全部用于搬迁群众的安置住房和安置区配套基础设施，比如用于住房建设、医疗卫生、教育文化、乡村道路建设、社会保障等搬迁群众必要的生产生活方面的基础设施，中央补助资金不能用于属于生产经营范畴的建设项目。由于脱贫攻坚决胜阶段，易地扶贫搬迁资金规模大、政策性强、来源渠道多元，国家明确要求组建专门机构、明确管理规则、严格使用。因此，贵州省"十三五"时期易地扶贫搬迁在增加中央预算内投资规模基础上，通过创新投融资方式、拓展融资渠道，提高资金保障能力，具体办法按照市场化运作方式，由省级政府设立或明确融资平台。国家专项建设基金和地方政府债券作为资本金注入平台公司，由平台公司向银行承贷长期低息政策性贷款，实现资金筹集和各类资金无缝衔接。易地扶贫搬迁项目资金使用管理从上到下全流程实行专户存储、专账核算、专款专用、封闭运行，确保资金安全。资金使用过程中全程进行审计监督，严禁套取、截留、挤占、挪用和贪污等行为。为了加强资金的规范运行和管理，贵州省政府办公厅印发了《贵州省易地扶贫搬迁资金监督管理办法》（黔府办〔2016〕27 号）、省易地扶贫搬迁工作领导小组印发了《贵州省易地扶贫搬迁资金封闭运行管理暂行办法》（黔迁领发〔2016〕2 号），并要求各地严格执行。

晴隆县人民政府成立"晴隆县易地扶贫搬迁工作领导小组"，由分管领导任组长，有关部门主要领导为成员，负责对易地搬迁工作统一领导，办公室设在县发展和改革局，发展和改革局局长担任办公室主任，政府各有关部门领导为成员，抽调建设、水利、交通等素质较强的人员到办公室工作，真正做到组织落实、人员落实、责任落实。办公室负责对易地扶贫安置工作组织实施，进行协调、服务、督促、检查，并对该项目资金进行管理。东观街道办成立"晴隆县东观街道安置点（含极贫乡镇搬迁）实施工作领导小组"，由东观街道办党委副书记、东观街道办主任担任组长，其他班子成员任副组长，东观街道办属各部门主要负责人为成员。主要负责搬迁户的宅基地落实、房屋建设以及基础设

① 数据来源晴隆县移民局提供：《关于晴隆县 2017 年易地扶贫搬迁工程东观街道办安置点（含极贫乡镇搬迁）实施方案（代可研）的批复》。

施建设等各项具体工作。具体而言，一是严格按照批准的实施方案和建设内容组织实施。资金使用必须按其工程预算使用，不得擅自扩大或是挪用。如果的确需要调整，经发改委部门会同有关部门论证后报搬迁领导小组研究同意，并上报省发改委批准后进行调整。二是易地扶贫搬迁资金和各项配套资金由领导小组办公室与财政部门，按照国债资金管理办法，集中统一管理，实行专户储存、专户管理、专款专用，发改委部门严格按照工程预算和进度预付工程款。三是工程财务单独核算和严格审核相关的原始凭证和票据，并及时报送各种财务报表；四是项目资料单独整理和保管。这充分体现了打赢脱贫攻坚战的决心和信心，也体现了党和政府对贫困群众的关心和关怀。

四、建设规模与规划设计

安置点的规划与建设，关系着搬迁群众的切身利益，更关系着搬迁之后的发展问题。因而，安置点的科学规划和建设至关重要。安置住房是搬迁群众的新住所，其质量事关搬迁群众的人身安全，这是国家帮助贫困群众实现安身立命、脱贫致富的第一步，即"挪穷窝"。安置点完善的配套基础设施和基本公共服务设施是满足搬迁群众日常生产生活和发展的必要设施，也是搬迁群众后续发展和脱贫致富的重要保障。

（一）建设规模

东观街道办安置点包含阿妹戚托小镇；规划用地面积 89.29 万平方米，总建筑面积为 42.79 万平方米，其中地上建筑面积为 38.95 万平方米，地下建筑面积为 3.84 万平方米，容积率 0.60，绿地率 30.65%，建筑密度 27.27%。新建住宅 1 863 户（其中易地扶贫安置 1 808 户，包括建档立卡贫困户 1 354 户 5 599 人和同步搬迁农户 454 户 2 401 人），住宅设计人口 8 356 人（其中易地扶贫安置人口 8 000 人）[①]。安置点建筑工程包括 6 个居民安置住宅片区及安置片区配套公共建筑、民族风情旅游商业片区、产业园片区等三部分。其中安置片区配套公共建筑包括社区活动中心、社区服务中心、物管房、新市民培训中心、卫生服务站、幼儿园、农贸市场、储蓄所、公厕等；民族风情旅游商业片区包含游客接待中心、游客服务中心、小吃街、手工艺坊街、月湾餐饮街、酒吧街、民宿区、阿妹戚托广场、苗族彝族文化广场、大型地面及地下停车场等；产业园片区包含办公楼及标准厂房，依托当地特色生产项目农产品加工，引导有劳动

---

① 数据来源晴隆县移民局提供：晴隆县 2017 年易地扶贫搬迁工程东观街道办安置点（含极贫乡镇搬迁）配套项目实施方案说明书。

力的搬迁安置对象进行集中就业安置。

具体而言,安置住房 1 808 套,建筑面积 165 498.48 平方米,户均住房建筑面积为 91.54 平方米,人均住房面积为 20.69 平方米(含人均阳台面积 0.96 平方米)。基础设施建设:给水管网 8.59 千米、排水沟 1.464 千米以及安置点市政道路(1 号路)和小区道路等。附属基础设施:安置区硬铺工程 205 094.34 平方米,幼儿园 2 741.23 平方米,卫生服务站 225.69 平方米,农贸市场 723.95 平方米,社区服务中心 358.45 平方米,民族文化服务中心 1 721 平方米,新市民培训中心 2 107 平方米,社区文化活动站 1 083 平方米,储蓄所 100 平方米,消防控制室 45 平方米,消防水泵房 95 平方米,物管用房 357.05 平方米和公共厕所 150 平方米①。此外,还建有商业及配套用房。社区商业 11 633.02 平方米,游客接待中心 1 860.08 平方米,民宿 6 828.97 平方米,餐饮街 8 034.56 平方米,工坊街 5 591.06 平方米,亭、塔、鼓楼、风雨廊桥 2 245 平方米,酒吧街 2 689.52 平方米,小吃街 4 378.30 平方米,山门及广场商业 4 226.28 平方米,产业园区 155 597.62 平方米。配套项目建筑工程除设置一座大型 I 类地下车库外,其余单体建筑为单多层住宅、单多层公共建筑及多层厂房②。市政道路工程包括 1 条双向四车道城市次干路(道路编号为 2 号道路),设计时速 30 千米/小时,道路总长 3.1 千米,2 号道路建设用地 18 428.51 平方米。③

图 4-5 三宝产业园区规划图

图 4-6 新建道路交通区位图

---

① 数据来源晴隆县移民局提供:《关于晴隆县 2017 年易地扶贫搬迁工程东观街道办安置点(含极贫乡镇搬迁)实施方案(代可研)的批复》。
② 数据来源晴隆县移民局提供:晴隆县 2017 年易地扶贫搬迁工程东观街道办安置点(含极贫乡镇搬迁)配套项目实施方案说明书,2017。
③ 数据来源晴隆县移民局提供:晴隆县 2017 年易地扶贫搬迁工程东观街道办安置点(含极贫乡镇搬迁)配套项目实施方案说明书。

（二）规划设计

安置点建设用地山势起伏，地形落差较大。利用山地原始地形和三宝彝族乡民族文化特色，合理分布彝寨、苗寨安置片区，依势而建，形成"千门万户瞳瞳日"的少数民族居住区独特景象。山体之间的谷地形成地块核心位置，布置民族风情旅游商业区，东南角布置产业园片区。按照三宝彝族乡彝族和苗族两大少数民族生活习惯，结合全县旅游布局建设彝乡苗寨，以彝族舞蹈"阿妹戚托"、彝族风俗"晒月亮"、苗族祭祀、"芦笙舞"、苗族风俗"爬牛圈"等具有三宝彝族乡特色的民族文化为主题，着力打造"宜居、宜旅、宜业"的"阿妹戚托之乡"，做成全省少数民族乡镇整乡搬迁的示范区，让群众搬出希望、搬出文化、搬出产业、搬出倍增、搬出尊严、搬出动力、搬出秩序。

1. 总平面布置。一是在规划布局上，以统一规划、合理布局、因地制宜、综合开发、配套建设为指导思想。遵循与城市整体规划相辅相成，功能组织合理、用地配置得当、结构清晰、道路顺畅、配套齐全等，并融合地域环境、人文特色和民族特色，创建独具特色的少数民族居住、旅游、休闲新景区。总体布局符合规划、消防、人防、环保、防灾、减灾等要求，实现可持续性发展。二是旅游型安置点的布局。坚持社会效益、环境效益、经济效益统一的原则，与晴隆县二十四道拐旅游区相结合，合理配置自然资源，充分利用民族文化特色，优化用地结构，完备配套服务设施，打造综合性区域旅游新景区，作为晴隆县二十四道拐旅游区的延伸服务区。三是在整体规划设计时，充分考虑开放式商业街区或农家合院形态，建筑层数是底层与多层相结合，底层临街面提供商业经营场所，除服务搬迁居民外，可作为餐饮、手工制品销售、纪念品销售、文化休闲体验等商业服务场所；建筑户型的设计能为游客提供住宿条件的布局；区域内的建筑与景观设计充分挖掘搬迁居民原住地的文化特点，使其独特美观，自身成为重要的景观，并与环境相协调；区域内的公共活动场所结合在原住地具代表性的歌舞庆典广场与宗祠建筑等场所进行考虑。四是尊重建设区域所处的环境条件，结合地形、道路、河流、山体、植被等现状因素，平面布局形态包括街区型、合院型、自由型、组团型等。合理地布置建筑形体、景观环境、给排水与电力电信管网、基础设施、环卫设施、环境设施、公共设施等重要内容。同时挖掘当地民风民俗等设计元素，融入建筑形体与色彩、景观布局与绿化、公共场所与空间等组成部分中，营造生态和谐、富有特色的高品质居住环境。根据建设地点原始地形地貌特点，建筑布局采用台阶式布置，通过组团路联系各台阶建筑。总平面设计包括 8 个民用建筑地块和 1 个就业产业园。以牛头、虎头民族文化布置组团路网和建筑，同时布置了苗族文化广场、阿妹戚托广场、彝族文化广场、揽月塔、揽星楼、牛眼虎眼景观、大地景观等民族文化特色旅游商业建筑。各组团道路的布置，通过城市次干路、小区组团路构成车行交通系统，通过宅间路、台阶步行道构成人行步道系统。

图 4-7 铜门广场

图 4-8 酒吧·小吃一条街

2. 竖向设计。结合用地的地形特点和施工技术条件，综合分析建筑物、构筑物、道路等之间的高差关系，减少土石方量挖填，经济合理地确定场地内建筑物、道路等的竖向位置。整体场地竖向设计力图以"创造具有民族建筑特色和地域文化特色"的设计原则，兼顾考虑彝族苗族虎头、牛头的图腾形象特征。场地平面结合实际功能设计场地标高，利用场地高差处理建筑和场地周边环境的关系，减少土石开挖，以免对环境造成破坏，杜绝次生灾害的发生。

3. 交通设计。交通组织规划以人车分流、交通便捷、出行安全为基本原则。1号、2号市政道路沿山谷地带展开，北侧与城市干道相接320国道，西侧与南环大道接通。小区道路，依山而建，贯穿各个安置片区和旅游商业区。停车场分布于景区各主要入口、游客服务中心周边等，方便停车的同时也最大限度地使人车分离，让景区内交通流线更为流畅。道路设计充分考虑与地形的高差关系，尽量减少土石方量，同时考虑图腾形象，强化民族文化的形式存在感。组团道路设计总长 3 849.46 米，最大纵坡控制在 8% 以内，路面采用混凝土沥青路面，路面结构厚度 450 毫米。①

交通设计总原则为交通便捷，并与景观相结合，人车分流，彝乡苗寨户户通车。充分利用竖向交通增加游客的体验感。景区停车采取集中地面及地下停

---

① 数据来源晴隆县移民局提供：晴隆县 2017 年易地扶贫搬迁工程东观街道办安置点（含极贫乡镇搬迁）配套项目实施方案说明书。

车的方式，减少景区内部交通压力，各类绿化及活动空间不受交通干扰。游客可以直接从停车场通过景区电瓶车通达各个景点。产业园区偏居一角，有单独的车行道路出入口，使安置区及景区不受干扰。

4. 景观设计。一是整个规划区有统一而完整的绿化景观系统。从城市等级的公共开放景观、小区等级的共享景观、组团级的专属景观级级展开。规划设计结合规划区人行出入口，设计面向公共活动的开放绿地广场。同时，结合社区内部空间进行合理分区，形成组团间的绿化节点与绿化条带，让每个住户不仅能够感受到公共景观带来的自豪愉悦感，而且能体会到专属景观带来的满足感。二是绿化景观设计把三宝彝族乡彝族、苗族的民风民俗元素融入环境设计中。一方面利用河流、山体、植被、建构筑物等有价值的景观元素营造搬迁居民原有生活习惯中具有归属感的空间；另一方面在人造景观上尽可能再现居民原住地的环境，充分挖掘和移植原住地的山、水、树、古迹、建构筑物等，达到景随人迁的效果。三是绿化布置以少铺砌多绿化为原则，主要以草坪为主，适当配置花卉、灌木、乔木和观赏性植物。运用植物的高低色彩搭配，增加绿色空间的层次，并结合地面铺装颜色和图案，为室外提供丰富多彩的空间环境。四是场地雨水排向相应道路，通过下水口暗沟流向市政管网。五是景观绿地及室外活动区域具有公共属性。

图 4-9　绿化与台阶式布局

图 4-10　虎眼公园夜景

（三）安置点建设

安置点建设是一项周期较长、内容复杂、工作量大的社会性系统工程，包括安置住房及其配套设施建设项目的审批、开工和验收三个阶段。在安置住房及其配套设施建设项目的审批前，要准备安置点的环境影响评估报告、地质勘察报告、规划设计、土地审批许可证、建筑施工许可证、项目实施方案和可行性研究报告等材料，由地方政府向省级发改委部门提出申请。通过审批之后，易地扶贫搬迁项目还不能马上开工。易地扶贫搬迁项目实施方案还需要经过县领导小组办公室审查，项目动工前准备工作是否完善、工程所需器材准备工作是否准备就绪、施工队伍或是劳动力是否准备到位等。通过审查后，易地扶贫搬迁项目就可以正式开始动工。在实施过程中，要严格按照实施方案进行施工，易地扶贫办公室、东观街道办要加强易地扶贫搬迁配套设施建设过程中的施工安全、原材料采购以及物资供应等管理工作，并及时准确地向县领导小组负责人和上级部门汇报工程进度、资金使用等方面的情况。项目竣工后，先由县发改委会同有关部门组织检验，初验合格后报送上级发改委组织竣工验收，东观街道办和领导小组办公室做好验收资料的准备工作（包括项目建议书批准文件，单项工程施工设计、竣工总结、竣工图纸、工程决算、财务决算、财务审计、竣工验收报告、质量鉴定报告等）。在竣工验收以后，建设单位应及时办理资产移交，同时建立健全管护制度。

五、组织动员与搬迁入住

东观街道办安置点建设工程分为多期完成，完成一期则搬迁一批贫困群众。安置住房和基建项目竣工，并经过有关部门验收以后，晴隆县政府开始组织和动员搬迁群众从原居住地迁入到安置点的新家。在具有浓厚乡土情结的中国来说，县政府如何组织和动员贫困群众入驻安置点以及房屋分配等问题，成为易地扶贫搬迁第二步的关键问题，即"挪穷窝、住新家"的问题。这是易地扶贫搬迁工程的重要组成部分，也是整个过程的关键环节。2019 年下半年，三宝彝族乡完成了整乡搬迁的任务，搬迁规模为 1 317 户 6 263 人。①

（一）组织动员

为了按时实现整乡搬迁计划，2017 年 11 月 28 日，晴隆县委办公室和县政府办公室印发《晴隆县三宝彝族乡易地搬迁脱贫作战方案》，采取了一系列组织和动员措施。

一是制定易地扶贫搬迁实施方案。召开易地扶贫搬迁指挥部会议和党政联席（党委）扩大会议，专题研究部易地扶贫搬迁工作，结合三宝彝族乡实际，制定了《晴隆县三宝乡整乡搬迁动员作战方案》《晴隆县三宝乡整乡搬迁就业保障方案》《晴隆县三宝乡整乡搬迁产业发展作战方案》《晴隆县三宝乡极贫乡镇

---

①　该数据由 2021 年三宝街道办党政办公室提供。

子基金使用计划实施方案》《晴隆县三宝乡整乡搬迁教育实施方案》《晴隆县三宝乡整乡搬迁医疗健康扶贫方案》《晴隆县三宝乡整乡搬迁夯实基层基础作战方案》《晴隆县三宝乡整乡搬迁应知应会手册》等作战方案和宣传手册。在指导思想、工作目标、基本原则、实施步骤、工作进度安排及保障措施、后续发展等方面作出了详细规定，为易地扶贫搬迁提供了有力政策保障，并明确了搬迁工作任务。

二是成立易地扶贫搬迁工作领导小组。以县委书记和县长为双组长，县人大常委会主任、政协主席和县委副书记为常务副组长，常务副县长、县委组织部部长和分管涉及相关业务的副县长为副组长，县直各单位主要领导为成员的整乡搬迁工作领导小组。易地扶贫搬迁工作领导小组下设三宝彝族乡易地扶贫搬迁指挥部，形成了主要领导亲自抓，分管领导具体抓，县直各单位主要领导全面抓的工作格局。三宝彝族乡易地扶贫搬迁指挥部下设办公室和五个工作组（三宝村工作组、干塘村工作组、大坪村工作组、乡驻晴隆县城工作组和信访维稳工作组），除信访维稳工作组外，每个工作组都设有包保领导。此外，易地扶贫搬迁工作领导小组还明确工作职责和任务分工，落实专项工作经费，做到机构、人员、经费、责任"四个到位"，为顺利开展整乡搬迁工作提供了坚强的组织保障。

三是工作组进驻三宝彝族乡。抽调三宝籍在乡外工作人员、曾在三宝工作过人员、各级部门善做群众工作的62名精兵强将，组成3个易地搬迁工作组入驻三宝彝族乡3个村开展易地扶贫搬迁工作。发挥他们的亲情、友情优势，做好群众搬迁工作。此外，易地扶贫搬迁工作领导小组组建了外出工作队，负责对在外务工的三宝彝族乡群众进行易地扶贫搬迁动员，组织召开搬迁运动会、上门走访、宣传易地扶贫搬迁政策，帮助各务工群众解决生活困难。

四是强化调度机制。三宝彝族乡易地扶贫搬迁实行"县、乡、村、组"四级联动调度机制，县领导小组每半月调度一次，易地扶贫搬迁指挥部每周调度一次，听取易地扶贫搬迁工作汇报，分析存在的问题，做好统筹、协调、指导工作。各工作组按照"一日一督查、一日一报告"的工作要求，集中精力抓落实抓进度。实行"晒比评"机制，每周通报、评比各村、各组工作情况。推行暗访机制，由县、乡纪委牵头，不定期对各包保干部、驻村干部工作情况进行暗访。

五是压实包保责任。将全乡易地扶贫搬迁任务进行责任分解包保到县，参与包保的单位干部和全乡干部职工、抽调干部、驻村干部及村支两委，让"干部人人头上有任务""群众户户家庭有包保"，采取"一包一、一包多"

的方式，精准包保对象，确保群众"搬得出"，压实干部责任。灵活运用"搬砖法"，注重发挥党员、致富能手、村组干部的示范带动作用。举办业务培训会，加强搬迁知识培训，积极回应群众关切的住房、就业、养老、医疗、教育等热点难点问题，提升搬迁动员实效。根据任务完成情况按月对攻坚组进行考核排名，对排名前三的攻坚组和个人颁发荣誉证书、颁授先进个人称号，对完成情况排名后三位的攻坚组发放黄牌警示等举措，激励压实干部责任助推搬迁。

六是加强易地扶贫搬迁政策宣传。各个入村工作组入户动员或是召开群众会、座谈会，大力宣传易地扶贫搬迁政策；通过乡文化站小广播每天定时宣传易地扶贫搬迁政策 2 小时；充分利用电视、网络、微信、QQ 等，宣传易地扶贫搬迁政策、易地扶贫搬迁典型人物和典型事迹；组织贫困户到易地移民搬迁比较成功的云南楚雄、兴义、兴仁、义龙试验区等地参观考察；印制易地扶贫搬迁政策宣传标语、喷绘等方式，把易地扶贫搬迁相关政策宣传到村、到户、到人，做到家喻户晓，使群众的知情权和参与权得到充分保障。此外，开办新时代农民"讲习所"，打造易地扶贫搬迁宣传主场地。"讲习所"就是把党员、致富带头人作为突破口，开展党员示范、能人带头带动搬迁活动，让广大党员、能人领会国家易地扶贫搬迁政策，充分发挥带头作用，带头搬迁。

七是采用多元化举措助推搬迁。整合省、州、县、乡、村各级力量，发扬硬着头皮、厚着脸皮、说破嘴皮、饿着肚皮和磨破脚皮"五皮精神"，采取"小手牵大手"（教育先搬）、能人或是干部亲属带动、先搬带后搬、感情亲情友情带动搬，采取轮番攻势、法律约束、拉亲结戚等措施助推易地扶贫搬迁。同时，每晚组织攻坚小组召开研判会，逐户逐人分析问题，采取超常规措施和"小偏方"全力推进真搬实住工作。坚持"以岗定搬、以产促搬"，实施"一户一人"就业工程，大力开拓和发展第三产业。按照"一户至少一人技能培训"的要求，加强对搬迁群众的技能培训，围绕环卫、家政、保安、餐饮、酒店、旅游服务等行业开发就业岗位，助推搬迁。

八是强化后勤保障工作。整建制乡实施远距离搬迁是一项庞大的工程，工作量大，涉及整乡的所有人、生活物品、家庭用具、牲口等一切可以搬走的东西。建立易地扶贫搬迁工作后勤保障工作机制，是为了保障搬迁工作的顺利开展、帮助贫困群众解决搬迁困难和保障他们的人身财产安全。晴隆县政府成立了以县政府常务副县长担任三宝彝族乡易地扶贫搬迁后勤保障工作组长，抽调干部、驻村干部组建后勤保障队伍。根据易地扶贫搬迁推进进度，及时调整、充实搬迁力量，加强易地扶贫搬迁工作的组织保障。在三宝彝族乡实施易地扶贫搬迁时，首批安排100万元经费和3台车辆用于易地扶贫搬迁工作，保证了易地扶贫搬迁工作的顺利开展。

（二）搬迁入住

搬迁入住是易地扶贫搬迁项目建设的重要环节，关系到搬迁群众的幸福感和满意度。搬迁入住按照"保障基本"的原则，易地搬迁安置住房标准：城镇安置的人均住房面积不超过20平方米，每户住房面积根据家庭实际人口合理确定。在安置住房建设前，了解三宝彝族乡每户家庭人数情况，有一户1人到一户13人。根据家庭人数情况和每人20平方米的规定，设置了一户1—13人的户型，最大户型是一户13人共260平方米。房屋装修上，结合三宝彝族乡的民族文化特色和打造特色旅游小镇的要求，坚持简单、适用、节约原则，确定了统一装修标准。在房屋分配上，县政府根据公开公正公平的原则，制定科学、精准的住房分配方案，根据家庭具体人数和每人20平方米的规定分配安置住房。分配好搬迁群众的安置住房后，搬迁群众要签订《贵州省易地扶贫搬迁及旧房拆除协议》并领取钥匙。另外，彝族搬迁群众主要安置在虎头山景点，苗族搬迁群众主要安置在牛头山景点。三宝彝族乡搬迁群众搬迁入住是由晴隆县政府统一组织、统一管理。在搬迁入住的同时，三宝彝族乡人民政府要通过上门服务的办法，为搬迁群众办理安置住房确权证、户籍登记、社会保险、就业培训、教育、医疗、养老等相关手续，并及时建立健全基层组织，完善社区管理和服务。

六、搬迁后旧房和耕地林地的处置

从古至今，住房是农民安身立命之所，耕地、林地是农民生存生活之源。即使贫困地区的耕地、林地不能满足农民日常的生产生活需要，他们也不愿意抛弃他们的耕地、林地和住房而离开。国家实施易地扶贫搬迁政策，如何处理旧房、耕地和林地，关系到农民群众的切身利益，关系到他们能否搬迁入住新居，更关系到2020年我国全面进入小康社会目标的实现。

（一）旧房处置

旧房拆除复垦政策性强，较为敏感，必须严格按照国家法律法规和相关政策规定执行。《中华人民共和国土地管理法》第六十二条规定，农村村民一户只能拥有一处宅基地，其宅基地面积不得超过省、自治区、直辖市规定的标准。《贵州省土地管理条例》第三十二条规定，农村村民一户只能拥有一处宅基地，村民迁居拆除旧房腾出的宅基地，应当归还集体。搬迁群众在搬迁过程中，要签订《易地扶贫搬迁旧宅基地腾退协议》（以下简称《协议》）。该《协议》规定，搬迁群众入住安置住房后要对旧房应予拆除，政府依照国家相关法律法规依法收回土地使用权，并对宅基地进行复垦或是恢复生态。《贵州省"十三五"时期易地扶贫搬迁工程实施指南》文件中规定，对建档立卡贫困人口自行拆除旧房，人均奖励 1.5 万元；原则上入住新房后 1 年内拆除旧房，原宅基地复垦人均奖励 3000 元，但由政府组织拆除的不予奖励。三宝彝族乡搬迁群众签订的《贵州省易地扶贫搬迁及旧房拆除协议》第五条和第九条规定，搬迁群众入住新房后 3 个月内，必须自行拆除迁出地原有的旧房及其附属设施，自觉清理地面附着物；若在搬迁入住之日起 3 个月内仍未将旧房进行拆除的，由相关部门组织拆除；若不愿意拆除的，取消易地扶贫搬迁资格，已兑现的有关费用依法予以追回。由于三宝彝族乡是一个少数民族乡，具有特殊性，其中三宝村是彝族阿妹戚托舞蹈的发源地和传承地，2018 年贵州省委统战部、省民宗委、省文化和旅游厅印发《关于命名全省第三批少数民族特色村寨的通知》，三宝彝族乡三宝村被纳入全省第三批少数民族特色村寨的保护名录中。根据《贵州省"十三五"时期易地扶贫搬迁工程实施指南》规定，对纳入贵州省传统村落保护名录的自然村寨、国家民委和贵州省命名的少数民族特色村寨，不列入旧房拆除范围。因此，三宝彝族乡原住房没有因为易地搬迁工程而被拆除，而是被完整地保留了下来，暂时供原搬迁群众农忙时居住。

（二）耕地林地处置

《中华人民共和国土地管理法》第四条明确规定，国家实行土地用途管制制度，严格限制农用地转为建设用地，控制建设用地总量，对耕地实施特殊保护。《中华人民共和国森林法》第三十二条明确规定，国家实行天然林全面保护制度，严格限制天然林采伐，加强天然林管护能力建设，保护和修复天然林资源，逐步提高天然林生态功能。《贵州"十三五"时期易地扶贫搬迁工程实施指南》明确指出，要加快承包耕地确权登记颁证，做好山林地的权属界定。对有流转价值的承包地、山林地，引导组织搬迁群众采取市场化方式进行流转经营；对于一时难以流转的，由县级国有经营实体按保底收储流转或是统一打包开发经营；不能耕种的承包地实施退耕还林，优先安排宜林荒山造林，搬迁群众因地享有涉林政策不变。大力推进农村土地"三权"分置改革，增加搬迁群众的土地经营收益。2021 年，为了解决三宝彝族乡搬迁群众耕地、林地等资产闲置的后顾之忧，晴隆县人民政府在三宝彝族乡辖区内实施了国家储备林建设项目，把所有耕地纳入退耕还林范围，大力盘活林地和耕地资源。充分利用退耕还林政策，将现有的所有耕地全部纳入退耕还林，种植冬瓜树，不仅增加了搬迁群众的经济收入，而且把广大搬迁群众从"脸朝黄土背朝天"的农业生产劳作中解放出来，腾出更多的时间从事其他工作，从而增加收入，摆脱贫困。

第五章　三宝彝族乡易地扶贫搬迁
后续特色发展

　　易地搬迁是手段，脱贫致富是目的。搬迁群众入住安置房后，完成了易地扶贫搬迁工作中"挪穷窝"的任务，但这并不意味着这些搬迁群众就已经达到了脱贫致富的目的。搬迁群众入住新房后，能够"稳得住、能发展、能致富"，是实现易地扶贫搬迁工程的关键，也是国家实施易地扶贫搬迁政策的目的所在。三宝彝族乡整乡易地扶贫搬迁后，当地政府充分利用国家政策、区位优势和当地丰富资源，走上了一条特色发展的新道路，取得了显著的成效和丰富的宝贵经验，为下一步全面推进乡村振兴战略奠定了坚实基础。

一、易地扶贫搬迁后续特色发展的举措

　　乡村特色发展是指依托乡村独特地理环境、自然资源和社会资源等优势，通过创意转化、科学提升和市场运作等方式，充分利用国家相关政策，因地制宜，推动乡村经济社会发展而形成的具有鲜明的乡村特点、特征的一种经济发展形态。我国是统一的多民族国家，历史悠久、幅员辽阔、民族众多、文化多元，乡村发展关系着我国人民幸福安康和社会稳定。乡村发展，要坚持贯彻因地制宜、创新机制、突出特色的原则，推进乡村多样化、差异化发展，提高人民的生活质量。贵州省三宝彝族乡从 2016 年开始实施易地扶贫搬迁，至 2019 年 3 月全乡 1 317 户 6 263 人全部搬迁至离晴隆县城约 5 公里的东观街道办安置点阿妹戚托特色小镇，其中建档立卡贫困户 485 户 2 378 人①。三宝彝族乡易地扶贫搬迁后，当地政府结合迁出地与迁入地的实际情况，因地、因族制宜，依托地理环境、自然生态和民族文化资源，利用国家优惠政策，实现了"搬得出、稳得住、快融入、能致富"的目标，探索出一条易地扶贫搬迁后续特色发展的新致富之路，让 6 000 多名搬迁群众的经济收入、生活质量、居住条件等方面都

---

　　①　该数据由 2020 年 4 月三宝街道扶贫办提供。

得到了很大改善，搬迁群众搬得放心、住得安心。

（一）建设美好绿色家园

住房是人的安居之所、精神寄托之地。2013 年，习近平总书记指出："住房问题既是民生问题，也是发展问题，关系千家万户切身利益，关系人民安居乐业，关系经济社会发展全局，关系社会和谐稳定。"[①] 易地扶贫搬迁的首要任务就是解决贫困群众的住房问题。三宝彝族乡易地扶贫搬迁安置点阿妹戚托特色小镇是全国唯一一个整乡易地搬迁的少数民族特色小镇，是集旅游景区和易地扶贫搬迁集中安置为一体打造的易地扶贫搬迁示范点，也是易地扶贫搬迁与城镇化融合发展的示范城镇。易地扶贫搬迁与城镇化建设有机结合，不仅可以促进搬迁群众脱贫，也能带动小城镇及周边村寨的经济发展。阿妹戚托特色小镇是利用地理优势、民族文化和城镇辐射聚集等特点而建设的特色旅游小镇，为搬迁群众建设了一个城镇化的美好家园。

1. 科学规划特色小镇建设

一是房屋布局与地理环境、民族文化相结合。房屋建设采用台阶式建筑布置，合理分布彝乡苗寨安置片区，依山而建，运用道法自然的设计思路，结合苗族、彝族信奉图腾，巧妙地将"牛头""虎头"运用到建筑布局中来，增加了少数民族文化的色彩，形成千门万户瞳瞳日的少数民族居住区的独特景象。二是安置房与商品房相结合。阿妹戚托特色小镇居民安置住宅片区，多是依山而建、并排而立的一层楼建筑。民族风情旅游商业区安置房多数是两三层楼建筑，底层为商品门面房，临街面提供商业经营场所，除服务搬迁居民外，可作为餐饮、手工制品销售、纪念品销售、文化休闲体验等商业服务场所；2—3 楼则是搬迁群众的住宅。三是安置房与搬迁群众原住地的文化特色相结合，使其造型独特美观，自身成为重要的景观，并与环境相协调。四是安置点与绿化景观相结合。小镇按照城市等级的公共开放景观、小区等级的共享景观、组团级的专属景观级级展开，建有面向公共活动的开放绿地广场、组团间的绿化节点与绿化条带，主要以草坪为主，适当配置花卉、灌木、乔木和观赏性植物。小镇的绿地覆盖率达 30.65%，达到了景随人迁的效果。五是安置点与城市整体规划相结合，功能组织合理、用地配置得当、结构清晰、道路顺畅、配套齐全，并融合地域环境、人文特色和民族特色，创建独具特色的少数民族居住、旅游、休闲新景区。总体布局符合规划、消防、人防、环保、防灾、减灾等要求，有

---

① 习近平. 加快推进住房保障和供应体系建设［EB/OL］.［2021-07-05］. http：//cpc. people. com. cn/n/2013/1030/c64094-23379624. html.

利于实现可持续发展。

图 5-1　阿妹戚托小镇的一角

图 5-2　安置住房与商品房结合

图 5-3　安置住房与民族文化相结合

图 5-4　安置住房与绿化景观相结合

2. 健全搬迁群众综合保障机制

阿妹戚托特色小镇全面推进住房、教育、医疗、就业等体制机制改革，以搬迁群众综合政策保障三宝彝族乡搬迁群众入住小镇落户，让搬迁群众实现城镇化脱贫。第一，实现"住有宜居"。阿妹戚托特色小镇除建设有漂亮、舒适的安置房外，配套建设公园、社区活动中心、游泳池、篮球场、羽毛球场、乒乓球场、三宝塔、彝族和苗族文化广场等文化体育设施；对阿妹戚托特色小镇的三个社区进行绿化、美化和亮化；对建档立卡搬迁群众实施优惠政策，让搬迁群众"搬得出、稳得住"，实现"住有宜居"。第二，实现"学有优教"。阿妹戚托特色小镇建有专门的东观教育园区，包括晴隆县第四幼儿园、晴隆县第六小学、晴隆县第六初级中学、晴隆县第三高级中学、晴隆县特殊教育学校和青少年活动中心，配有比较健全的基础设施和优良的师资队伍；学校对搬迁群众的子女落实"两助三免""两免一补"① 政策，适龄子女就读的九年义务教育阶段实现费用全免，确保了搬迁群众的子女进城入住后"学有优教"。第三，实现"病有良医"。阿妹戚托特色小镇建设有卫生院，并与晴隆县医院构建"医共体"，大力提高卫生院的医疗服务水平；卫生院与搬迁群众实行家庭医生签约服务制度，定期开展健康教育活动；搬迁群众的农村医疗保险实现了全覆盖，解决了搬迁群众看病难问题，实现了"病有良医"。第四，实现"业有保障"。阿妹戚托小镇建立新市民培训中心和搬迁群众培训制度，依托新市民培训中心，对搬迁群众开展创业技能培训，提高搬迁群众的就业创业能力。为了保证易地搬迁劳动力家庭至少有一人实现就业，特别是建档立卡贫困户，优先安排到公益性岗位、市政岗位等就业，实现"培训一人、就业一个、脱贫一户；创业一人、带动一片、激励一方"的目标。此外，当地政府积极招商引资、引进龙头企业，结合产业园区，为搬迁群众提供了大量的就业岗位，确保了搬迁群众"有就业、有发展、有收入、有保障"。因此，阿妹戚托特色小镇解决了搬迁群众住房难、上学难、看病难、就业难问题，搬迁群众实现了住房、教育、医疗、就业服务全覆盖，这为搬迁群众创造了便捷、优质的社会公共服务条件。

3. 探索新市民便民服务机制

一是完善基础设施建设。完善的基础设施是为新市民提供便民服务的基础。阿妹戚托特色小镇除建设安置房外，建设有三宝街道办、警务室、卫生院、三宝塔、露天游泳池、社区活动中心、社区服务中心、新市民培训中心、教育园区、产业园区、农贸市场、储蓄所、阿妹戚托广场、苗族彝族文化广场、篮球场、大型地面及地下停车场等基础设施。二是建立新市民服务中心，开设户籍、治安、法律、扶贫、就业、社保和就学等服务窗口，实现就地"一站式"服务办理。三是开办平价购物中心。利用小镇商业门面资源，结合民族特色产品和特色美食，办好餐饮购物一条街。四是设立日间照料中心。日间照料中心是集中供养、居家养老、医养结合、老年信息平台为一体的多功能养老服务平台，配备老年文体活动、餐饮服务等设施，为特困老人、病残老人、空巢老人、留守老人、高龄老人等提供居家关爱服务。五是完善新市民生活服务设施。鼓励邮政、金融、电信、自来水、电力等公用事业服务在社区设点服务，重点发展

---

① "两助三免"是指县内公办普通高中、中职中的搬迁群众子女享受国家助学金、普通高中生专项资助每年每生 2000 元，对搬迁贫困户子女免除教科书书本费、学费和住宿费；"两免一补"是指幼儿园三年内免除保育保教费和贫困户入园子女的生活费，补助非贫困户子女保教费每年每生 200 元。

居民购物、餐饮、维修、美容美发、洗衣、家政、物流配送等生活服务，提供公共区域卫生保洁、绿化养护、水电、门窗、家用电器及公共设施等维修服务。六是设立社工服务中心和志愿互助服务站。设立社会工作服务中心，充分发挥专业社会工作的作用；设立志愿服务站，开展家政、文体活动、心理疏导、医疗保健、法律服务、交通安全宣传教育等志愿服务。当地政府采取这一系列措施，满足了居民多样化生活需求，提升了新市民服务的质量与水平。

易地扶贫搬迁与城镇协调发展是一种创新型的易地扶贫搬迁模式，更是一种推进新型城镇化的新模式。易地扶贫搬迁目的在于帮助贫困山区人民脱离一方水土养育不了一方人的困境，使其过上幸福美满的小康生活。新型城镇化发展是推动农村人口向市民转化，即人口城市化。实行城镇化集中安置为推进新型城镇化提供了条件，有利于城镇化和工业化的发展，便于整合安置地与搬出地的资源，进一步解决人与环境的矛盾，实现城镇建设和生态建设的双赢。易地扶贫搬迁是在不破坏原生态环境的情况下，进行易地搬迁，逐步解决农村贫困问题和发展问题。利用城镇的聚集和辐射等功能，完善社会保障服务、医疗卫生服务、教育服务、培训和就业服务等基本公共服务均等化，进一步巩固易地扶贫搬迁成果和实现可持续脱贫致富。三宝彝族乡易地扶贫搬迁实现了"三个变"：一是农村变城市；二是农民变市民；三是山区变景区。因此，易地扶贫搬迁与城镇协调发展，改变了搬迁群众的生产、生活方式。同时，也让阿妹戚托特色旅游小镇的搬迁群众在"后搬迁时代"能够持续脱贫致富和稳步发展，实现"搬得出、稳得住、能致富"的目标，圆了他们的"致富梦"。

图5-5 阿妹戚托小镇新市民服务中心

图5-6 夜晚三宝塔下的露天游泳池

（二）打造特色旅游小镇

易地扶贫搬迁与文化旅游深度融合，是把文化资源转化为重要的旅游资源，是一种把文化资源转化为经济效益的经济发展模式。三宝彝族乡苗族、彝族仍保留着浓郁的民族传统文化，充分利用独具民族特色的文化资源打造阿妹戚托特色旅游小镇，有利于吸引大量的外来游客、拓宽文化的传播渠道和带动当地经济发展，帮助搬迁群众实现增收，实现发家致富的目标。

1. 打造民族特色旅游小镇

阿妹戚托特色旅游小镇是以易地扶贫搬迁政策为契机，坚持以人为本的理念，创新思路、因地制宜，彰显特色的旅游小镇。具体来说，阿妹戚托特色旅游小镇是以三宝彝族乡彝族和苗族的生活习惯和传统文化为依托，结合全县旅游布局建设彝乡苗寨，以彝族舞蹈"阿妹戚托"、彝族风俗"晒月亮"、苗族祭祀、苗族舞蹈"芦笙舞"、苗族风俗"爬牛圈"等具有特色的民族文化为主题，着力打造"宜居、宜旅、宜业"的"阿妹戚托之乡"，成为全国少数民族乡整乡易地扶贫搬迁的民族特色文化小镇示范点。阿妹戚托特色旅游小镇是一种符合民族地区特色的新型城镇化与新型旅游相融合发展的新模式，为我国旅游发展提供了新思路。阿妹戚托特色小镇民族风情旅游商业片区，包含游客接待中心、游客服务中心、民族特色小吃街、民族手工艺坊街、月湾餐饮街、酒吧街、民宿区、三宝塔、虎头山观景台、牛头山观景台、月亮湖、阿妹戚托广场、苗族彝族文化广场、民俗风情体验区、产业园区和百花百果园等基础设施，为阿妹戚托特色小镇旅游业奠定了坚实的基础。

图5-7 民俗风情体验区的一角   图5-8 三宝塔

2. 建设旅游产业协调发展机制

三宝街道办坚持社会效益、环境效益、经济效益统一的原则，与晴隆县二十四道拐文旅集团、二十四道拐智慧旅游公司合作，把阿妹戚托特色小镇作为晴隆县二十四道拐旅游区的延伸服务区，结合"史迪威"风情小镇、晴隆县二十四道拐、安南古城、美军加油站等景点，合理配置资源，充分利用民族文化特色，优化用地结构，健全配套服务设施，打造综合性区域彝乡苗寨特色旅游新景区；坚持交通便捷的原则，交通与景观相结合，人车分流，彝乡苗寨户户通车，为小镇旅游和居民提供了便利的交通条件；政府全面、深度打造晴隆县文化旅游产业，建成彝族文化"阿妹戚托"之乡，让彝乡苗寨唱出文化、舞出产业，真正实现"搬得出、稳得住、能致富"。

3. 开展民族特色节日活动

三宝彝族乡苗族、彝族的传统文化底蕴深厚，民俗风情独特，成为彝族、苗族人民易地扶贫搬迁后发家致富的重要资源。阿妹戚托特色小镇作为"十三五"时期贵州重点打造的旅游胜地之一，当地政府利用国家级非物质文化遗产彝族"阿妹戚托舞蹈"和省级非物质文化遗产"苗族回门舞""彝族吹打乐""苗族口弦""苗族芦笙舞"和月琴制作技艺等民族文化，打造阿妹戚托特色小镇旅游文化节。阿妹戚托小镇配套各类型文化广场，利用彝族、苗族、布依族的文化特色，定期举办活动，如彝族火把节、苗族绣花节、布依族风情节等。阿妹戚托特色小镇每晚都有苗族山歌、彝族阿妹戚托舞蹈、彝族吹打乐、彝族祭火、彝族篝火舞，以及灯光秀、鼓舞等演出，备受社会关注和认可，真正实现"月月有活动、周周有赛事、日日有狂欢"。这不仅丰富了搬迁群众的业余生活，吸引了大量的游客来观赏，也成了晴隆县文化宣传的重要窗口。此外，政府利用举办民族文化活动的契机，把文化活动与苗族、彝族以及布依族的美食、服饰、手镯、围巾、帽子、背包以及其他手工艺产品等文化产业有机结合，

图 5-9 彝族·阿妹戚托舞蹈

图 5-10 彝族·篝火晚会

吸引外来游客购买，增加搬迁群众的家庭经济收入，也积极推动了阿妹戚托小镇的经济发展。随着贵州旅游业的发展，阿妹戚托特色小镇以晴隆县二十四道拐景区为依托，吸引了大量的外来游客，到小镇的游客越来越多，少数民族文艺演出、传统民族文化活动和民族手工业产品成了吸引游客的重要文化元素。

（三）创建就业创业平台

产业发展是实现稳定脱贫致富和乡村振兴发展的根本之策。易地扶贫搬迁与城镇化的有机结合，为阿妹戚托特色小镇的城镇化发展创造了条件。阿妹戚托特色旅游小镇的发展不再以第一产业为主，而是注重第一、第二、第三产业融合发展，使搬迁群众拥有更多的就业机会。搬迁群众也会因为易地扶贫搬迁脱离第一产业转向第二、第三产业，逐渐从曾经的农民身份转变为工人。阿妹戚托特色旅游小镇与产业园区、百花百果产业园融合发展，实现了"农科"结合的产业发展，为搬迁群众提供大量的就业岗位。晴隆县人民政府坚持实事求是、符合政策导向和落地可行的原则，妥善处理好政府"有形之手"和市场"无形之手"的关系，双手协同发力，按照"挪穷窝、换穷业、拔穷根、促脱贫"的要求，充分利用迁入地的区位优势、文化资源等优势，因地制宜发展当地特色产业，确保搬迁群众拥有稳定的创业就业和可持续的经济收入，并快速融入新的生活环境，过上幸福美好的生活。

1. 建设三宝产业园区、百花百果产业园

三宝产业园区、百花百果产业园，是把易地扶贫搬迁与扶贫产业、工业化、城镇化、休闲旅游观光产业相结合的新型产业园区，打破了传统的"输血型"贫困救济模式，成为新的"造血型"产业化振兴模式。三宝产业园紧挨着阿妹戚托小镇，一期建于 2018 年，占地面积 350 亩，总投资 1.89 亿元，建设标准厂房 5.91 万平方米，已建成 19 栋标准厂房①。三宝街道办依托三宝产业园区，积极探索三宝产业园区"三位一体"管理服务体系，做好产业园区各企业日常服务保障工作，优化营商环境，积极招商引资。目前，产业园区已引进新能源汽车、服饰鞋帽加工、家装建材等 12 家劳动密集型企业入驻，其中 10 家企业已建成投产，全部投产后年产值 2 亿元，年创税收 0.5 亿元，可提供就业岗位 2 300 个，现已解决 860 名搬迁群众就业问题，其中三宝彝族乡搬迁群众就业 153 人，务工群众每月增收 2 000—3 000 元②。此外，三宝街道办推行农旅融合的产业变革模式，打造三宝小菜园·百花百果园为农旅一体化的观光果园，其

---

① 该数据由 2021 年三宝街道办党政办公室提供。

② 该数据由 2021 年三宝街道办党政办公室提供。

占地面积 500 亩，总投资 1 400 万元。政府按照每户 2 分地的标准分给搬迁群众，引进贵州晴隆泌泽有限公司，采用"以短养长、长短结合"方式，种植果树和套种各种蔬菜，解决搬迁群众务工收入和吃菜问题。2021 年，三宝小菜园·百花百果园带动 11 名三宝彝族乡搬迁群众长期就业，解决季节性临时用工 120 余人，务工群众每天增收 100 元。

图 5-11　三宝产业园区的一角

图 5-12　百花百果园的一角

图 5-13　搬迁户在服装加工厂工作场景

图 5-14　搬迁户在大棚里摘草莓

2. 发展民族文化特色产业

三宝彝族乡人民政府充分利用国家政策、迁入地区位优势和民族文化资源，发展民族文化产业，不仅带动搬迁群众脱贫致富，而且还能丰富他们的业余生活。一是成立文化旅游产业集团。政府投入极贫乡（镇）资金 200 万元，组建彝族阿妹戚托舞蹈团队、苗族芦笙舞蹈队、广场舞蹈队等，积极参加各类演出活动，传承和弘扬优秀的传统民族文化，增加搬迁群众的文化自信。苗族芦笙舞蹈队基本上是由苗族男性同胞组成；阿妹戚托舞蹈队基本上是由三宝彝族乡的苗族和彝族妇女（大部分 40—55 岁）和少部分苗、彝族男性同胞组成。阿妹戚托小镇每天晚上在 19：00—21：00 时间段有丰富多彩的文艺演出节目。阿妹戚托艺术团团长 WAM 老师说道："阿妹戚托舞蹈群众演员每月工资有 1 000 多元。他们白天在家照顾老人和孩子，每晚花 2 个小时跳舞，一个月可以多挣 1000 多元补贴家用，一年下来挣 1 万多元，有效缓解了搬迁群众的家庭经济压力。"二是组建锦绣坊和特产展销平台。政府投入极贫乡（镇）300 万元，每年组织 200 余搬迁群众从事苗族、彝族刺绣等特色产品生产、销售。建立线下休闲购物体验店，销售特色农产品和手工艺特色产品，吸引大量游客消费，增加经济收入。此外，三宝街道办结合晴隆县生态环境优势和人文环境优势，开展"三月三"布依民俗风情节、彝族火把节、绣花节等节日活动，不仅传承和发扬传统的民族手工业技术、吸引大量外来游客，而且还增加了搬迁群众的经济收入。

图 5-15　阿妹戚托小镇锦绣坊　　　　图 5-16　阿妹戚托小镇特产展销中心

3. 发展安置点社区商业服务产业

三宝街道办人民政府根据特色旅游小镇景区的现实需求，大力发展社区商业服务产业。围绕安置小镇配套建设商业用房 10 906.8 平方米；民宿酒店 7 栋，建筑面积 6 607 平方米，床位 70 个；特色小吃一条街，建筑面积 4 378 平方米，小吃摊位 400 个；等。同时，三宝街道办还依托旅游小镇景区内的商铺、酒店、旅游公司等现有资源优势，开发了保洁员、保安、驾驶员、舞蹈人员、酒店服务人员等岗位，为 836 人解决了就近就业。①

---

① 该数据由 2021 年三宝街道办党政办公室提供。

4. 发展安置点食用菌产业

晴隆县人民政府引进湖北森源实业投资集团，签订了晴隆县"三宝乡易地搬迁暨食用菌产业示范园"项目投资开发框架协议。规划 900 亩地安置彝乡苗寨建设；160 亩作为菌棒生产厂房，培训菌棒供搬迁农户生产；1 200 亩地建棚用于食用菌生产，一亩地建一个生产大棚，一户一个大棚，种植 10 000 带菌棒，每个菌棒企业承诺保底利润 2 元，一年生产 2 季。每户农户年收入月可达 4 万元，通过食用菌产业发展，将带动搬迁群众增加经济收入，实现脱贫致富的目标。

（四）提高政府治理水平

易地扶贫搬迁安置点实行网格化管理，有力提高政府的治理水平和治理能力。"网格"是指构筑在互联网上的一种新技术，它把互联网、数据库、传感器、远程设备以及计算机等融为一体，提供更多的资源、功能和交互性①。社区网格化管理就是社区管理者借用计算机网格管理的模式，将社区的管理对象（居民）按照一定的标准划分为若干个网格单元，利用现代信息技术和各网格单元间的协调机制，让各个单元之间进行有效信息交流和分享，确保每一个管理对象都能纳入有效管理。三宝街道办对阿妹戚托小镇实行网格化管理，大力提高了政府的治理能力和治理水平。

1. 实行"一中心一张网十联户"治理机制

三宝彝族乡易地扶贫搬迁后的城市化集中安置，为社区网格化管理提供了条件，有利于资源整合、信息共享和协同办公。三宝街道办实行"一中心一张网十联户"治理模式，为社区居民提供更精细、优质、高效、便捷的服务方式。

（1）完善组织架构。三宝街道办坚持"共建、共治、共享，自治、德治、法治"相结合的原则，以强化组织管理和提升服务质量为重点，把三宝彝族乡搬迁群众的集中安置点划分为三个社区（新塘社区、新坪社区和新宝社区），建立"一中心一张网十联户"网格化管理模式。"一中心"指三宝街道办综治（矛盾纠纷调处化解）中心，下设多个社区综治中心；"一张网"是由街道办综治中心、社区、片区网格员、联户长、住户构成的五级网格；"联户长"是指一栋楼的楼长，由民主推选产生。三宝街道办下设 6 个综治中心、29 个网格和 276 个"十联户"，配备网格员 58 名［专职网格员 29 名、兼职网格员（街道干部）29 名］、联户长 276 名。此外，三宝街道办结合网格化服务管理模式，组建由公

---

① 池忠仁，王浣尘．网格化管理和信息距离理论［M］．上海：上海交通大学出版社，2008：84.

共服务网格员、就业和培训指导网格员、文化服务网格员、社会治理网格员和党建指导网格员组成的"五员"网格员队伍，按照街道、社区、楼栋（片区）三级划分网格并进行管理。一级街道"五员"网格长、副网格长分别由街道党工委书记、街道办事处主任担任，网格员队伍由班子成员、社会事务办、综治办、派出所、司法所、人社中心、中心校、医院、有关企业负责人和社区第一书记等组成；二级社区"五员"网格长由街道办党政班子成员担任，副网格长由第一书记、党支部书记、居委会主任担任，网格员队伍由各级帮扶干部、街道干部和社区两委成员、有关企业负责人等组成；三级楼栋（片区）"五员"网格长由街道干部担任，网格员队伍由社区干部、街长或楼长、党员、志愿者等组成。目前，设置街道一级网格 1 个、社区二级网格 6 个、楼栋（片区）三级网格 34 个，配备"五员"网格员队伍 279 名。"一中心一张网十联户"和"五员"队伍的建设，为社区居民提供了更为细致、优质、高效的公共服务。三宝街道办在社区网格化管理中充分发挥了网格化管理的联动性、及时性和高效性。利用现代信息技术，建立微信群或是 QQ 群、技能培训、就业信息等信息平台，为社会力量参与社区服务管理搭建了新平台，凝聚了社会力量，大力提高了社区管理水平和管理效率。

图 5-17　三宝街道网格化服务管理平面图

（2）明确工作职责。三宝街道办政府根据晴隆县委提出的"工作零失误、作风零懈怠、管理零空白、服务零距离"的要求，明确了工作职责，提高社区治理能力。三宝街道办综治中心主任负责三宝街道办工作总调度，社区综治中心主任负责社区工作调度；社区常务干部为网格长，管理 1—2 个网格；楼栋长

图5-18 三宝街道"一中心一张网十联户"指挥调度图

或是街长为专职网格员，负责本网格人口、楼栋信息采集，矛盾纠纷排查化解等工作。为了整合和优化资源，三宝街道办把各社区保洁员、公共服务岗、公益性岗位等人员划分到各网格中，由网格员进行管理，确保了人员管理"零空白"和无缝衔接。此外，三宝街道办还采用"网格员+联户长"模式，充分发挥下沉网格员的专业知识和联户长熟悉社区情况的优势，深入社区了解民情民意，切实解决搬迁群众困难，真正提高社区治理能力。明确要求网格员坚持"日走访、周研判、月上报"的工作机制，抓实信息采集、民事代办、帮教关爱、法治宣传、返贫监测等工作，随时随地掌握每一户市民的动态，以便于提供有效、及时的公共服务，帮助居民解决问题。按照"群众说问题、干部查问题、社区晒整改、纪委抓督查"工作模式，实行指挥所长、社区常务和网格员三位一体综合运行工作机制；常态化推进网络交叉检查、网格员履职访谈、联户长培训等工作，有力织密了服务群众的"暖心网"，确保社区网格化管理的高效性、及时性和联动性，全面构建上下联动、左右协调的基层社会治理共建、共治、共享新格局。

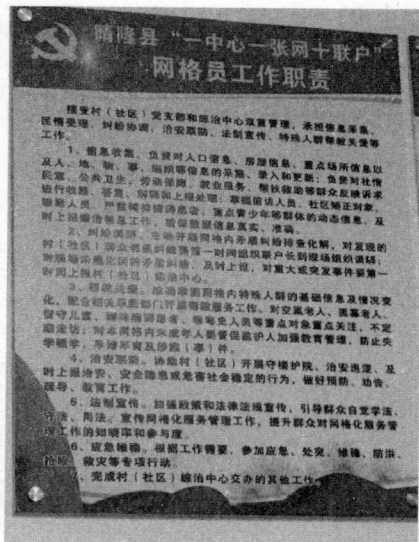

图 5-19　网格员工作职责图

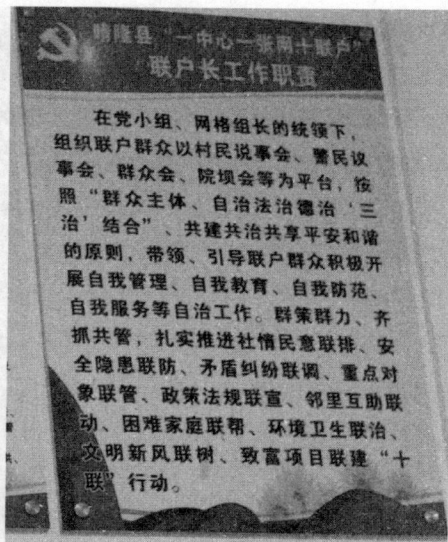

图 5-20　联户长工作职责图

2. 健全矛盾解决机制

一是设立调委会。为了解决搬迁群众间的矛盾纠纷，三宝街道办设立了 1 个街道调委会和 6 个社区调委会，人民调解员 51 名。调委会对于有矛盾纠纷的搬迁群众，采取双语调解、律师参与、部门联动、思想疏导等方式帮助群众化解矛盾纠纷。二是设立公共法律服务站。法律服务站为搬迁群众提供法律咨询服务，帮助群众代写相关法律文书和申请法律援助。三是加强普法教育宣传。政府通过报摊设点、举办讲座、播放视频音频、入户走访、发放资料、开设专栏等方式，开展《宪法》《民法典》、国家安全教育、法治等普法宣传活动，让搬迁群众懂法、知法、用法、守法，从而提高搬迁群众的法律意识，自行处理和化解矛盾纠纷。

3. 实行"三会"制度

三宝街道办为了丰富群众文化生活和提升群众幸福感、获得感，统筹社区"两委"人员、网格员、志愿者等力量，开展群众会、院坝会和研判会"三会"，并对其规范化、制度化。各社区根据自身实际情况，结合搬迁群众的意愿和脱贫攻坚与乡村振兴存在的问题等，按照"三会"制度开展各有主题、各有特色、各有侧重的会议活动，丰富搬迁群众的文化生活和提升他们的幸福感、归属感。"三会"活动内容多元化、主题化，如评选家庭环境卫生模范家庭、致富争先模范家庭、讲故事、开展百年党史学习教育和感恩教育等活动。三宝街

图 5-21　调解室

图 5-22　公共法律服务站

道办还利用"三会"制度，传达政府当前重大事项决定、开展法律教育宣传、解读国家方针政策、传递重要会议精神等，让搬迁群众及时了解当前社会发展动态。此外，三宝街道办把每月 27 日定为社区"居民说事日"，由社区支书、主任接待来访群众，收集群众诉求，用心、用情为民办实事。不管是实行"三会"制度，还是设立"居民说事日"，都是为了有效治理社区，帮助搬迁群众解决问题。

4. 实施社区治理端口前移措施

一是加强治安巡逻管控。三宝街道办配有警务人员 15 人，依托"135 平安风险感知平台"，实行 24 小时不间断巡逻制度，把握"三个重点"（重点时段、重点区域、重点人群），特别是针对人口密集的农贸市场、超市、酒店、医院、产业园区、教育园区以及娱乐场等，实行不间断巡逻管控，确保安全稳定。为了进一步发挥各社区公共服务岗人员的积极作用，组建 6 支义务巡逻队，实现管理全覆盖、常态化，增强了防范力量和做到了群防群治。二是加强"两类"重点人员管理服务。针对安置帮教、吸毒、信教、酗酒闹事等特殊群体有计划地开展个性帮扶，通过解决就业等方式成功转化。面对独居老人、留守儿童、重病重残家庭等特殊群体，派遣医疗救急、课业辅导、义务理发等 6 支队伍对他们进行帮助和服务。三是加强群众教育引导。搬迁群众从农民向新市民的华丽转身，不应只是身份的转变，更应该在思想上发生巨大改变。三宝街道办统筹社区"两委"、社工、志愿者等力量，充分把群众会、院坝会和研判会打造成居民衣食住行规范培训、良好习惯养成和思想教育的场所；通过入户走访宣传民族团结、铸牢中华民族共同体意识、典型模范以及其他；利用"党员带头说变化""感恩荣誉评选""民主法治示范社区建设"等活动的开展，强化群众思想教育。这是推动社区治理端口前移的重要举措，让搬迁群众加快融入新社区；利用"六条渠道"（网格收集、线上受理、监督举报、居民说事、集中倾听和联户排查）、"六个机制"（网格联动、党员能人牵头、民族代表联合、政法专班、社区研判和街道统筹兜底）和"六个目标"（党建引领、预防为主、教育疏导、依法处理、防止激化和群防群治）推进党建、自治管理开启新局面，不断夯实"五个服务体系"，做好三宝彝族乡易地扶贫搬迁后续服务。总之，社区网格化管理以服务搬迁群众为宗旨，以提高社区管理效率为目标，实现"一站式服务，一网协同"，促进信息资源整合和共享，提高政府的执政能力，方便搬迁群众依法办事，从而构建现代化新型的社区治理体系。

（五）完善社区教育服务

易地扶贫搬迁安置点与教育园区协同发展，能够提高搬迁群众的教育质量和完善安置点的教育服务体系。"百年大计，教育为本。"教育是民生的重要内容，也是三宝彝族乡易地搬迁后续发展的重要工作任务。习近平总书记明确指出："增进民生福祉是发展的根本目的。……在幼有所育、学有所教、劳有所得、病有所医、老有所养、住有所居、弱有所扶上不断取得新进展。"① 三宝彝族乡易地扶贫搬迁后，民生改善面临着前所未有的机遇。搬迁群众在新环境下要能实现"稳定住、能致富"，教育发展和人才培养至关重要。教育是减缓贫困最根本、最持久的力量，是阻断贫困代际传递最有效的措施，是推动乡村教育和乡村振兴发展的重要举措②。人才培养靠的是教育，是实施乡村振兴战略的强大力量支撑③。各级党委、政府充分发挥自身作用，不断激发乡村的内生发展动力，促进乡村教育高质量发展，为乡村振兴厚植人力资本。当地政府利用当地自然地理优势、国家政策和社会力量，解决三宝彝族乡搬迁群众的教育问题，消除搬迁群众的后顾之忧，让搬迁群众全身心投入国家建设中，积极为国家作贡献。

---

① 中共中央党史和文献研究院. 十九大以来重要文献选编（上）[M]. 北京：中央文献出版社，2019：16-17.
② 杜尚荣，朱艳，游春蓉. 从脱贫攻坚到乡村振兴：新时代乡村教育发展的机遇与挑战 [J]. 现代管理教育，2021（5）：1-2.
③ 杜尚荣，刘芳. 乡村振兴战略下的乡村教育：内涵、逻辑与路径 [J]. 现代教育管理，2019（9）：58.

图 5-23　东观教育园区第六小学

图 5-24　小学生在听课

图 5-25　晴隆县第六中学

图 5-26　学生课间休息

1. 建立东观教育园区

三宝彝族乡群众搬迁到县城附近，基础硬件设施接近城镇水平。为了提升群众综合素养，大力培养各方面发展人才，推动乡村全面振兴，当地政府加大教育园区资金投入力度，建成了从幼儿园到高中的完整教育体系。晴隆县东观教育园区，总投资约 4.04 亿元，用地约 380 亩，总建筑面积约 12.24 万平方米，包含晴隆县第四幼儿园、晴隆县第六小学、晴隆县第六初级中学、晴隆县第三高级中学、晴隆县特殊教育学校和晴隆县青少年活动中心①。具体而言，晴隆县第四幼儿园总投资约 0.3 亿元，学校占地面积 18 663.76 平方米，校舍面积 7

---

① 该数据由 2021 年三宝街道办中心校办公室提供。

367.71 平方米，其中，教学及辅助用房 3 129.82 平方米，办公用房 158.12 平方米，食堂 511.24 平方米，其他用房 3 568.53 平方米；晴隆县第六小学总投资约 0.7 亿元，学校占地面积 23 065 平方米，校舍面积 22 049.75 平方米，其中，教学及辅助用房 3 663.19 平方米，办公用房 708.03 平方米，食堂 2 000.65 平方米，学生宿舍 5 489.61 平方米，其他用房 8 356.05 平方米；晴隆县第六中学总投资约 0.9 亿元，占地面积 56 835.32 平方米，校舍面积 27 873.36 平方米，其中，教学及辅助用房 4 943.57 平方米，办公用房 5 719.07 平方米，食堂 713.47 平方米，学生宿舍 3 764.65 平方米，其他用房 10 741.88 平方米；晴隆县第三高级中学，占地约 160 亩，总建筑面积约 5.92 万平方米，总投资约 1.9 亿元，建筑面积 59 150 平方米；晴隆县特殊学校，学校占地约 20 亩，规划建筑面积约 0.43 万平方米，总投资约 0.15 亿元；晴隆县青少年活动中心占地约 20 亩，总建筑面积约 0.35 万平方米，总投资约 0.09 亿元。[①] 东观教育园区可以提供 7 370 名学生就读，全面满足易地扶贫搬迁居民子女的就学需求。2017 年，三宝彝族乡实施整乡搬迁，原来学校的所有学生全部搬至晴隆县城东观教育园区上学。

2. 配备师资队伍与设备资源

东观教育园区的幼儿园和各类学校都配有较雄厚的师资队伍，这是以前的三宝彝族乡不可比拟的。如晴隆县第四幼儿园有教职工 42 人，晴隆县第六小学有教职工 102 人，晴隆县第六中学有教职工 79 人，晴隆县第三高级中学有教师 204 人，晴隆县特殊学校有教师 17 人。优质的师资队伍，为提高教育质量奠定了基础。在学习资源与设备方面，第四幼儿园配备有广播室、仪器保管室、资料室、图书室（藏书 3 200 册）、计算机室（教师用办公电脑 18 台）、多媒体教室等；第六小学配备小学自然科学实验室、书画室、音乐室、多功能室、广播室、仪器保管室、资料室、图书室（藏书 41 000 册）、计算机室（学生电脑 110 台）、多媒体教室等；第六初级中学配备理、生、化实验室、书画室、音乐室、多功能室、广播室、仪器保管室、资料室、图书室（藏书 35 000 册）、计算机室（学生电脑 120 台）、多媒体教室等功能室[②]。晴隆县第三高级中学和晴隆县特殊学校也配备比较齐全的学习资源和基础设施。雄厚的师资队伍和比较齐全的设备资源为学生提供了优质的教育资源和良好的教育服务，为易地扶贫搬迁安置点培养优秀人才创造了有利条件。

---

① 该数据由 2021 年三宝街道办中心校办公室提供。
② 该数据由 2021 年三宝街道办中心校办公室提供。

3. 实行教育保障政策

针对易地搬迁的贫困生实行生活补助政策。学前教育的学生享受每人每天3元的营养餐政策,建档立卡户学生享受国家每人每年500元的补助;九年义务教育的学生享受每人每天4元的营养改善补助,一年共800元,在校住宿建档立卡户学生可向就读学校申请寄宿生补助(小学每人每年1 000元;初中每人每年1 250元);晴隆县第三高级中学每学期给每个学生免费380元,其余按照就读标准执行,针对全日制在校家庭经济困难学生设立国家助学金(每生每年1 500元),另外还设有普通高中教育精准扶贫学生资助(扶贫专项补助每年1 000元、免书费每年400元,免住宿费每年500元);省内中等职业学校学生每年可减免2 000元学费,在校一、二年级学生每年资助2 000元,针对就读中职一、二年级建档立卡贫困学生可以享受教育精准扶贫资助(助学金每年1 000元、免书费每年400元、免住宿费每年500元);高等教育的学生每年资助4 830元(扶贫专项助学金1 000元和免学费3 830元),专科(高职)学生每年资助4 500元(扶贫专项助学金1 000元和免学费3 500元)。教育保障政策的实施,有效减缓了搬迁群众的经济压力,解决了搬迁群众子女上学难的问题。

4. 加强东西部教育协作

一是浙江宁海县与晴隆县学校签订结对帮扶协议,实现了教育帮扶全覆盖。宁海县选派19名教师到晴隆县受援学校支教,开展送教、讲座、捐赠、助学等结对帮扶活动;晴隆县选派22名教师到宁海县帮扶学校考察、挂职学习常态化,大力优化了师资力量。二是开展"情暖晴隆,课桌圆梦"行动和建立宁海晴隆"互联网+教育"远程互动教育点。宁海县为晴隆县学校捐赠了课桌6 800套,为晴隆县各学段新建5个远程互动教育点(晴隆县第四幼儿园、晴隆县第六小学、晴隆县第六中学、晴隆县民族中学、晴隆县职业教育培训中心),实现宁海·晴隆"互联网+教育"结对帮扶学段(幼儿园、小学、初中、高中和中职)全覆盖,极大改善了学校办学条件。三是开展"组团式"教育帮扶。宁海县跃龙中学与晴隆县第六中学、西店小学与晴隆县第六小学、前童镇中心幼儿园与晴隆县第四幼儿园开展"组团式"教育帮扶。四是开设"1+2"模式宁海晴隆班。组织建档立卡贫困学生到宁海职校学习,时间为半年到一年,实习期满后由学生自主选择在相关企业或回原籍就业。四是实施"同心助攻·六全组团"教育帮扶模式。晴隆县人民政府与兴义民族师范学院以"全覆盖、全体系、全学科、全方位、全天候、全提升"组团模式为抓手,以同心组团帮扶为引领,开展教育帮扶。实现新市民学校全覆盖,幼、小、初、高全体系,语数外理化历政地生音体美全学科,安置点社区全方位,学校教育、家庭教育和社会教育全天候，学生发展、教师提升、特色校园和管理创新全面提升，推动晴隆县新市民学校教育质量全面提高。兴义民族师范学院同晴隆县民族中学、第六中学、第六小学、晴隆沙子三幼签订了"同心助攻·六全组团"模式帮扶协议。同时，还有贵州民族大学、贵州师范大学等学校已与晴隆县建立教育帮扶关系。学校间教育帮扶，大力提升了晴隆县教师的专业水平，优化了全县的师资力量，从而推动了晴隆县教育事业的快速发展

总之，教育园区的建立和学校间的教育帮扶，不但为搬迁群众子女提供了便利的上学条件、优质的师资力量和丰富的学习资源，而且大力提升教育质量水平，解决了贫困学生的学业和生活问题，切实消除搬迁群众的后顾之忧。同时，对搬迁上学子女扩宽视野、树立远大理想、增长见识等具有积极的影响。

（六）提升医疗服务质量

易地扶贫搬迁安置点与医疗服务同步发展，能够保障搬迁群众的基本医疗服务和完善阿妹戚托小镇的医疗服务体系。"人民健康是民族昌盛和国家富强的主要标志"①。农村医疗服务质量低和服务水平差，是我国西部农村地区的普遍现象，主要体现在医务人员少、专业医护人员缺乏、资金投入少、医疗设备不齐全等方面。医疗服务作为保障和改善民生的重要内容，必须解决好，要让广大农民群众有病可医、放心就医。这对于和谐社会的构建、农民身体健康的保障和农民基本权利的维护具有重要的意义。

1. 建立阿妹戚托特色小镇卫生院

原三宝彝族乡医院占地面积921平方米，总建筑面积648平方米，医院职工共11人，医疗设备极少，设置科室也较少，主要是内科和外科等。平时老百姓的一些常见病需要做辅助检查，如B超，在乡镇医院是做不了的，需要去县医院检查。晴隆县党委和政府为了解决三宝彝族乡搬迁群众的医疗保障问题，在阿妹戚托特色小镇修建了阿妹戚托特色小镇卫生院。阿妹戚托特色小镇卫生院，共投入建设资金720余万元，占地面积2.48亩，总建筑面积1 280.13平方米。卫生院职工共有30人，包括医务人员21人，其中执业医师/助理医师4人、护士4人、医技人员8人、公卫人员5人。设置急诊医学科、全科医疗科、内科、外科、儿科、妇（产）科、中医科、预防科、医学检验科、医学摄像科共21个科室，病房4间，病床8张。② 医疗设备基本齐全，有DR（数字X射线摄影系

---

① 中共中央党史和文献研究院. 十九大以来重要文献选编（上）[M]. 北京：中央文献出版社，2019：34.

② 该数据由2021年三宝街道办党政办公室提供。

统）、彩超 B 超机、数字 B 超机、数字心电图机、生化分析仪、血球分析仪、尿液分析仪、电解质分析仪、料理分析仪、除尘仪、麻醉机等①。卫生院内公共卫生信息系统通过云平台接入省远程医疗管理服务平台，实现远程医疗互联互通，2018 年开展远程医疗 23 次。规范运行电子病历（EMR）、LIS、PACS、心电、收费（HIS）等系统。卫生院可以满足 1.5 万人基本医疗卫生综合服务要求，筑牢、筑实了阿妹戚托小镇居民及周边群众医疗健康服务基础。

图 5-27　阿妹戚托特色小镇卫生院

2. 实行医疗保障政策

当地政府实施医疗保险政策，保证三宝彝族乡搬迁贫困人口和"计生两户"参保和建档立卡贫困人口参保率 100%。一是缴纳医疗保险。2020 年个人缴费标准为每人 250 元，每年的缴费标准按上级文件执行；建档立卡贫困人口参保，2020 年个人缴费每人 130 元，资助金额由省级财政全额承担；计生特殊家庭成员、农村计生"两户"家庭成员个人缴费由卫生健康部门全额资助，所需资金由县级财政全额承担。二是医疗精准扶贫。对政策范围内建档立卡精准贫困户实施医疗精准扶贫，落实城乡居民基本医疗保险、重大疾病保障、大病保险、医疗救助、医疗扶助、再次报销等"六重医疗"保障政策。同时，在晴隆县城乡居民基本医疗保险 25 种重大疾病保障的基础上，对农村贫困人口中儿童白血病等 7 类 13 种大病实施专项集中救治，逐步解决看病就医问题。三是实行"先

---

①　该数据源于对阿妹戚托特色小镇卫生院院长的访谈。

诊疗、后付费"。对政策范围内建档立卡精准贫困户在县域内及州级公立医院住院实行"先诊疗、后付费"。四是实行"十减免"政策。对政策范围内建档立卡精准贫困户、农村二女结扎户、独生子女户和特殊家庭户家庭成员在县域内及州级二级以上公立医院门诊就医，一律实行"十减免"政策（减免普通门诊挂号费、普通门诊诊查费、门诊注射手术费、门诊换药手术费、输液二次以上换药费、常规护理费、体温、血压、呼吸、脉搏等监测费）。五是实施残疾人医疗精准扶贫。将残疾人康复评定、吞咽功能障碍检查、手功能评定等 28 项医疗康复项目纳入基本医疗保障范围，提高残疾人医疗保障水平。

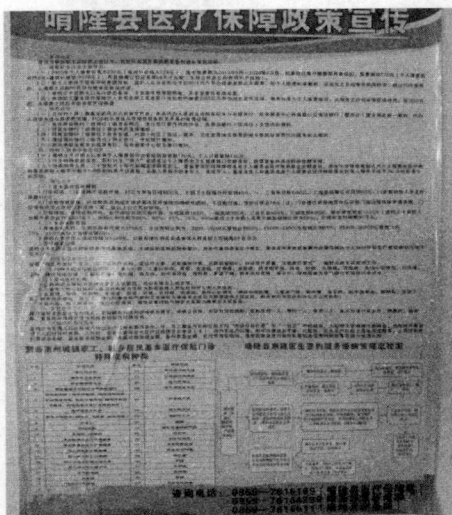

图 5-28　医疗保障政策宣传

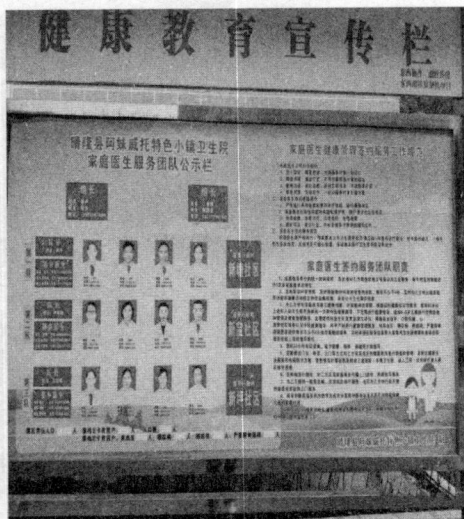

图 5-29　家庭医生服务团队

3. 探索家庭医生健康管理签约服务制度

家庭医生签约服务是以村医或全科医生为核心，通过签约方式，促使具备签约服务能力的医生与居民家庭建立起一种长期、稳定的服务关系，以便于对签约居民家庭的健康进行全程的维护，为签约家庭和个人提供安全、方便、有效、连续、经济的基本医疗服务和基本公共卫生服务。阿妹戚托特色小镇卫生院探索家庭医生健康管理签约服务制度。一是组建家庭医生健康服务团队。阿妹戚托特色小镇卫生院根据阿妹戚托小镇有三个社区的具体情况，组建了三个家庭医生健康服务团队，每个团队由 1 名队长和 3 名组员（医生、护士和预防保健人员）组成。二是坚持自愿原则，与居民签订家庭医生服务协议。阿妹戚托小镇的搬迁群众本着自愿原则，有签约意愿或是医疗服务需要的，可以到阿妹戚托特色小镇卫生院与相应社区的家庭医生健康服务团队签订服务协议，协议内容涵盖了服务内容、方式、期限和双方的责任、权利、义务以及其他事项。签约周期原则上是1年，期满后搬迁群众可续签或是选择与其他家庭医生服务团队签约。当前阿妹戚托小镇已经实现家庭医生签约服务全覆盖。三是强化家庭医生签约服务团队职责。家庭医生签约服务团队的主要职责是负责通知签约家庭居民到指定地点接受公共卫生服务；提供24小时电话咨询，给予健康、预防、保健等方面的指导；建立签约家庭健康档案，并实施动态管理；定期通过门诊、电话、上门等方式对签约家庭成员的健康状况进行调查和管理，并制定健康生活措施和疾病预防方案；发放医学科普资料，如精神病、糖尿病、高血压、肺结核患者健康管理服务指导手册、孕产妇健康管理指导服务手册、儿童健康管理服务指导手册、艾滋病预防手册等，以及其他公共卫生服务。四是实现应签尽签和强化签约服务规范。家庭医生签约服务对建档立卡贫困户、纳入计划生育家庭特殊扶助制度的独生子女伤残死亡家庭和高血压、糖尿病、结核、严重精神障碍患者等慢性疾病病人实现应签尽签，实现签约家庭医生为搬迁群众的健康保驾护航。为了保证搬迁群众享受优质的医疗服务，卫生部门进一步加强家庭医生文明礼仪规范、家庭医生岗位道德规范和家庭医生签约服务规范。

4. 建立"医共体"制度

2019年2月，阿妹戚托特色小镇卫生院与晴隆县人民医院搭建"医共体"，即晴隆县医院派遣一批医生到卫生院参与医疗工作，并加挂晴隆县人民医院第一分院牌子。2021年晴隆县医院派遣5人到卫生院，即主治医师2人、助理医师1人，DR、心电图各1人，壮大了阿妹戚托特色小镇卫生院的医疗服务队伍，解决了卫生院技术力量和医务人员不足问题，提高了卫生院医疗服务能力和水平。2018年门诊人数570人；2019年门诊人数7 000多人次；2020年12 000人次。[①] 虽然看病人数在不断增加，但是阿妹戚托特色小镇卫生院基本能保证阿妹戚托小镇和其他社区人们的医疗服务。此外，宁波一医院专家技术团队对口帮扶阿妹戚托特色小镇卫生院，派遣医务人员，并提供医疗设备。2021年，宁波一医院派遣1名主任医师和1名主治医师到阿妹戚托特色小镇卫生院坐诊，提高了卫生院医疗技术水平和医疗服务效率。

三宝彝族乡搬迁群众新农合参保率为100%，实现了全覆盖。阿妹戚托特色小镇卫生院能够确保搬迁群众就近看病，建档立卡贫困户看病就医住院费用报销达90%。卫生院不仅能基本保证阿妹戚托小镇和其他社区人们的医疗服务，而且结合医疗健康服务发展需求，有效整合健康养老与医疗服务一体化建设，

---

① 该数据源于对阿妹戚托特色小镇卫生院院长的访谈。

不断完善社区医疗服务体系。

（七）耕地林地合理开发利用

三宝彝族乡易地扶贫搬迁后，原居住地的耕地和山林地等资产的有效利用，是关系易地扶贫搬迁成功与否的重要问题。为了消除搬迁群众搬迁后的耕地、林地等资产的后顾之忧，三宝彝族乡人民政府始终坚守生态和发展两条底线，积极争取国家有关政策，大力盘活耕地、山林地的资源，充分发挥其价值。这不仅保护了搬出地的自然生态环境，而且也增加了搬迁群众经济收入，实现了保护和发展双赢的局面。

1. 实行土地确权登记制度

我国法律明确规定，农村土地所有权归属农村集体所有。农村土地是农民生活生产的基石，农民生存所需的粮食、蔬菜、经济收入等基本来源于耕地和林地，农村土地对农民来说至关重要。明晰农村土地产权的关键是确权登记，明确权属关系。土地确权，是通过法律制度确立农民的土地产权及其相应的占有、经营、处分、收益等权能，但不包括土地所有权；排除政府、团体、组织以及其他个人等出于各种目的，对农民土地财产权权利的各种侵犯，保障农民土地的生产要素功能、土地流转和土地增值的权利。土地确权后由晴隆县人民政府登记造册并核发证书，证书上详细载明土地的坐落、面积、用途、界址等，确认土地无争议的受益主体。三宝彝族乡人民政府于2018年6月30日前，对三宝彝族乡群众的耕地、山林地进行确权登记，明确了权属关系和成员身份确认，有利于搬迁群众对耕地、山林地进行流转，增加搬迁群众的经济收入。乡政府大力推进农村"三变"（农村资源变资产、资金变股金、农民变股东）改革，将搬迁群众享有的政策性惠农补助资金、土地承包经营权、林权等折股量化给搬迁群众，让搬迁群众参与集体决策，按股份分享经营收益，增加搬迁群众的经济来源。

2. 实行退耕还林政策

实施退耕还林政策和生态效益补偿政策，是以生态扶贫促进搬迁群众增加经济收入的重要途径。2017年，三宝彝族乡人民政府对搬迁户25度以上坡耕地和15—25度水源地保护区全部纳入退耕还林范围，政府按政策规定给予搬迁户退耕还林补助资金每亩1 500元，其中300元用于种苗造林费，1 200元用于验收合格后农户补助，分三次兑现，第一年500元，第三年300元，第五年400元；25度以下耕地适合用于产业发展的，由易地扶贫搬迁后续扶持发展有限公司流转收储搬迁群众的耕地，流转费用每年每亩200—500元，流转期限5年；

山林地适合用于产业发展的，由易地扶贫搬迁后续扶持发展有限公司按每年每亩80—100元的价格进行流转收储，流转期限5年①。2021年，晴隆县人民政府实施国家储备林建设项目。一是晴隆县人民政府对三宝彝族乡的林木蓄积量（每亩林地的木材立方数量）进行勘测，并进行林木收储和林地流转。林木按照每立方不超过500元进行收储，一次性付清林木收储款项；林地按照每年100元/亩进行流转，流转25年，按照5年一期分为5期进行兑现林地流转费，每亩共计2 500元。人工集约林（规划范围内的新种植的冬瓜树林地）按照240元/亩进行流转，共流转25年。林木收储期间，产权属于收储公司，25年合同期满后，如果不继续收储，公司种好树木后归还农户。二是晴隆县人民政府按照集中统一规划原则，把三宝彝族乡搬迁群众剩余耕地全部纳入退耕还林，种植冬瓜树，每亩补助1 600元，其中：造林费用400元，补助农户1 200元（五年内分三次进行兑现，第一年兑现500元，第三年兑现300元，第五年兑现400元）。退耕还林产权属于农户，第五年开始可以合理间伐冬瓜树出售给菌棒生产厂家或天麻种植大户等菌材需求方。②

3. 充分利用耕地、林地资源

"人一搬走，土地实现规模经营有了空间。实施整乡搬迁，通过土地流转，三宝彝族乡可以腾出5 000多亩耕地、2.5万亩林地以及1 200多亩荒山。"③ 当地政府结合三宝彝族乡的地理环境、自然资源等客观条件，通过对晴隆县以及其他地方的市场需求进行筛选，培育或发展经济效益好、解决就业多的产业化、区域化的产业项目，使曾经的贫瘠之地正悄悄萌发出新的生机。三宝彝族乡坚持市场主导、政府引导，立足自然资源、地理优势和温和湿润的气候条件，充分利用搬迁地的耕地、林地发展养牛、养鸡、种植冬瓜树和天麻等产业。当地政府多方位、多渠道、多样化发展产业，将稳定脱贫、乡村振兴的目标与地域优势相结合，积极招商引资，引进有较强实力和社会责任心的企业，发挥企业的引领带动作用，调动农民的积极性，实现政府职能与市场规律的有效协同。

一是贵州省普安县普白珍稀资源有限公司依托三宝彝族乡丰富的森林资源和温和湿润的气候，采取"平台公司+公司+合作社+农户"的模式，充分发挥

---

① 数据来源于中共晴隆县委办公室文件 晴隆县人民政府办公室《关于印发晴隆县三宝彝族乡易地搬迁脱贫作战方案的通知》。

② 数据来源于2021年三宝彝族乡人民政府《关于盘活易地扶贫搬迁农户耕地、林地的公告》文件。

③ 程焕. 贵州晴隆县三宝彝族乡整乡易地扶贫搬迁三年来——人挪了穷窝 地拔了穷根[N]. 人民日报，2019-7-10（6）.

产业化龙头企业的带动作用，在三宝彝族乡实施以林下仿野生小块方式发展天麻产业。坚持"市场导向、需求导向"，以销定产，着力壮大产业，带动群众致富。2018 年，天麻产业实现全乡建档立卡贫困户全覆盖，累计分红 217 万元。产业规模从 2018 年 1 000 亩，到 2021 年已发展到 5 000 多亩，每年为 150 名农民提供 160 天的就业机会。①

二是晴隆县三宝彝族乡肉牛养殖项目依托三宝彝族乡的土地资源，流转农民土地，采取"龙头企业+合作社+农户"模式，与关岭牛铭公司进行合作，在三宝村和大坪村发展养牛产业。肉牛养殖项目的资金来源于贵州脱贫攻坚投资基金极贫乡（镇）子基金，项目资金 3 100 万元，包含大坪村养殖场和三宝村养殖场。大坪村养殖场，投资资金 1 800 万元，牛舍 8 栋及相关配套设施，建筑面积 9 800 平方米；三宝村养殖场，总投资 1 300 万元，已建成标准化牛舍、业务及管理用房、草料库房、观察室、隔离车间、消毒车间、地磅房、配套草场等相关配套设施，建筑总面积 6 800 平方米，占地 34.32 亩。该项目带动就业，覆盖全乡建档立卡贫困人口 4 000 多人（2017 年）。②

三是三宝彝族乡林下生态土鸡养殖项目依托三宝彝族乡良好的生态环境，充分利用耕地和山林地资源，以林地每亩 100 元、耕地每亩 400 元的标准流转农民土地，采取多种发展模式，发展林下生态土鸡养殖产业。三宝彝族乡林下生态土鸡养殖项目的资金来源于贵州脱贫攻坚投资基金极贫乡（镇）子基金，项目资金 4 780 万元，包含 4 个养殖项目点。具体是：（1）兴东生态畜牧科技开发有限责任公司林下土鸡养殖项目，总投资 4 754.56 万元，其中乡平台公司投入极贫乡（镇）子基金 4 280 万元。三宝彝族乡人民政府采取"乡平台公司+龙头企业+农户"模式，与兴东生态畜牧科技开发有限责任公司合作发展林下土鸡产业。晴隆县三宝脱贫攻坚平台有限责任公司利用极贫乡（镇）子基金投入项目建设 90% 的资金，并按投入资金的 10% 获得保底分红。龙头企业投入 10% 的资金，利用企业资产对三宝脱贫攻坚平台公司投入的极贫乡（镇）子基金进行反担保。（2）大坪村卡西林下土鸡养殖项目，投入极贫乡（镇）子基金 200 万元。三宝彝族乡人民政府采取"乡平台公司+微型企业+农户"模式，与企业合作发展林下土鸡产业。（3）干塘村上万林下土鸡养殖项目，投入极贫乡（镇）子基金 180 万元。三宝彝族乡人民政府"乡政府平台公司+合作社+农户"模式，与合作社合作发展林下土鸡产业。（4）大坪村大坪林下土鸡养殖项目，投入极贫

---

① 数据来源于对阿妹戚托小镇天麻销售员的访谈。
② 数据来源于对三宝彝族乡肉牛养殖产业的调研数据整理。

乡（镇）子基金120万元。三宝彝族乡人民政府采取"平台公司＋合作社＋农户"模式，与合作社合作发展林下土鸡产业。林下土家养殖产业覆盖全乡贫困户4 000余人，解决100多人就业。①

图5-30　三宝村养牛场的一角

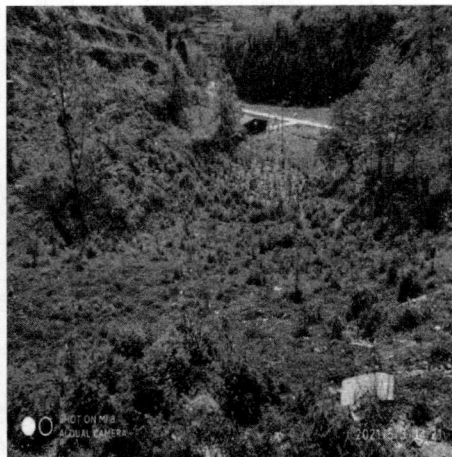

图5-31　三宝乡生态散养土鸡基地的一角

除此之外，农户还可以通过土地流转、务工、代养等多种方式获得收益。这些举措充分盘活了易地扶贫搬迁农户的耕地和山林地，保护、培育和合理利用土地资源和山林地资源，发挥其最大经济效益，同时也践行了绿水青山就是金山银山的理念。

（八）提高搬迁群众生存技能

确保搬迁群众能够"搬得出、稳得住、能发展、能致富"，解决搬迁群众创业就业问题是关键。三宝街道办扎实推行"一户一就业"工程，解决搬迁群众就业问题和消除搬迁群众的后顾之忧。政府在创业就业方面采取了诸多的措施，有效解决大部分搬迁群众的创业就业问题，基本上实现了搬迁群众"搬得出、稳得住、快融入、能致富"的目标。

1. 成立就业创业服务中心

政府坚持把创业就业作为易地扶贫搬迁后续发展的根本保障，成立就业创业服务中心，为搬迁群众提供优质、及时、高效的就业创业服务，包括技能培训、就业创业政策、就业补贴、工伤保险、岗位信息、劳动力基本情况等。该服务中心对全乡16—55周岁劳动力（男性为16—55周岁，女性为16—50周

---

①　数据来源于对三宝彝族乡林下土鸡养殖产业的调研数据整理。

岁）就业基本情况进行调查、登记、统计、梳理，着重摸清劳动力的年龄、文化程度、技能、就业愿望等，建立《三宝彝族乡易地扶贫搬迁劳动力就业需求台账》，做到底数清楚、情况明晰。同时，实行台账式动态管理。配有专人对搬迁劳动力就业需求台账实行动态管理，通过电话遍访、微信、QQ等媒介实时做好跟踪服务，精确掌握搬迁劳动力信息并及时更新。全面摸清搬迁劳动力及其就业愿望，为针对性组织培训、精准就业奠定了基础。

图 5-32　阿妹戚托小镇就业创业服务中心

2. 分类开展就业培训

当地政府坚持以岗定培、以用促训、全员培训、继续培训、分类培训的要求，采用长短结合、产教结合、工学结合等方式，抓实劳动力全员培训，精准培训搬迁劳动力，确保搬迁群众可持续致富技能提升。一是分类确定培训对象，精心选择培训内容。将三宝彝族乡16周岁至55周岁有劳动能力和就业创业愿望的易地扶贫搬迁劳动力作为培训对象，根据劳动力就业愿望、技能特长、年龄性别等，合理选定培训内容，确保参训群众听得懂、学得会、能接受。二是整合培训资源，充实培训力量。整合各级培训师资力量，用好建筑工地、酒店宾馆、企业车间等实操培训阵地，建立三宝彝族乡易地扶贫搬迁就业培训师资库、培训基地清单，坚持理论培训与实操培训相结合，针对不同岗位、不同年龄、不同性别开展培训。三是着力抓实各类就业培训，提升搬迁群众就业技能。例如开展了电焊工、水电工、汽修工、混凝土工、钢筋工、架子工、抹灰工、保安、物管、环卫、护工、烹饪、理发、餐饮、民族手工艺、乡村旅游等培训。

四是坚持以岗定培，做好劳动力转移培训，加强与企业的对接，围绕企业用工需求，提升就业成功率。通过创业就业培训，改变了搬迁群众的就业观念和行为习惯，激发了他们的内生动力。根据调查问卷数据统计显示，有84人参加过政府组织的创业就业培训，约占48.84%，培训内容涉及舞蹈、刺绣、保洁、安保、建筑行业等，其中76人认为创业就业技能培训对他们有很大帮助，仅有8人认为有一点帮助。

图 5-33　搬迁群众技能培训开班典礼　　图 5-34　搬迁群众刺绣技能培训

3. 建立搬迁群众劳动力就业供给台账

一是全面核实现有岗位。政府对全县已开发的就业岗位进行再核实，进一步落实用人单位，细化上岗时间、工资待遇、岗位条件等情况。二是全力开发就业岗位。晴隆县人民政府组织县直各部门、酒店宾馆、企业工矿、项目工地、学校医院等，不断开发新的就业岗位，满足搬迁群众的就业需求。加大招商引资力度，利用旅游资源、产业资源带动创业就业。三是持续做好劳动力转移就业。依托劳务输出公司，加强与富士康、贵阳大数据中心等企业联系，开展劳动力转移就业。四是以产业支撑就业。盘活"三块地"，大力发展土鸡、肉牛养殖等特色农业以及旅游业、现代服务业，开发就业岗位，支撑就业创业；加快东观安置点产业园建设，大力引进企业入驻；建设晴隆山羊产业农旅一体化项目；大力推进阿妹戚托特色小镇旅游产业等举措，解决搬迁群众就业问题。五是创新就业方式。组建三宝彝族乡劳务公司、运输公司、安置点物业管理公司；组建三宝彝族乡文化产业公司；加快"阿妹戚托"文艺表演队、绣娘坊建设，解决搬迁群众就业问题。六是出台三宝彝族乡易地扶贫搬迁群众创业优惠政策。从税收减免、物流运输政策落实等方面，支持三宝彝族乡搬迁群众创新创业。七是积极争取公益性岗位，促进搬迁劳动力就地就近就业。

4. 搭建精准就业供需对接平台

政府整合资源，搭建就业供需平台，畅通就业信息，优化就业服务，确保搬迁群众长期就业、稳定增收。一是推进人岗精准对接。充分利用晴隆电视台、晴隆县政府网站、脱贫攻坚战微信群、三宝彝族乡脱贫攻坚宣传栏等发布用工信息，为搬迁群众提供信息量大、及时准确的就业岗位推荐服务，实现人岗精准对接。二是创新就业载体平台。在阿妹戚托小镇建立易地扶贫搬迁群众就业服务中心，及时为搬迁群众提供就业服务；发挥三宝彝族乡相关电子显示屏作用，第一时间向搬迁群众公开就业信息，发布就业需求。三是举办就业招聘会。深入县内、外企业用工需求调查，及时掌握企业用工需求变化，开展"春风行动""就业援助月""企业招聘周""专场招聘会"等活动，帮助搬迁群众就业。四是组建三宝彝族乡搬迁群众就业服务队。做好搬迁劳动力信息跟踪服务，随时了解搬迁群众就业状况，做好就业后续保障服务，维护搬迁群众合法权益，帮助群众稳定就业。五是抓好后续就业培训。根据搬迁群众就业岗位、就业需求变化，及时组织企业开展后续培训，满足新岗位、新要求，实现长期就业、持续增收。

5. 拓展就业渠道

三宝街道办坚持把就业培训作为巩固拓展脱贫攻坚成果同乡村振兴有效衔接的重要途径，从拓宽覆盖面促就业、依托产业优势稳就业、探索构建特色发展模式等方面着手，做实易地扶贫搬迁后续发展大文章。一是加大就业培训力度。集中开展刺绣、农产品生产、劳务输出、民族民间工艺、电子商务等技能培训，提升搬迁群众的劳动技能素质。截至 2021 年，通过优化培训项目和培训工种，共开办了劳动力技能培训班 75 期，累计参训群众 5 643 人次，提升了搬迁群众的就业竞争力，确保搬迁群众能够就近就地就业。二是积极招商引资。依托三宝产业园区，强化招商引资，不断优化营商环境，发展特色轻工产业和装备制造产业，充分开发就业岗位，大力引进新能源汽车、服饰鞋帽加工、家装建材等劳动密集型企业入驻。三是通过建立"锦绣坊"等平台，吸纳有一技之长的文化艺术爱好者和手工艺劳动者，实现就地就近就业，在传承民族文化的过程中实现经济增收。发挥好农耕园、绣娘坊等平台带动作用，大力发展观光产业、庭院产业、指间产业，推动一二三产业融合发展。四是探索新发展模式。通过采取"人社中心+劳务公司+企业"一体化发展模式，借助"就业直通车"等政策，开展就业专场招聘、春风送岗等活动，提升搬迁群众就业率；探索构建"电商平台+消费者+基层党建（村支两委）+生产者（扶贫企业、合作社）+群众"的发展模式，加强与各大电商平台进行合作，大力培养本地电子商务人才，推进线上农特产品销售；依托小镇丰富的旅游业态，培育和引进专业人才，打造当地少数民族网红和网红景点，带动区域经济发展。

二、易地扶贫搬迁后续特色发展的成效

（一）人居环境改善

施行易地扶贫搬迁政策，让三宝彝族乡搬迁群众发生了三个最根本的变化：一是生存环境改变，农村变城镇。阿妹戚托小镇安置点坚持高起点科学规划、高速建设，三公里范围内有客运站、加油站、卫生院、妇幼保健院等服务机构。三宝彝族乡搬迁群众从以前居住的深山区、高寒地带的茅草房、破旧木房、土坯房、危旧房或是砖瓦房，搬入了宽敞明亮、干净整齐、结构牢固、质量安全的新房，开启了城镇新生活。调查问卷统计数据显示，有153人愿意长期居住在小镇，约占89%，主要原因是上学条件改善、家庭收入提高、交通便利、医疗条件改善。约有11%的人不愿意长期居住在小镇，主要原因是不习惯城镇的生活、生活成本高、找不到工作等，主要是老年人群体。二是身份转变，农民变市民。阿妹戚托小镇建有从幼儿园到高中的教育园区、晴隆县人民医院阿妹戚托小镇卫生院、产业园区、文化广场、游泳馆、体育运动场所等便民利民设施。同时，当地政府强化政策衔接，切实维护搬迁群众的合法权益，如迁出地的土地、林地等权益，实现"甘蔗两头甜"。调查问卷统计数据显示，有89人认为他们是市民，约占52%，剩余48%的人认为他们依然是农民。可以看出，越来越多的搬迁群众意识到了他们身份的变化。三是人居环境改变，山区变景区。阿妹戚托小镇配有苗族彝族文化广场、体育场、游泳馆、三宝塔、水上乐园等基础设施。当地政府充分挖掘彝族阿妹戚托舞蹈、火把节、晒月亮、苗族芦笙舞、刺绣等民俗文化，以民族文化传承和旅游扶贫为主题，打造阿妹戚托特色小镇旅游景区，实现少数民族传统文化从边远乡村舞台到外界舞台的华丽转身。此外，三宝彝族乡贫困群众易地扶贫搬迁后，政府不断完善阿妹戚托小镇景区的配套建设，如饮水、用电、通信、绿化亮化、商业、广场、垃圾处理等基础设施，有力地改善了搬迁群众的人居环境。

新坪社区居民YXC某说："我以前从来没有想到会来城镇居住，还离县城这么近。现在住的房子虽然比老三宝的房子小多了，但还能住得下。现在住的房子更干净、更漂亮，买东西、坐车都很方便，房子四周有花花草草，没有垃圾，干净多了。以前在老三宝要养鸡、养鸭、养鹅、养牛、养猪，房子周围到处牲口的排泄物，臭气熏天。现在出门坐车、看病、孩

子上学比在老三宝方便多了。小镇也比老三宝热闹多了，每天晚上很热闹，唱歌、跳舞的都有，吃完饭我也会在小镇到处逛逛，看哈节目演出。"

图 5-35　三宝彝族乡搬迁群众搬迁前与搬迁后的房屋对照

图 5-36　三宝彝族乡搬迁群众搬迁前与搬迁后的房屋对照

（二）生活品质提高

为了保证搬迁群众的"两不愁三保障"和全面提高搬迁群众的生活品质。阿妹戚托小镇建有教育园区、卫生院、养老机构、新市民培训中心、新市民服务中心、文化活动场所、书店等公共服务设施，有安全饮水、生活用电、广播电视、道路交通、通信网络、运动场所、充电站等基础设施，解决了搬迁群众上学难、看病难、用水难、用电难、通信难、就业难等突出问题，医疗条件、教育质量、民生保障等都有了极大的提高。根据表 1 显示，三宝彝族乡搬迁农民可支配收入持续五年都在大幅度增加，最低增幅是 2020 年，高达 10.30%；2020 年，三宝彝族乡搬迁农民可支配收入 9 070 元，超过了国家贫困线，该乡所有搬迁群众脱贫，过上了小康生活。

表 1 三宝彝族乡搬迁农民可支配收入表①

年份（年）	2015	2016	2017	2018	2019	2020
农村居民可支配收入（元）	4971	5487	6359	7320	8223	9070
增幅（%）	—	10.38	15.89	15.11	12.30	10.30

表 2 三宝彝族乡群众易地扶贫搬迁后相关方面的满意度表②

内容/满意度（人数/%）	非常满意	满意	比较满意	一般	不满意
日常饮用水	110（63.95）	47（26.86）	4（2.33）	2（1.16）	9（5.23）
日常用电	105（61.05）	50（29.07）	4（2.33）	7（4.07）	6（3.49）
道路与出行交通	154（89.53）	12（6.98）	6（3.49）	0	0
住房条件	90（52.33）	60（34.88）	8（4.65）	1（0.58）	13（7.56）
医疗条件	155（90.17）	11（6.40）	4（2.33）	2（1.16）	0
教育质量	148（86.05）	16（9.30）	5（2.91）	2（1.16）	1（0.58）
创业就业	9（5.23）	101（58.72）	22（12.79）	13（7.56）	27（15.70）

根据表 2 数据显示，三宝彝族乡搬迁群众对搬迁后的日常饮用水、日常用电、道路与出行交通、住房条件、医疗条件、教育质量的满意度都很高，高达90%以上，对搬迁后的道路与出行交通满意度达 100%，对搬迁后的教育质量没有不满意的；仅有 15.70%的搬迁群众对搬迁后的创业就业不满意。从表 2 中数据可以看出，三宝彝族乡搬迁群众总体来说，他们对搬迁后的日常饮用水、日常用电、道路与出行交通、住房条件、医疗条件、教育质量、创业就业等方面都是比较满意的，反映了三宝彝族乡的易地扶贫搬迁工作是成功的，易地扶贫搬迁政策的落实是很到位的，也表明了易地扶贫搬迁是帮助贫困人口摆脱贫困

---

① 该表是根据晴隆县统计局提供的数据制作。

② 该表是根据调查问卷制作。

的重要举措。总而言之，三宝彝族乡搬迁群众的生活水平全面提高、精神面貌焕然一新，他们发自内心感谢党和国家所做的一切。

（三）社区管理增强

晴隆县东观街道办安置点，不仅包含了三宝彝族乡易地扶贫搬迁群众居住的三个社区，而且也包含晴隆县其他地方易地扶贫搬迁群众居住的三个社区，6个社区共有上万人。三宝彝族乡搬迁群众集中居住在阿妹戚托小镇。阿妹戚托小镇内设立了警务室、新市民服务中心、三宝街道办、电商服务站、便民超市、餐饮店、文化广场等，为丰富搬迁群众文化生活、促进社会融入提供了良好的环境。三宝街道办以"以人为本"的服务理念，不断增强服务意识，构建了基层党建体系、基本公共服务体系、社区治理体系、公共文化服务体系、就业和培训服务体系"五个体系"，实现了阿妹戚托小镇基层党组织、公共服务、社区管理、创业就业、文化活动和安全防控全覆盖，极大提高了阿妹戚托小镇三宝街道办的治理能力和治理水平。此外，三宝街道办实行"一中心一张网十联户"网格治理模式，以"街道、社区、片区、楼栋和住户"五级划分网格，配有"五员"队伍网格员队伍。这一管理模式把所有搬迁群众纳入网格中，随时能够了解搬迁群众的基本情况。每当搬迁群众遇到困难或是他们有合理诉求时，网格员能及时帮助他们解决问题。因而，"五个服务体系"和网格化管理模式，为搬迁群众提供更精细、优质、高效、便捷的服务。这不仅丰富了服务的内容，而且也提高了服务实效。从表2可以反映出，搬迁群众对政府在住房、医疗、教育、出行、用电用水等方面所做出的努力是很满意的。

（四）就业途径增多

三宝街道办在阿妹戚托小镇内建有酒店和大量的商铺等，为搬迁群众提供创业机会和就业岗位。三宝产业园区、百花百果产业园是把易地扶贫搬迁与扶贫产业、工业化、城镇化、休闲旅游观光产业相结合的新型产业园区，打破了传统的"输血型"贫困救济模式，成为新的"造血型"产业化振兴模式。两个产业园区引进了10多家劳动密集型企业，为搬迁群众提供大量的就业岗位，解决了搬迁群众的就业问题，大大增加了搬迁群众的经济收入。调查问卷数据统计显示，有126人认为易地扶贫搬迁后的经济收入比搬迁前的经济收入增加了，约占73%；有39人认为搬迁前后的经济收入基本持平，约占23%；有7人认为搬迁后的经济收入减少了，约占4%。经济收入减少的主要原因是：他们大部分是上了一定年纪的弱劳动力或无劳动力的老人，在小镇没有工作干。他们认为在三宝彝族乡可以种点庄稼、饲养牲口，减少日常生活消费，相对而言，搬迁后的经济收入减少。此外，三宝街道办构建培训和就业服务体系，利用新市民培训中心平台，为有意愿就业的搬迁群众进行就业技能培训，提高搬迁群众的就业技能；建立搬迁劳动力就业需求台账、供求台账和搭建精准就业供需对接平台，为搬迁群众及时、有效地提高就业信息，拓展搬迁群众的就业渠道，让搬迁群众能够"搬得出、稳得住、能发展、能致富"。

阿妹戚托艺术团团长 WAM 老师讲述道："我是彝族女性，1985 年出生于黔西南州晴隆县三宝彝族乡大坪村大坪上组，初中文化。从小就喜欢民族文化。小时候，总喜欢让我妈妈带着我，去寨子里跟着男女老幼，学跳阿妹戚托舞蹈。每逢节日或是哪家有姑娘出嫁，女孩子们穿着盛装围着火把跳舞，我非常羡慕。于是，我学习舞蹈很认真、刻苦。我妈妈是我的老师，但由于妈妈常年生产劳作，没有时间跟我讲阿妹戚托舞蹈的故事。我就去请教寨里的长辈们。每当聚会时，我总是挤在最年长的阿妹戚托舞蹈传承人旁边，听他们讲阿妹戚托舞蹈 12 组舞蹈动作的含义和故事。就这样耳濡目染，点点滴滴学习和领会阿妹戚托舞蹈的文化和内涵。我觉得优秀的文化，自有它存在的强大的生命力。现在，我经常参加各种文化交流活动，增长了见识，学到了很多东西。我经常走访老一辈传承人，访问讲彝族故事的老人，认真记录 12 段落舞蹈中每一组动作的故事由来和深刻内涵。我越了解越觉得彝族祖先的智慧深刻，阿妹戚托舞蹈是一支灵魂的舞蹈，它聚集了祖先集体的智慧。理解和讲好 12 段落舞蹈的由来，比跳舞本身更重要。所以，每次参加文旅活动交流，我都会向相关社区、社会各界人士讲解彝族的故事，并认真地教大家跳彝族舞。"

"2017 年，晴隆县组建阿妹戚托民族艺术团，我有幸被推选为艺术团团长，教授阿妹戚托舞蹈。组织表演和宣传推广阿妹戚托舞蹈，成了我最热爱的事业和最主要的工作。2018 年，晴隆县实施易地扶贫搬迁政策，三宝彝族乡群众整体搬迁到县城南郊，以阿妹戚托舞蹈的名字命名，打造非遗特色的旅游小镇——阿妹戚托小镇，我率队阿妹戚托艺术团，训练、成长为专职的民族民间舞蹈表演团队和导游团队。我还承担了学校、社区推广和传习阿妹戚托舞蹈的志愿者，参与并指导民族服装走秀等文化旅游活动，致力于宣传和推广我们彝族文化。易地扶贫搬迁后，我们的民族文化更加丰富多彩。我们阿妹戚托民族艺术团除了有三宝乡的人外，还有其他地方的人，但阿妹戚托舞蹈队的群众演员由三宝彝族乡搬迁妇女组成，目前阿妹戚托舞蹈队不足 100 人。群众演员每天晚上 7 点集合，到 9 点回家，其间参加舞蹈演出，一个月工资在 1 000—1 800 元之间不等，每学会一个舞蹈再加 200 元工资；每个小组的组长比队员多 200 元。这些群众演员的丈夫大多数都在外面打工挣钱，她们在家照顾老人、小孩上学。每天只要晚上花两个小时，每个月经济收入就能至少增加 1 000 元，缓解家庭经济压力。因此，阿妹戚托艺术团为广大搬迁群众提供了就业机会。不仅如此，我们小镇的产业园区、公益性服务工作、商铺等，为搬迁群众提供了大量的就业创业契机，可以增加他们的经济收入。"

（五）干群关系融洽

人与人的和谐、楼组和谐和社区和谐可以促进社会和谐，有助于铸牢中华民族共同体意识。一是三宝街道办通过构建基层党建体系，实现了基层党组织全覆盖。阿妹戚托小镇成为宣传党的主张、贯彻党的决定、加强思想教育、团结动员群众和推动经济社会发展的重要场域。通过易地扶贫搬迁及其后续发展相关工作，锻炼了一大批作风扎实、勇于担当、融入群众、能打赢硬仗的基层干部队伍，加深了领导干部与搬迁群众的交往交流和情感沟通。二是三宝街道办充分利用网格化管理模式，提高了社区为人民服务的水平和质量，切实帮助解决搬迁群众的困难。领导干部与搬迁群众经常相处，听百姓之需求，解百姓之万难，厚植了党的执政之基。同时，搬迁群众对国家政策的落实、住房质量、人居环境、公共服务、干部工作等方面都很满意。他们在思想上也发生了很大的变化，"人心思变、人心思进、人心思富"的观念深入人心。三是三宝街道办利用阿妹戚托小镇是多民族聚居的安置点这一特点，结合民族节日、节目演出等举办活动，他们与各民族积极参与、相互了解、相互团结，生动诠释了各民族像石榴籽一样紧紧地抱在一起。以下是著者与一位搬迁群众的简单对话：

问：这位大哥，您好！

答：你好！

问：大哥，您这是去哪里了？

答：我刚从居委会回来，找他们咨询点事。

问：大哥您和居委会的领导干部很熟悉嘛？

答：很熟啊，其他社区的也认识很多。他们中的一个网格员与我们这一片区的人都特别熟悉，他负责我们这一片区，每天都要入户走访，了解每家每户的基本情况。同时，给大家讲解政府的各种政策，倾听大家的诉求，并尽全力帮助我们解决问题，解决不了他就及时上报。现在的村干部都很负责，一天他们也很辛苦。他们还组织开院坝会、社区党员活动、感恩教育活动，通知我们去参加活动，收获很大。时间久了，和他们就很熟悉了。我感觉他们当领导也没啥，和我们一样都很好说话，很好相处。我只要遇到什么不懂的，就会去找他们帮忙。

问：大哥您对社区的领导干部很满意啊。

答：当然满意了。虽然有些问题他们不能帮我们解决，但是他们已经很尽力帮了。有些问题不是在他们职权范围内能解决的，我们也不能强迫他们解决问题么。人都是相互理解的，我也很理解他们。他们工作也不容易，很辛苦的，每天上完班后，还要入户走访或是开会，有时候要搞到很晚才回家。不易啊。

（六）生态环境修复

省、州、县、乡的党委、政府和有关部门齐抓共管、协调一致，对"一方水土养育不了一方人"的三宝彝族乡实施整建制乡易地扶贫搬迁，从根本上改变了农民的生产生活条件，从而解决了三宝彝族乡广大人民群众的贫困问题。整乡群众搬出三宝彝族乡后，人为破坏生态环境的行为几乎没有了，有效地减轻了迁出地人口对生态环境的压力，原居住地的生态环境因人的离开而得以保护起来，生态环境恶化趋势得到逆转并能够自行恢复。由于自然生态环境自行恢复时间较长，三宝街道办人民政府在搬迁群众全部搬入阿妹戚托小镇安置点后，把全乡的土地收归国家或集体所有，并实施退耕还林政策、种植冬瓜树，进一步加快恢复迁出地的生态环境，实现了易地扶贫搬迁与生态环境保护的双赢局面，促进了人与自然的和谐发展。

三、易地扶贫搬迁后续特色发展的经验

易地扶贫搬迁后续特色发展，是新时代全面推进乡村振兴"中国方案"的重要组成部分。三宝彝族乡易地扶贫搬迁后续特色发展的道路，给我们带来了丰富的经验，为我国其他少数民族地区全面推进乡村振兴提供了参考。

（一）加强党的领导是根本保证

当地各级党委认真贯彻习近平总书记关于做好易地扶贫搬迁后续扶持的重要指示精神，是三宝彝族乡巩固脱贫攻坚成果、实现易地扶贫搬迁后续发展与全面推进乡村振兴的关键。2020年，中共贵州省委办公厅根据《中共中央关于制定国民经济和社会发展第十四个五年规划和二〇三五年远景目标的建议》和习近平总书记关于做好易地扶贫搬迁后续扶持的重要精神，印发了《关于高质量推进易地扶贫搬迁后续扶持工作的意见》（以下简称《意见》），并发至全省

各县。该《意见》强调易地扶贫搬迁后续扶持工作的重要性、艰巨性和长期性，指出要坚定不移地把思想和行动统一到党中央、国务院的决策部署上来，深入研究和着力解决后续扶持中出现的问题和难题，并从26个方面持续加大后续扶持政策支持和工作力度，确保搬迁群众稳定融入，实现乡村振兴可持续发展。三宝彝族乡人民政府把握省委领导亲自挂帅、定点帮扶的机遇，举全乡之力抓实脱贫攻坚的各项工作。三宝彝族乡工作人员和搬迁群众在县、乡两级党委、政府的坚强领导下，形成攻坚合力，把各项工作落实落细，形成了以党委领导、政府负责、上下联动、部门协同与广大人民群众通力合作的工作机制。在各级党委的领导下，各级领导干部和人民群众的努力下，阿妹戚托特色小镇建设按期完成，东观教育园区、三宝产业园区、阿妹戚托特色小镇卫生院等顺利完工，三宝彝族乡顺利完成整乡搬迁。三宝彝族乡搬迁群众住上了新房，教育、医疗、创业就业等方面都有了保障，实现了"住有宜居、学有优教、病有良医、业有保障"，也实现了易地扶贫搬迁"搬得出、稳得住、能致富、能发展"的目标。

实践证明，只有在中国共产党的坚强领导下，充分发挥制度优势，才能有决心、有信心解决贫困乡村易地扶贫搬迁后续发展问题，才能在短时间内攻克后续特色发展这座顽固的"堡垒"。目前，全面推进乡村振兴正在进行，在中国共产党的领导下，各级各部门细化任务分解，层层压实责任，持之以恒抓紧抓实，全力以赴解决后续扶持中出现的难题。这充分诠释了中国共产党以人民为中心的发展思想，充分展现了党中央集中统一领导的本质特征和全国一盘棋、集中力量办大事的制度优势。

（二）发展经济是第一要务

发展是解决一切问题的总开关，经济发展是巩固脱贫攻坚成果和全面推进乡村振兴的关键和基础。三宝彝族乡易地扶贫搬迁后续发展，坚定不移贯彻落实生态经济理念，紧紧围绕全面实现乡村振兴的目标，建成了三宝产业园区、百花百果园、阿妹戚托特色旅游小镇与原三宝彝族乡生态产业为核心的经济发展体系，推进了10多个产业集群建设、阿妹戚托特色小镇建设和三宝彝族乡生态产业经济发展，带动了当地经济发展，帮助搬迁群众实现增收。这一经济发展体系还推动了酒店、运输、购物中心、旅游、餐饮、休闲娱乐等服务业发展，拓宽了搬迁群众就近就业渠道，增加了搬迁群众的经济收入。当地政府围绕制造业、建筑业服务业、电子商务业、快递物流业、文化产业等用工量大的行业，建立健全培训需求台账；依托人社、扶贫、农业和职业培训等资源对搬迁劳动力开展培训，培训出一批拥有实用技能的技术人才和民族特色手工业者，提高了搬迁劳动力的生活技能；统筹整合城管、人社、林业、交通等部门资源，开发保洁护绿、社保协管、护路护林、治安协管等公益性岗位，吸纳搬迁群众就业。此外，政府还采取以工代赈、以奖代补、就业扶贫援助补贴等政策，动员和吸纳搬迁群众参与小型基础设施、社区环境整治等项目建设，实现就业增收。三宝彝族乡农村居民可支配收入从 2014 年 4 315 元增加到 2020 年的 9 070 元，翻了一倍多，搬迁群众的经济收入大大提高，生活质量大大改善。当地政府利用三宝彝族乡易地扶贫搬迁的契机，抢占民族文化助推贫困乡镇脱贫攻坚制高点，把阿妹戚托小镇打造成"宜居、宜旅、宜业"的"阿妹戚托"之乡，做成全国少数民族乡整乡搬迁的示范区，让群众搬出希望、搬出文化、搬出产业、搬出尊严、搬出动力、搬出秩序。

（三）社区治理是基础工程

加强社区治理是促进搬迁群众社会融入和提升搬迁群众归属感的重要途径。三宝彝族乡易地扶贫搬迁后划分为新塘社区、三宝社区和新坪社区，按"街道、社区、片区、楼栋、住户"划分网格，采用"一中心一张网十联户"服务管理机制，加强培训就业服务、基本公共服务、社区治理、文化服务、基层党建"五个体系"建设，实现社区治理全面覆盖，初步构成了现代化社区治理模式。社区是社会治理的基本单元，是社会融入的重要载体。三宝彝族乡搬迁群众大部分是苗族、彝族，少部分是汉族，文化多元。他们从偏远的深山搬迁到县城附近，进入一个全新的生活环境，他们的邻居虽然是三宝彝族乡的，但不是在农村时的近邻好友。他们之间难免会存在一定的陌生感和疏离感，这需要社区工作人员从思想观念、生活生产、文明素质等方面加以引导和转变。从实践中看，在易地扶贫搬迁后续扶持工作中，建立了社区居民委员会管理、服务机制和居务公开、民主监督制度，让搬迁群众积极参与社区治理。对于涉及搬迁群众公共利益的重大决策和切身利益的相关事项，按照"四议两公开"的程序决策实施。在社区内深入推进平安建设，大力加强立体化治安防控体系建设，统筹实施"天网工程""雪亮工程"，强化社区常态化巡逻防控，依法打击各类违法犯罪行为，增强了搬迁群众的安全感。另外，社区工作人员广泛组织开展感恩教育、文明讲堂、移风易俗、民族节日、模范引领等活动，让搬迁群众切身感受到党的关怀，更快融入新环境、适应新生活。

（四）扶志扶智激活内生动力

搬迁群众是易地扶贫搬迁后续发展的主体，需要将群众自主发展与政府帮扶相结合，通过双向努力转变搬迁贫困群众"等、靠、要"的不良思想，摒弃不良生活习俗和行为，让搬迁贫困群众直接参与到易地扶贫搬迁后续发展中来。由于原三宝彝族乡生活生产环境恶劣，搬迁贫困群众依赖性强，不适应城镇生活，需要政府工作干部做好搬迁贫困群众的扶志扶智工作。三宝彝族乡贫困群众搬迁后，三宝街道办通过"三课一会"、院坝会、群众会、研判会等方式，采用"领导干部带头讲、党员干部主动讲、彝话苗话深入讲和扶贫政策结合讲"模式，组织广大党员干部、搬迁群众学习习近平总书记重要讲话精神、一系列会议精神和易地扶贫搬迁政策；加强对搬迁群众的思想教育、思想引导，铸牢筑实搬迁群众中华民族共同体的思想根基；依托人社、扶贫、农业和职业培训等资源，对搬迁群众开展创业就业技能培训，提升他们创业就业的能力，从而增加他们创业就业的机会，帮助其实现经济增收。总而言之，三宝街道办在搬迁群众的扶贫扶智上投入了大量的人力、物力和财力，帮助他们克服思想依赖性、改变不良生活习俗和提高劳动技能，从而坚定了搬迁群众自主发展能致富的信心和决心，形成了易地扶贫搬迁后续发展的内生动力。

（五）民生保障是出发点和落脚点

民生主要是指人民的基本生存、生活状态，包含人民的基本发展机会、发展能力和人民的基本权益保护状况等①。具体而言，民生涉及人民的住房、教育、就业、医疗保障、社会福利和最低生活保障等方面的内容。中国共产党清楚地认识到：民生是人民幸福之基、社会和谐之本，增进民生福祉是立党为公、执政为民的本质要求，做好保障和改善民生工作，事关群众福祉和社会和谐稳定。中国共产党从 1921 年建党以来，一直践行以人民为中心的发展思想，始终以最广大人民的根本利益为最高标准，始终围绕着维护和实现好人民根本利益的目标，做好国家各项事务工作。因此，人民是否得到真实惠、民生是否得到真改善成为中国共产党的工作成效的最终标准。保障和改善民生是推动社会发展的根本目的和推动力。三宝彝族乡易地扶贫搬迁后坚持特色发展，就是为了进一步改善少数民族群众的基本生存和生活状态，进一步提高他们的生活质量和水平，不断满足群众对美好生活的需求。当前，三宝彝族乡易地扶贫搬迁后的民生保障和改善主要体现在几个方面：一是搬迁群众的住房、生活用电、用水全部予以解决；二是修建了医疗设备较齐全的卫生院，建立了健康档案，签约家庭医生，医疗保险全覆盖，搬迁群众的身体健康有了保障；三是修建了从幼儿园到高中部一体化的教育园区，消除了搬迁群众子女上学的后顾之忧；四

---

① 毕霞. 中国特色社会主义理论与实践研究辅导读本［M］. 南京：东南大学出版社，2017：88.

是产业园区的投入和运行，为搬迁群众增加经济收入提供了机会和平台。此外，当地政府为了抓好服务保障，采取促进就近就业、强化技能培训、设立最低生活保障金和临时救助金等措施，全方位保障和维护了民生。充分利用新市民计划"1+13"推进措施牵头部门力量，持续优化新市民服务中心"一站式"服务平台，通过实行干部"接亲""包办"机制等措施，加强对搬迁群众的服务保障工作，不断改善人民的生活条件和质量。可见，在易地扶贫搬迁后续特色发展中，要以保障和维护群众利益为出发点和落脚点，才能更好地发挥人民的积极性和创造性。正如习近平总书记所说："让老百姓过上好日子是我们一切工作的出发点和落脚点。"

（六）后续扶持是稳定脱贫的根本策略

全面推进乡村振兴战略是对脱贫攻坚成果的进一步巩固和发展。全面推进乡村振兴，不只是涉及某单方面的振兴，而是全面实现农业强、农村美、农民富的宏伟目标。这就要求把乡村建设的方方面面都要纳入到乡村振兴规划中来，推动我国经济社会高质量发展。全面推进乡村振兴战略是对易地扶贫搬迁的有效衔接，确保搬迁群众稳定脱贫，提高搬迁群众的生活质量。当前，我国全面建成小康社会。加强易地扶贫搬迁后续扶持，是现阶段搬迁群众实现"稳得住，能脱贫，快融入"的根本策略，也是全面推进乡村振兴战略成败的关键。易地扶贫搬迁后续发展的实践表明，各级党委、政府要统筹各部门政策和资源，结合诸多帮扶措施，提供综合支撑，形成叠加效应，全面改善人民群众住房条件、加大产业投入、增加就业渠道、提高国民教育、提升医疗水平和完善基础设施建设，为搬迁群众实现"稳得住，能脱贫，快融入，能发展"，为全面实现乡村振兴提供制度性保障。现阶段乡村振兴最关键性的问题，是如何保障搬迁群众稳定经济收入。三宝彝族乡搬迁群众的住房、医疗、教育以及基础设施等都得以解决，但经济收入是关系着他们在城镇中长期生存下来的问题。当地政府以稳定搬迁群众的经济收入为切入点和着力点，采取了诸多措施，如利用优惠政策持续抓好创业就业技能培训、产业园区建设和收集各种就业渠道等帮扶工作，探索创新解决搬迁群众就地就近就业问题。此外，政府还大力培育各方面技术人才和新型经营主体，采取诸多措施和政策鼓励和支持搬迁群众自主创业，增强搬迁群众自主发展能力，初步实现了易地扶贫搬迁后乡村的可持续发展。

第六章　三宝彝族乡后续特色发展存在的主要问题

三宝彝族乡是全国唯——个实施整建制乡易地扶贫搬迁的少数民族乡，其易地扶贫搬迁特色发展取得了重大成就，群众的生产、生活条件得到大幅度改善，生活水平大幅度提高。通过深入三宝彝族乡和阿妹戚托小镇进行实地考察，运用深度访谈、问卷调查、资料收集和参与观察的方法发现，阿妹戚托小镇关于易地扶贫搬迁、产业发展、基础设施、医疗教育、职业技能培训等方面的政策和资金得到了有效落实。同时，也发现三宝彝族乡易地扶贫搬迁后续特色发展过程中仍然存在着一些问题，亟须加以重视和解决。针对这些问题，要深入分析其原因，才能提出针对性的对策建议，从而推动阿妹戚托小镇的全面振兴和持续巩固脱贫攻坚成果。

一、新增人口住房紧张

2019 年，三宝彝族乡人民政府结合当地的实际情况，根据"两不愁三保障"标准和"缺什么补什么"的原则，完成了整建制乡易地扶贫搬迁的任务。三宝彝族乡人民都搬进了人均约 20 平方米的安置房，住上了敞亮、干净、漂亮的新房。但依然存在着搬迁群众住房问题，主要是安置区新增人口的住房问题。三宝彝族乡从 2016 年开始实施易地扶贫搬迁，到 2020 年出生人口数量增加 529 人①，以及在这五年内因为男性青年结婚等因素，导致家庭人口数量增加。如 YXZ 一家人五口人于 2017 年搬迁至阿妹戚托小镇 100 平方米的安置房，随后与其恋人结婚，到 2021 年，已有 2 个小孩。全家三代 8 口人居住在 100 平方米的房子里，住房很紧张。因此，阿妹戚托小镇安置区因新生婴儿、结婚或是其他原因造成家庭人口数量增加的家庭，原有的安置房已经不再满足其居住，导致人数增多的家庭住房紧张。如何解决这一部分人的住房问题，成为当地政府今

---

① 数据由 2021 年晴隆县统计局提供。

后相当一段时间内的一大难题。

原三宝彝族乡三宝组 JZC 村民说："我家八口人，两个老人、我老婆和四个小孩，我妈和我老婆在上面（阿妹戚托小镇）照顾小孩上学，我和我爸在家（原居住地三宝组）养了 4 头牛 2 头猪，还有喂了一些鸡、鹅，种了一点庄稼。每隔一段时间，我骑着我的摩托车给她们送点肉、菜上去吃。现在一家人没啥经济收入，在上面吃的啥都要花钱。自己养的鸡、鸭，种的菜花不了多少钱，给她们送去可以节省一大笔钱，四个小孩在上面上学，花的钱就多了。这几年在外面打工，也不好找工作，就没有出去了，基本上都待在家里。农民靠的就是土地，现在土地都被政府拿去种冬瓜树，不晓得我们还能种东西不，也不晓得政府给多少补助。光靠家里养的牲口是养活不了一家人的，还要出去做点工，家里的牲口主要是我爸在负责。我是不想去小镇产业园区上班，一个月工资不到 3 000 块，一天不自由，天天上班，有时候要加班，还没有加班费。我一天在鸡场镇附近做点小工，早上 6 点骑着摩托车去，晚上七八点回来。一天有活干的话，还是有 200 块钱。做累了就休息几天，很自由。趁我年轻多挣点钱存着，几个小孩长大要谈婚论嫁，上面的房子不够住，肯定要买房买车的。也不晓得政府会有啥政策，能不能保住老家的房子。要是保不住，又没得钱，到时候不晓得咋办。希望能够保存下来，等我老了，就回来住，等小的（孩子）在上面住。目前，一家人还算过得去。"

阿妹戚托小镇的安置房是按照人均约 20 平方米的标准进行分配的，搬迁群众在短时间内是不存在着住房困难的问题。但是，搬迁户人口数量的增加导致住房拥挤，这是住房问题产生的主要原因。三宝彝族乡从 2016 年开始实施易地扶贫搬迁至 2020 年出生人口数量增加 529 人，以及在这五年期间因男性青年结婚导致家庭人口数量增加，严重增加了搬迁群众的心理压力和经济负担。究其原因，一是搬迁群众没有足够的经济实力。三宝彝族乡搬迁群众是因为贫困才不得已搬迁的，在阿妹戚托小镇住上新房并保障全家的基本生活就已经实属不易。搬迁之后生活成本增加、物价高，大大增加了搬迁群众的经济压力，没有经济能力再为新增家人购置新房。二是搬迁群众没有固定经济来源或是有工作但工资低或是工作不稳定。2021 年三宝彝族乡 16 岁至 60 岁的劳动年龄人口有 3 789 人，其中劳动力有 3 204 人，已就业 2 889 人（省外就业 1 089 人、县外省内就业 654 人、县内就业 1 146 人），未就业 315 人。外出务工人员主要集中在广东、海南、福建、浙江、贵阳等地，主要以架子工等工作为主，工作不稳定、流动性强、周期短；县内就业人员的工作多种多样，但是工资较低，约在 1 000—2 500 元之间。例如小镇的"联户长"无工资报酬，属于义务工作。街道部分"联户长"由保洁员、共服务岗位等人员担任，有固定工资报酬，但仍有多数"联户长"无工资报酬。三是县城房价比较贵。阿妹戚托小镇紧挨着晴隆县城，县城房价约在 2 000 元/平方米至 4 000 元/平方米之间。搬迁群众都是来自贫困地区的农民，绝大多数没有固定经济收入，没有经济能力购买新房。

二、移民自我发展能力较弱

搬迁群众自我发展能力，不仅包括搬迁群众保护自身权益的能力，还包括争取较为有利的发展机会的能力和实现自我发展的能力等方面。在易地扶贫搬迁安置区发挥搬迁群众的主体作用，其前提是增强搬迁群众发挥主体作用的能力。随着三宝彝族乡搬迁群众中的大量青壮年劳动力的外出务工，留下老人、妇女、儿童在安置区，甚至也有部分妇女也开始进城了，阿妹戚托小镇留下的搬迁群众在小镇建设中难以发挥主体作用。如果搬迁群众发挥主体作用的能力不足，阿妹戚托小镇的建设难度也将会越来越大。阿妹戚托小镇搬迁群众是三宝彝族乡的农民，他们自我发展能力弱，文化水平较低，自我发展意识不强。虽然搬迁群众搬迁至阿妹戚托小镇安置区后，三宝街道办始终坚持把加强搬迁群众劳动力技能培训作为一项提升搬迁群众自我发展能力的根本性举措，为搬迁群众提供技术支撑和技能培训机会，但是，提升搬迁群众自我发展能力是一个相对比较漫长的过程，需要长期坚持下去。

搬迁群众是易地扶贫搬迁后续发展的主体力量。增强搬迁群众自我发展能力，有利于推进易地扶贫搬迁后续发展。阿妹戚托小镇的搬迁群众是原三宝彝族乡的农民，他们自我发展能力弱、自我发展意识不强。究其原因，一是搬迁群众文化素质的整体水平较低。全乡文盲半文盲占 35.0%，小学文化占 41.4%，初中文化占 14.2%，高中文化占 5.9%，大专以上文化占 3.5%。可见，三宝彝族乡全乡人民文化水平普遍较低，中学文化水平占比不足 20%，大学文化水平仅占 3.5%。这不仅制约了先进技术和设备在安置区农业生产中的应用，也制约了安置区良好的社会风气形成和搬迁群众自我发展能力的提升，成为制约安置区经济发展的重要瓶颈问题。二是小农思想意识依然存在。由于搬迁群众长期生活在农村，一部分年长的搬迁群众故步自封、小富即安、求稳怕变的小农思想根深蒂固。同时，一部分年轻人在舒服安逸的环境中成长，缺乏吃苦耐劳、勤劳节俭和艰苦奋斗的精神，加之受到不良风气的影响，喜欢追求一时的时尚、致富和享乐，出现坑蒙拐骗、不守信用等现象。三是搬迁群众对政府组织的技能培训认识不足。通过实地调研发现，外出务工依然是搬迁群众收入来源的主要渠道。从收入结构看，参加过政府组织的技能培训并掌握一技之长的务工群众，大多数从事轻体力、低风险、收入较低的行业，主要在县内就业；而没有参加过技能培训的务工群众，大多数是集中密集型、重体力、高风险、收入低的行业，主要在县外就业，以架子工等工作为主。县外与县内就业的工资相比较而言，县外就业的工资高于县内就业的工资，但是工作极其不稳定。在县外就业的人不愿意去了解有关技能培训的信息，他们认为那些技能培训与他们没有多大关系。

三、搬迁户蔬菜园地缺乏

土地问题是农村社会中最重要、最敏感、最棘手的问题。自古以来，土地是中国农民生命之所系，是农民生存之根，而农民是土地唯一的知音。三宝彝族乡人民群众搬迁至阿妹戚托小镇，离开了他们难以舍弃的土地。易地扶贫搬迁后，大部分搬迁群众的经济收入有所提高，安置点基础设施齐全，生活条件得到有效改善，生活质量也大大提高，他们对易地扶贫搬迁后的生活满意度较高。但是，搬迁群众依然深深地眷恋着那一片片渗透着他们祖先的汗水与希望的土地，这是他们当初心甘情愿地留在农村而不愿意搬迁的重要原因。易地扶贫搬迁后，搬迁群众在易地扶贫搬迁安置点没有土地，只有一部分搬迁户分配到了 2 分地的菜园地。对于一直与土地打交道的搬迁群众来说，失去了土地如同失去了灵魂，城镇的生活乏味无趣，失去了生活的色彩。特别是上了一定年纪的老年人，在搬迁前，是地地道道的农民，平时在地里种点玉米、土豆、蔬菜等农产品，每天的生活都很充实。但是，易地搬迁后，没有了土地，他们不适应城镇的生活，每天吃完饭后不知道做什么，对未来很迷茫。对于一部分分配有菜园地的搬迁群众来说，平时还可以去菜园地种点蔬菜、玉米，充满了生活乐趣。部分搬迁群众没有菜园地的问题，也是亟须解决的一大难题。

阿妹戚托小镇的搬迁群众来自农村，有着浓厚的乡土情结。他们对农村土地有着特殊的情感，没有了土地如同失去了灵魂。特别是 60 岁以上的弱劳动力，无其他收入来源，又无其他劳动技能，他们从小生活在农村，对农村土地有着深厚的依赖之情。有一部分人甚至从没有走出过晴隆县境。易地搬迁后，他们没有土地满足其自给自足的生活，连吃的饭菜、喝的水都要花钱买，还不如在农村过自给自足的农民生活。在农村可以自己种植水稻、玉米、蔬菜，养猪、牛、羊、鸡、鸭、鹅，平时根本不用担心没有粮食、蔬菜、肉的问题，喝的水更不需要花钱。易地搬迁后，搬迁群众难以分配足够的菜园地，有诸多方面的原因。一是安置点离县城近。由于城市辐射作用，房屋建筑、大型工厂、公共设施等建设占用了大量的土地。二是安置区可供分配的土地少。阿妹戚托小镇安置点在晴隆县城附近的东观街道五里村，离晴隆县人民政府不足 5 公里，位于交通主干道沿线，该区域自身可使用的土地较少。再加之，安置区建设占用了大量的土地，致使分配给搬迁群众耕地根本无法实现。当地政府根据搬迁群众的诉求和实际情况，部分搬迁群众分有 2 分菜园地用于种植蔬菜，该地不仅面积少且贫瘠。

四、部分搬迁群众返贫风险高

三宝彝族乡人民群众从边远、深山、高寒地带、交通不便和基础设施薄弱的山区搬迁至晴隆县城附近交通条件便利、居住条件良好、基础设施比较完善的阿妹戚托小镇安置点。虽然搬迁群众的住房、医疗、教育等方面的条件得到了巨大的改善，但是他们的额外支出也有所增加，主要体现在用电、用水和购买柴米油盐等方面，大大增加了依靠土地生存又没有其他收入来源的搬迁群众的经济负担和心理压力，同时也增加了搬迁群众返贫的可能性。根据三宝街道办民政办的数据显示，原三宝彝族乡 2016 年低保户 564 户 2 193 人，2017 年低保户 614 户 2 339 人，2018 年低保户 611 户 2 263 人，2019 年低保户 633 户 2 835 人，2020 年低保户 533 户 2 335 人，2021 年低保户 516 户 2 256 人。[①] 此外，2021 年原三宝彝族乡残疾人数有 236 人，其中重残 28 人，均享有残疾补贴。可见，近 6 年原三宝彝族乡的低保户家庭每年低保户达 500 多户 2 000 余人。三宝彝族乡搬迁群众要自己走上致富之路还有一段较长的时间。虽然这些搬迁群众均享有国家政策和扶贫资金的扶持，但没有了国家相关脱贫政策的支持，他们极容易返贫。因此，国家的相关扶贫政策还需继续实施，当地政府扶贫的相关工作力度还需要进一步加强，防止搬迁贫困户及其他搬迁户返贫。

根据上述数据可知，这些搬迁群众返贫风险高。主要是因为，一是没有固定的经济来源。搬迁群众易地扶贫搬迁后，其原有的土地离安置点距离远，并全部被纳入退耕还林，不能进行耕种，使得依靠土地生存又没有其他收入来源的搬迁群众成了低保户。他们没有经济来源，只能依靠国家兜底保障政策生存。二是家庭人口数量较多，劳动力较少。这一类的情形比较多，三宝彝族乡是一个少数民族乡，每家每户的人口较多。一般的家庭是 6 人，一对年轻夫妇要赡养 2 个老人，抚养 2 个子女。一般是由妇女在家照顾老人和负责孩子上学，男

---

① 数据由 2021 年三宝街道办民政办公室提供。

方在外务工挣钱养家。即使这样，一人在外挣钱也难以养活一家人。三是患病。对于一个农村家庭来说最怕的就是患病，虽然现在有医疗保险，一般的病可以用医疗保险报销，花不了多少钱，但是搬迁群众最怕就是患重大疾病。即使有医疗保险报销一部分，但没有报销的那一部分医疗费用对一个搬迁群众家庭来说也是一笔巨大的经济负担。四是重大事故。特别是家庭劳动力在工作上发生重大事故，如摔伤、摔残、交通事故、医疗事故等，对搬迁群众来说是致命的打击，特别是只有一个劳动力的家庭，会彻底没有了经济来源。除此之外，还有其他原因，如意外事件等，大大增加了家庭的经济压力。

五、原住房处置与利用不到位

住房是百姓生存之本，是百姓安身立命之所。旧房拆除复垦政策性强，较为敏感，三宝彝族乡群众易地扶贫搬迁后，必须严格按照国家法律法规和相关政策规定执行。三宝彝族乡人民在搬迁过程中要签订《易地扶贫搬迁旧宅基地腾退协议》，该协议规定搬迁群众入住安置住房后要对旧房应予拆除，政府依照国家相关法律法规依法收回土地使用权并对宅基地进行复垦或是恢复生态。《贵州省易地扶贫搬迁及旧房拆除协议》第五条和第九条规定，搬迁群众入住新房后3个月内，必须自行拆除迁出地的原有旧房及其附属设施，自觉清理地面附着物；若在搬迁入住之日起3个月内仍未将旧房进行拆除的，由相关部门组织拆迁；若不愿意拆除的，取消易地扶贫搬迁资格，已兑现的有关费用依法予以追回。由于三宝彝族乡是一个少数民族乡，具有特殊性，其中三宝村是彝族阿妹戚托舞蹈的发源地和传承地。2018年，贵州省委统战部、省民宗委、省文化和旅游厅印发《关于命名全省第三批少数民族特色村寨的通知》，三宝彝族乡三宝村被纳入全省第三批少数民族特色村寨的保护名录中。根据《贵州省"十三五"时期易地扶贫搬迁工程实施指南》文件中明确规定，对纳入贵州省传统村落保护名录的自然村寨、国家民委和贵州省命名的少数民族特色村寨，不列入旧房拆除范围。因此，三宝彝族乡原住房没有因为易地扶贫搬迁工程而被拆除，而是被完整地保留了下来。

目前，三宝彝族乡所有人民群众、政府机构、医疗教育机构等，早已搬迁至阿妹戚托小镇，而搬迁群众的原住房全被保留了下来。这些房屋既没有人居住，也没人看管，几乎维持原有的样貌。只有极少数老年人还居住着。大部分搬迁群众也很少回来居住，只有家里人或是邻居过世才会回来办丧事或是参与丧事。前几年在农忙时，部分搬迁群众回来居住一段时间，忙完农忙就返回阿妹戚托小镇安置点了。2021年所有耕地、林地纳入退耕还林范围，无地可耕、无地可种，除极少部分老年人外，几乎没有人回原居住地居住。古往今来，安居才能乐业，这是所有中国人的常识，也是中国农民所期盼的。"安得广厦千万间，大庇天下寒士俱欢颜"，也是中国古代读书人所期待的。农民是中国最大的群体，他们的居住条件是我国一个非常重要的民生指标。改善农民住房条件是发展经济、拉动内需的有力举措，也是群众安居乐业、改善生活的迫切需要。三宝彝族乡人民群众易地搬迁后，住上了新房子，住房条件得到了很大改善。而原居住地的住房因三宝彝族乡被纳入贵州省传统村落保护名录的自然村寨、国家民委和贵州省命名的少数民族特色村寨中被保护起来，没有被列入旧房拆除范围。目前，三宝彝族乡的居住房被闲置下来，既没有人居住，也没有用成其他用途。原居住房的处置与开发其价值是进一步研究的课题。

六、产业发展带动力不足

产业发展是广大贫困搬迁群众的致富之本。阿妹戚托小镇是贵州省人民政府根据国家易地扶贫搬迁政策，结合三宝彝族乡的民族文化和安置点的具体实际而打造的民族特色旅游小镇，是晴隆县重要的旅游景点之一。旅游小镇是推动我国旅游业发展和城市化进程的重要途径，也是实现乡村振兴的重要路径。2014 年中共中央、国务院印发《国家新型城镇化规划（2014—2020 年）》，把旅游小镇作为推动新型城镇化、促进产业发展、加速产业融合、实现脱贫扶贫的重要方式之一。发展旅游小镇在国家政策层面得到了大力的支持，在实践中也得到了快速的推广，成为我国重要的旅游资源。阿妹戚托特色旅游小镇基础设施齐全、公共服务体系基本健全、国家政策支持、配有产业园区和百花百果园·三宝小菜园区，具有吸引游客参观的文化魅力和体验田园生活的闲适。但由于最近几年新型冠状病毒感染的影响，阿妹戚托小镇旅游业发展和三宝产业园区产业发展萧条，带动搬迁群众就业能力较弱。下面是笔者在阿妹戚托小镇与一位村干部 DYG 关于易地扶贫搬迁后续发展的简要对话：

问：主任，您好！

答：你好！

问：请问一下您，您在做三宝彝族乡易地扶贫搬迁工作中，遇到了哪些问题？

答：三宝彝族乡是一个少数民族乡，各方面都比较落后，工作都很难做，主要有几点：一是动员农民搬迁难度大。农民观念落后，搬迁积极性不高。约 11.5% 的人明确表示希望搬迁，主要为外出务工的年轻人，上大学、高中、初中的学生，这部分人受教育程度相对较高，视野开阔，掌握一定技能，觉得城里条件比农村好；约占20%的农户对搬迁工作持观望态度，这部分人有一定经济基础，房屋相对较好，但不愿拆除旧房，担心就业没保障，主要为中年人；68.5%左右的人不愿搬迁，主要为老年人，身体有残疾、疾病或没有受过教育的群众，他们担心搬迁进城后没有稳定的收入来源，生活环境不适应、不习惯，对城市生活有畏惧感，主要顾虑是害怕没有就业保障、去世后被火化等因素，故土难离。

问：当前，三宝彝族乡易地扶贫搬迁工作取得了显著成效，您认为易地扶贫搬迁后续发展在哪些方面还需要进一步加强？

答：国家对三宝产业园区投入大，但出现了一些问题。一是工人的工资低，一个月不到3 000元。如果是在外面打工，一个月可以至少挣5 000—6 000元。大部分青壮年劳动力不愿意在产业园区工作。二是搬迁群众不适应公司制度。愿意在三宝产业园区工作的大部分人是妇女或是上了一定年纪的人，这部分人往往是文化水平较低、没有技能或是在家照顾孩子或老人，他们习惯了农村自由闲适的生活，不适应公司严格的管理制度。他们认为很不自由，请假很不方便。如果村里有老人过世了或是有喜事，公司不批准7天的丧假或3—5天的婚假。三是产业园区只有10多家公司企业，真正大型、实力强的公司较少，不能真正带动当地经济发展。四是小镇的旅游发展缓慢。目前小镇的基础设施基本上都很健全了，有教育园区、卫生院、观光车、民族文化广场、产业园区、公园、三宝塔、游泳馆、民族特色美食、地方特产、锦绣坊、宾馆、娱乐、水上乐园等，每晚上还有民族舞蹈演出、篝火晚会。但是吸引不了大量游客来旅游、消费。尽管每天晚上来小镇玩的人很多，但大多数都是附近搬迁点的搬迁群众和县城里的人。主要有几个方面的原因。一是阿妹戚托小镇被打造成易扶贫地搬迁民族特色小镇，没有达到足够吸引游客的程度。二是没有直通到晴隆县城的火车、高铁或是直飞晴隆县境内的飞机，影响小镇的旅游业发展。当前火车、高铁、飞机是人们出行的常用交通工具。要来我们晴隆县旅游，需要乘坐火车或高铁到普安县站或安顺关岭站，再乘坐1个多小时客运车才能到达晴隆县。三是由于疫情的影响。四是阿妹戚托特色旅游小镇这张名片还没有被广泛宣传出去。我认为阿妹戚托小镇旅游业发展和三宝产业园区产业发展当前需要进一步做好相关工作，期望能够带动搬迁群众就业，增加搬迁群众的经济收入，缓解他们的经济压力。

产业发展是带动搬迁群众脱贫致富的重要举措，也是推进乡村振兴的一大方式。当地政府根据国家易地扶贫搬迁政策，结合三宝彝族乡的民族文化和安置点的具体实际，打造了阿妹戚托民族特色旅游小镇和三宝产业园区，形成了重要的旅游产业和现代化工业产业。阿妹戚托旅游小镇和三宝产业园区成为晴隆县重要的旅游资源和产业资源，有效缓解了搬迁群众的就业问题。阿妹戚托特色旅游小镇基础设施齐全、公共服务体系基本健全、民族文化丰富、国家政策支持、配有三宝产业园区和百花百果·菜园区，具有吸引游客参观的文化魅力和体验田园生活的闲适。但最近几年，由于新型冠状病毒感染的影响，阿妹戚托小镇旅游业发展和三宝产业园区产业发展萧条，带动搬迁群众就业能力较弱。有以下几点重要原因。

一是搬迁群众稳定增收支撑乏力。从最近几年国内旅游业发展情况来看，小镇的旅游发展受到了新型冠状病毒感染疫情的严重影响。新型冠状病毒感染肺炎疫情从 2020 年年初发生以来，传播速度快、感染范围广、防控难度大，这不仅威胁到我国广大人民群众的生命健康安全，而且严重影响了我国旅游业的发展。由于新型冠状病毒感染的影响，阿妹戚托小镇的游客少，很多超市、餐饮店、商铺倒闭，严重影响了小镇旅游业发展。从阿妹戚托小镇搬迁群众的生产、生活来看，小镇的青壮年就业方式多以外出务工为主，小镇常年居住的人群普遍为妇女、儿童、中老年人，以及部分在三宝园区和附近就业的青壮年。从搬迁群众的劳动技能和知识水平来看，广大搬迁群众来自农村，知识水平较低，缺乏专业的劳动技能。易地搬迁后，搬迁群众的日常生活成本明显增加，家庭经济压力明显增大，很多中老年人认为不如在老家种庄稼，不会增加在饮水、肉类、蔬菜等方面的开销。虽然三宝街道办多次对搬迁群众进行创业就业技能培训，提高了他们某方面的专业技能，帮助搬迁群众创业就业，增加了搬迁群众的经济收入，但由于知识是长期积累的，创业就业技能培训需要长期进行。从搬迁群众在三宝园区及小镇附近就业的收入情况来看，搬迁群众每月的收入普遍较低。加之搬迁群众来自农村，喜欢自由、懒散的生活习性，部分在三宝产业园区就业的搬迁群众不适应公司的工作制度，工作没有多久就辞职了。另外，还有一些年迈的老年人、伤残严重的搬迁群众，他们主要依靠国家低保金、临时救济、伤残补助金等补贴养家糊口，他们今后稳定脱贫和增收也是需要解决的问题。

二是现有产业规模小且抗风险能力弱。三宝彝族乡人民政府结合搬出地的地理环境、自然资源和社会条件等客观条件，充分利用迁出地的耕地、林地发展养牛、养鸡产业、种植冬瓜树和天麻等产业，规模较小。这些产业容易受到天气、自然灾害、病毒等方面的影响，大大增加了这些产业发展的风险。虽然三宝产业园区的企业不容易受这些因素的影响，但是容易受到交通、市场供求、疫情防控、技术指导、劳动力等方面因素的制约。目前，三宝产业园区虽然引进了 10 多家企业，为搬迁群众提供了大量的就业岗位，但是很难满足企业和搬迁群众的各自需要，这主要是由于企业工资低、大量的青壮年外出务工。对于阿妹戚托小镇的旅游和产业发展来说，便利的交通是发展非常重要的因素之一，其中高铁、火车、飞机是非常重要的交通方式。阿妹戚托小镇紧挨着晴隆县城，交通便捷，但没有高铁、火车，更没有飞机场，这是阿妹戚托小镇滞后发展的重要因素之一。此外，三宝园区产业基础薄弱，多为经济规模较小、生存能力弱，带动贫困劳动力脱贫能力比较有限，在短时间内通过就业扶贫方式以期达到脱贫致富的目标还有一段的距离。

三是阿妹戚托特色旅游小镇的优秀传统民族文化展现不足。阿妹戚托特色小镇是根据三宝彝族乡苗族和彝族的文化进行打造的特色旅游小镇，包括房屋设计、路面标识、文化广场、公园设计、道路名称、文化墙、农家书屋等，都包含有民族文化因素。三宝街道办组建了一批文化队伍，如阿妹戚托舞蹈团队、芦笙舞蹈团队等，积极参加各类演出活动，传承和弘扬民族优秀传统文化。此外，广泛开展文化科技卫生走进小镇、文化进万家、送戏等活动和大力举办苗族节日、彝族火把节等传统民族文化活动。这不仅丰富了新市民业余生活，而且有力吸引了游客观看和参与节日活动，增加了民族交往交流交融。但是作为优秀的传统民族文化，不仅仅是在把它展现出来，更应该用文字的方式记录下来。文字记录能把一个民族文化解释得更清楚，能让更多的搬迁群众和游客了解传统文化的缘由、意义和价值。

七、部分民族风俗不适应

民族风俗习惯，是指一个民族在一定的自然环境和社会环境中，受到本民族普遍流行的价值观念的支配，在各种生活、生产的实践活动中长期传承而形成的行为方式。由于社会物质生活条件和历史发展的不同，不同的民族都有自己的风俗习惯。民族风俗习惯作为民族特点的一种外在表现，主要表现在各民族的居住、饮食、宗教信仰、服饰、婚姻、节庆、丧葬、娱乐、礼仪、禁忌等方面，在一定程度上反映了民族的历史传统、道德准则以及宗教观念等。从社会发展轨迹来看，风俗习惯对一个民族的发展有着十分重要的影响。文化水平低、素质不高、生产力低下、自然条件差、风俗习惯不适应等，是少数民族地区人民群众贫困的根源。三宝彝族乡是一个少数民族乡，彝族和苗族有其浓厚的、特殊的风俗习惯。但由于易地扶贫搬迁的缘故，三宝彝族乡的部分民族风俗不适应新的环境，给三宝彝族乡搬迁群众造成了一定的影响。三宝彝族乡群众易地扶贫搬迁后，他们在举办婚礼时，没有地方接待客人，没有场所煮饭、摆酒席，所需要的一切物品、食品、饮品等都要用钱购买，办理丧事还要回三宝彝族乡原居住地进行。浓厚的民族婚俗和丧俗因易地扶贫搬迁，大大增加了搬迁群众财力、物力、人力的负担和心理压力，严重影响了他们全身心投入社会主义建设的精力。因此，解决搬迁群众的"红白喜事"问题，有助于推动阿妹戚托特色小镇社会的经济发展。

原三宝彝族乡三宝组 YZC 村民说："以前我们村里老人过世是要打牛（杀牛）的。现在老人过世，有的打牛，有的打猪，有的打羊。前几天，我们寨上有个老人过世，打了一头牛。这头牛比较小，但花了 1 万多。这老人的女儿送来一头猪，他的外家（老人之妻一脉的亲人）也送来了一只羊，送来当天都打了。现在老人过世很不方便，都要回老家来办理丧事。办理丧事所需的菜、酒、肉、饮料、香烟等都要从县城买回来，还要请以前的邻居亲友回来帮忙。现在交通不方便，有时候要花钱请人接送客人。另外，还要请人做道场，一般连续要做七天。现在办理一场丧事，三四万元都不一定花得下来，有的一场丧事办下来了花了七八万元。男娃儿结婚花钱比嫁姑娘花钱多得多。现在不管是男娃儿结婚还是嫁姑娘，办酒席至少要杀一头猪。现在猪肉价格贵，一头猪至少要花七八千元。在小镇举办婚礼分很不方便，房子窄，煮饭、煮菜都没有地方，酒席都是摆在公路上的，所有的需要用的物品都要花钱买。小镇还不准放鞭炮，没有以前热闹。男娃儿结婚要给 2 万—5 万元的彩礼，也有给七八万元彩礼的。姑娘出嫁其父母给她准备嫁妆也要花费 1 万—2 万元（苗族女孩出嫁，其父母为她准备一套苗族服装，一套约 8000 元。另外，还要准备被套、家具等）。一场婚礼（姑娘）下来至少也要花费 3 万元，男娃儿至少要多花 2 万元。一场婚礼花多少钱很难说清楚。不过没有搬迁的时候，不管是举办婚礼还是办理丧事，花的钱要少得多。在农村，基本上每家都养有牛、猪、羊、鸡、鸭、鹅，种有粮食、蔬菜，这些都不用花钱买，需要买的东西较少。但易地搬迁后，所有的东西都要买，大大增加了经济负担。我觉得绝大多数人都是不愿意搬迁的，包括我也是不愿意的。后来大家搬了也是没有办法，学校、医院、政府都搬上去了，为了小孩读书不得不搬啊。"

民族风俗习惯不适应，是少数民族地区群众贫困的重要根源之一。其中，婚俗和丧俗既是造成人民群众贫困的重要因素，也是影响脱贫致富的重要动因。三宝彝族乡是一个少数民族乡，彝族和苗族有其独特的风俗习惯。易地扶贫搬迁后，搬迁群众举办婚礼时，没有地方接待客人，没有场所煮饭、摆酒席。办理丧事要返回三宝彝族乡原居住地进行。浓厚的民族婚俗和丧俗，大大增加了搬迁群众财力物力人力的负担和心理压力，严重影响了他们全身心投入中华民族伟大复兴的精力。主要是以下几点原因。

一是举办红白喜事成本增加。在丧事方面，三宝彝族乡彝族在老人过世后举办丧事有打牛的习俗，一头牛约1万元，还要杀鸡宰羊、猪，请师人做道场，再加上饭菜、香烟、酒水、香纸、火炮、棺材等成本，数天下来一场丧事要花费数万元。苗族也不例外，虽然苗族在老人过世时并不一定要杀牛，但是也会杀猪宰羊、鸡等，也差不多一场丧事办下来要花费数万元。在易地扶贫搬迁前，牛、羊、猪、鸡等都是农民自己饲养的，酒也是他们自己或是邻居酿制，成本较低。但是易地扶贫搬迁后，搬迁群众无法饲养这些牲口，举办丧事所需要的一切都需要用钱买，大大增加了搬迁群众的经济压力。易地扶贫搬迁前，在喜事方面，不管是彝族还是苗族嫁娶都会举办婚礼，除彩礼较高外，在其他方面花的费用较少，一场婚礼举办下来还会有一定的收入。但是易地扶贫搬迁后，一场婚礼所需要的一切都要用钱来买，大大增加了搬迁群众的经济压力。不管是丧事还是喜事，也给主事户的家人、亲朋好友、邻居等带来了经济上的过重负担。此外，红白喜事存在讲排场、摆阔气、讲面子、攀比之风，如从吃散酒发展到吃瓶装酒、一般的香烟发展到几十元一包的香烟等，大大增加了搬迁群众的经济压力。

二是举办红白喜事缺乏场所。在丧事方面，苗族和彝族举办丧事有特定的丧事仪式，一旦有老人过世，其家人是无法在阿妹戚托小镇为其举办丧事的，只能返回三宝彝族乡原居住地举办。一旦有一人过世，其家人、亲人、邻居、朋友只能从阿妹戚托小镇骑摩托车、自驾或是乘坐他人的交通工具到40多公里外的三宝彝族乡举行或是参加丧礼活动。这不仅增加了搬迁群众的经济压力，也浪费了搬迁群众的时间。同时，这也是部分搬迁群众不喜欢在三宝产业园区工作的原因，无法请假参加丧礼或是婚礼。在喜事方面，搬迁前人民居住的条件虽然比较差，但是场地比较宽敞，煮饭、摆酒席、客人休息等地方都足够。易地扶贫搬迁后，在人均仅20平方米的住房里，举办一场婚礼根本不可能实现。不管是煮饭、摆酒席，还是客人休息的场所，无法满足。目前在小镇举办婚礼，不仅占用公共交通场所、阻碍社区交通正常运行，而且也影响了旅游小镇的风貌。

第七章 完善易地扶贫搬迁后续特色发展的若干建议

完成易地扶贫搬迁任务是全面进入小康社会的第一步，后续发展是满足搬迁群众对美好生活的向往和提高搬迁群众生活质量的必由之路。由于易地扶贫搬迁后续扶持工作具有长期性、艰巨性、复杂性等特征，2019 年中央召开了全国易地扶贫搬迁后续发展工作会议，对易地扶贫搬迁后续发展作出了重要部署。国家发展和改革委员会把握习近平总书记关于易地扶贫搬迁的重要指示精神，先后联合相关部门印发了《关于进一步加快易地扶贫搬迁后续扶持工作力度的指导意见》（2019 年）、《2020 年易地扶贫搬迁后续扶持政策措施》（2020 年）、《关于切实做好易地扶贫搬迁后续扶持工作巩固拓展脱贫攻坚成果的指导意见》（2021 年）等文件，并且出台了详细的精准扶贫与乡村振兴相结合的专项方案，力求有效解决搬迁群众创业就业、产业发展、社区管理和社会融入等方面后续发展和乡村振兴问题。2022 年，中共中央、国务院印发了《关于做好 2022 年全面推进乡村振兴重点工作的意见》，明确指出要牢牢守住保障国家粮食安全和不发生规模性返贫两条底线，从强化现代化农业基础、促进乡村产业发展、扎实推进乡村建设、实效改进乡村治理、加大政策保障和体制机制创新力度等方面推动乡村振兴发展[①]。全国各地根据中共中央政策文件的指导精神，在当地政府和相关部门的指导下，相继出台了更加适合本地区后续扶持发展的政策。当前，我国易地扶贫搬迁后续发展扶持政策，对于持续提升贫困地区经济发展能力、巩固搬迁群众基本生活保障基础和帮助搬迁群众脱贫致富均有重要影响。因此，要牢牢守住保障国家粮食安全和不发生规模性返贫两条底线，结合阿妹戚托小镇发展面临的问题，从防止返贫监测帮扶机制、促进产业发展、加强社区管理等多方面入手，提出以下几点科学、合理的对策建议，以期推动阿妹戚托小镇

---

① 中共中央、国务院关于做好 2022 年全面推进乡村振兴重点工作的意见 [N]. 人民日报，2022-02-23（1）.

的全面振兴。

一、完善防止返贫动态监测与帮扶机制

防止返贫是巩固易地扶贫搬迁脱贫成果的首要任务，也是推进全面乡村振兴的重要内容。2020 年 5 月，习近平总书记在山西考察时明确指出："要做好剩余贫困人口脱贫工作，做好易地扶贫搬迁后续扶持，强化返贫监测预警和动态帮扶，推动脱贫攻坚和乡村振兴有机衔接。"① 2021 年，阿妹戚托小镇的三宝彝族乡搬迁群众中仍有 516 个低保户家庭，共 2 256 人，他们处于国家脱贫线的边缘。一旦没有国家低保政策的扶持，他们极容易出现返贫的可能。针对这些正面临着或是可能面临返贫的搬迁群众的稳定脱贫问题，应予以全方位的扶持保障。

（一）提高防止返贫动态监测的精准性

坚持以问题为导向，精准确定监测对象，重点监测有返贫风险和突发困难的搬迁户，筑牢搬迁群众的返贫监测防线。三宝街道办应根据搬迁群众的诉求或是其他反馈问题，结合社区网格化管理制度，简化工作流程，缩短认定时间，着重围绕小镇的住房质量安全、饮水安全、用电安全、搬迁群众经济收入问题、医疗卫生教育问题、国家社会兜底保障政策、养老保险、社区治理问题等，展开全面摸底排查，建立健全农户家庭情况的信息库，并及时更新。

（二）建立防止返贫动态帮扶机制

三宝街道办应与晴隆县政府建立上下联动的防止返贫动态帮扶机制，做到底数清晰、情况明确。一方面，三宝街道办各社区要定期到搬迁群众家中走访，如其生活生产状况进行摸底排查，动态掌握因病、灾、疫情等原因导致收入骤减或是支出剧增，导致搬迁户可能出现返贫致贫的现象，特别是要重点监测享受国家社会兜底保障政策、伤残补助金等搬迁户，如其出现困难及时上报，并落实社会救助、医疗保障等帮扶措施；另一方面，以家庭为单位，制作搬迁户家庭基本信息表，重点包含搬迁群众就学、就业、就医、经济收入、住房质量、社会保障等方面信息。各社区要对所有搬迁户的状况进行动态监测管理，做到事前预防和事后帮扶相结合，及时化解搬迁群众返贫和致贫的风险。同时，要强化监测帮扶责任落实，确保工作不留空当、政策不留空白，守住不发生规模

---

① 习近平总书记在山西考察时强调 全面建成小康社会 乘势而上书写新时代中国特色社会主义新篇章［J］. 支部建设，2020（16）：4-6.

性返贫底线①。

（三）防止返贫动态监测与就业创业保障服务相结合

针对摸底筛查出来的具有返贫风险的搬迁户，应采取不同的帮扶措施。对于有劳动力的监测对象，要实施产业帮扶或就业帮扶等措施。建立搬迁劳动力就业需求台账，对需要进行技能培训的劳动力进行技能培训。根据劳动力就业供给台账信息，向搬迁劳动力提供就业信息，通过就业增加搬迁群众的经济收入。对于丧失劳动能力或是弱劳动能力的搬迁户，应坚持"应保尽保、应兜尽兜"原则。对搬迁困难家庭展开定期核查，及时新增或是清退低保户，做到低保兜底的动态管理，为搬迁群众筑牢防止返贫的坚实防线。

（四）采取切实措施解决搬迁户新增人口住房问题

阿妹戚托小镇的搬迁户，是根据人均 20 平方米的标准分配的安置房。从易地扶贫搬迁开始到现在，搬迁群众人口数量，因新出婴儿、婚姻或是其他原因增加了数百人。每增加一人都会影响到搬迁群众的住房条件、经济情况、生活质量等。特别是对于低保户搬迁群众结婚的情况，结婚一两年又会增加一名婴儿，极易出现返贫致贫的现象。因此，要重点监测低保户搬迁群众的人口增加情况，以及其他搬迁户因人口增加出现返贫的情况。要根据易地扶贫搬迁相关政策和新增人口搬迁户的实际人口数量情况，重新安置合适的安置房，或是修建新的安置房，或是给予他们购房补贴以及其他政策性补贴。属于低保户的搬迁群众家庭，应继续享受低保补助金。解决新增人口的住房问题和基本生活保障问题，有利于消除搬迁群众的后顾之忧，减轻了搬迁户的经济压力和心理负担，有助于他们全身心投入到脱贫致富和社区建设发展中来。

二、为民族风俗的城镇化适应创造条件

在全面推进乡村振兴背景下，文化要先行，而乡村文化建设迫切需要改变乡村旧风气培塑新风尚②。移风易俗是推进乡村振兴、促进乡村文化建设和弘扬乡村社会文明新风的题中应有之义。2018 年，习近平总书记在全国宣传思想工作会议上指出："要弘扬新风正气，推进移风易俗，进行文明乡风、良好家风与

---

① 中共中央、国务院关于做好 2022 年全面推进乡村振兴重点工作的意见 [N]. 人民日报，2022-02-23（1）.

② 杨增崇. 乡村振兴战略实施中的移风易俗：现实问题与积极进路 [J]. 贵州社会科学，2021（9）：147.

淳朴民风的培育，将乡村文明新气象焕发出来。"① 2020 年 12 月，中央农村工作会议进一步强调："推进农村移风易俗，推动形成文明乡风。"② 少数民族风俗习惯，是一个民族在一定生存环境下，受到本民族普遍流行的价值观念的支配，在各种生活生产的实践活动中长期传承的行为心理和行为方式③。对于三宝彝族乡的少数民族来说，有的风俗习惯给搬迁群众带来了巨大的经济负担，如少数民族的婚丧嫁娶习俗。他们的婚丧嫁娶风俗习惯，不会在短时间因为易地扶贫搬迁或是其他原因而发生重大改变，而需要在较长的时间内做大量的工作才能改变群众的思想观念。三宝彝族乡苗族、彝族的丧俗和婚俗，对他们搬迁后的生活、生产造成了巨大的经济负担。针对丧俗和婚俗造成的困境，应采取如下措施。

（一）建立合约食堂

建立合约食堂，为搬迁群众举办酒席或是大型活动聚餐提供便利场所。食堂的设备可以重复使用，节约非必要的经济开销。邀请邻居、亲朋好友帮忙，节省请人帮忙的费用。制度化管理合约食堂和专人负责食堂监管，为搬迁群众提供便利。因此，在阿妹戚托小镇建立能够容纳 100—200 人的合约食堂，厨房、餐厅、餐桌、餐具、厨具、用水用电、洗手间等设备一应俱全，制定食堂管理制度。搬迁群众在举办红白喜事或是其他聚餐活动时，一次性缴纳一定金额的食堂使用费，就可以使用食堂里所有的设备，节省搬迁群众购买设备方面的开销，减轻他们的经济负担。对于食堂有损坏的地方，由办理红白喜事的主事人按照市场价合理赔偿。厨师及服务员由主事人安排，可以邀请亲朋好友担任，节省花钱请人帮忙的费用。举办酒席或是聚餐活动应提倡一切从简，反对铺张浪费，厉行节约，酒席以时令蔬菜和农家菜为主，降低酒席标准。这不仅能有效减轻搬迁群众在财力物力负担和心理压力，而且又能遏制大操大办酒席之风，促进阿妹戚托小镇社会和谐和树立文明之风。

（二）设立丧事仪式场所

易地扶贫搬迁集中安置点的丧事仪式场所设立是否有必要，要根据安置点少数民族搬迁群众的丧俗情况和现实需要决定。三宝彝族乡苗族和彝族在办理丧事时，都有特定的丧事仪式，其仪式是不可取消、不可改变的。三宝彝族乡

① 习近平在全国宣传思想工作会议上强调：举旗帜、聚民心、育新人、兴文化、展形象，更好完成新形势下宣传思想工作使命 [J]. 中国民政，2018（16）：16-17.

② 本报评论员. 民族要复兴 乡村必振兴 [N]. 光明日报，2020-12-30.

③ 职慧勇. 中国民族文化百科 [M]. 北京：中央民族摄影艺术出版社，1998：85.

少数民族群众易地扶贫搬迁后，他们举办丧事活动时，无法在阿妹戚托小镇完成丧事活动，都要返回三宝彝族乡原居住地办理丧事。由于三宝彝族乡离阿妹戚托小镇比较远，没有交通工具，办理丧事所需要的一切，都是从阿妹戚托小镇运送到三宝彝族乡原居住地，他们的邻居、亲朋好友也是从阿妹戚托小镇到三宝彝族乡帮忙，这不仅浪费了搬迁群众的宝贵时间，而且大大增加了搬迁群众的财力、物力、人力负担和心理压力，也大大增加了搬迁群众返贫致贫的风险。因此，在阿妹戚托小镇安置点设立丧事仪式场所非常必要，如设立打牛场所、杀鸡宰羊场所、转山场所等等。此外，还需要划定坟山区域。三宝彝族乡少数民族的丧俗是实行土葬，划定坟山区域，规范化管理，有利于防止乱葬乱埋，有利于土地的合理规划和高效利用。这一举措不仅能有效减轻搬迁群众在财力、物力、人力方面的经济负担，而且也体现出对少数民族搬迁群众风俗习惯的尊重。

（三）加强移风易俗思想教育

思想政治工作是我们党的生命线，讲政治、讲正气、讲学习是对各级领导干部的要求，也是脱贫致富的保证。领导干部要带头严格要求自己，以身作则加强思想政治学习，带头移风易俗，让搬迁群众认识到互相攀比、大操大办的危害性，增强对勤俭节约、艰苦创业重要性的认识，增强破除陈规陋习的自觉性。对于大操大办、铺张浪费等不良风气的搬迁群众要进行教育、批评，要树立破除封建迷信、厚养薄葬、勤俭节约的文明新风，促进小镇经济和社会的进步与协调发展。要利用文化设施和各种宣传工具，做好宣传艰苦创业、尊老爱幼、厚养薄葬、勤俭节约等思想观念，提高搬迁群众移风易俗的思想意识，特别是破除大操大办、铺张浪费等陈规陋习思想观念，弘扬社会主义核心价值观，树立乡村文明新风尚。

三、增强特色产业优势

易地扶贫搬迁后续特色产业发展，是全面实施乡村振兴战略的重点，也是引导搬迁群众脱贫增收、发家致富的重要手段。习近平总书记明确指出，"易地扶贫搬迁不仅是为了解决住得好的问题，更是为了群众能致富。要加强易地扶贫搬迁后续扶持，因地制宜发展乡村产业，精心选择产业项目，确保成功率和可持续发展。"① 针对三宝彝族乡整建制乡易地扶贫搬迁的情况，要重点围绕迁

---

① 习近平总书记在山西考察时强调 全面建成小康社会 乘势而上书写新时代中国特色社会主义新篇章 [J]. 支部建设, 2020（16）：4.

出地和迁入地的具体实际发展特色产业，增加就业岗位，帮助搬迁群众就业，实现稳得住、能致富的目标。

（一）打造特色产业集群

针对三宝彝族乡整建制乡易地扶贫搬迁的情况，政府应充分利用迁出地和迁入地的资源禀赋、区位优势和自然条件等因素，结合国家现有政策和资金支持，因地制宜，打造具有区域特色的产业集群。具体而言，分为两个方面。一方面是在三宝彝族乡打造绿色生态产业集群。当地政府应始终坚持生态和发展两条主线，大力盘活耕地、山林地资源，结合当地地理环境、自然资源、天气等情况，因地制宜，对晴隆县城以及其他地方市场需求进行筛选，培育或是发展经济效益好、解决就业多的产业化、区域化的产业项目，从而推动三宝彝族乡特色产业发展，以特色产业发展带动搬迁群众脱贫致富。在现有养牛产业、养鸡产业、种植天麻等产业的基础上，当地政府应将稳定脱贫、乡村振兴的目标与地域优势相结合，多方位、多渠道、多样化引进龙头企业，培育更多绿色生态产业，建立绿色生态产业集群。同时，要把三宝彝族乡保留下来的房屋，结合绿色生态产业的需要，充分利用起来，打造绿色产业观光园和娱乐休闲场所。另一方面，把三宝产业园区打造成现代化工业特色产业园区。三宝产业园区具有独特的区位优势，位于阿妹戚托小镇安置点旁边，离晴隆县城近，面积较大，交通便利，有利于引进工业化、劳动密集型产业，打造工业化产业集群。当地政府应以三宝产业园区、百花百果园产业区和阿妹戚托特色旅游小镇为依托，加大产业投资力度，大力招商引资，引进更多的公司、企业入驻，打造多元化、现代化、信息化、工业化的产业集群，推动产业融合，提高小镇的经济发展水平。

（二）深化城乡产业融合

深化城乡产业融合，建成城镇·乡村商业特色旅游小镇，为阿妹戚托特色旅游小镇的发展提供新契机。我国经济已经进入高质量发展阶段，城乡融合为构建工农互促、城乡互补、全面融合、共同繁荣提供了强大动力。一是推进阿妹戚托小镇和三宝彝族乡一、二、三产业融合发展，并借助城乡产业融合，拓展阿妹戚托小镇旅游发展空间，带动阿妹戚托小镇互联网+旅游、互联网+产业园、互联网+农业、电子商务等发展。二是大力发展县域富民产业。支持大中城市疏解产业向县域延伸，引导产业有序梯度转移①，带动阿妹戚托小镇和三宝彝族乡能力强、就业容量大的产业，促进当地经济发展。三是通过城乡融合带动阿妹戚托民族文化特色、现代化三宝产业园区和三宝小菜园·百花百果园等的发展，依托阿妹戚托特色旅游小镇，形成以晴隆县城城市居民生活需求和阿妹戚托小镇搬迁群众生活双向的城乡旅游产业体系，既解决城市居民对田园生活的向往需求，又带动阿妹戚托小镇的经济发展。四是通过城乡融合吸引社会资本，借助阿妹戚托小镇旅游产业发展平台，立足农村生态自然资源和阿妹戚托小镇的民族文化，打造阿妹戚托特色旅游小镇、现代化三宝产业园区和三宝彝族乡自然生态农业产业园等新型产业，形成社会资本、人才和技术等集聚效应②。

（三）建立产业发展机制

易地扶贫搬迁后续产业扶贫机制，是推动产业长效持续发展和当地经济发展的重要机制。习近平总书记明确指出："要探索建立稳定脱贫长效机制，强化产业扶贫……让贫困群众有稳定的工作岗位。"③ 因而要做到以下几点：第一，做大做强当地特色产业。充分利用迁入地和迁出地的自然条件、区位优势、文化资源、自然资源等优势，加快完善县城产业服务功能，促进产业向园区集中，把特色产业和其他龙头企业做大做强，成为带动当地经济发展的重要支柱。第二，加强产业链与创新链融合，综合提高特色产业市场竞争力。通过产业链与创新链相结合，把三宝产业园区的产业发展，从质量和价格竞争优势转变为品牌与文化竞争力；三宝彝族乡的特色农产品要将地域文化、产业品质、传统工艺相结合，推动特色产业向效益型、绿色生态型、集约型、品牌化方向发展，提高农业特色产品的市场竞争力。第三，培养新型经营主体。加大合作经营型、集体经营型、企业经营型等主体的培育力度，做好绿色特色产品加工，重点围绕产品质量、民族特色、区域品牌等产业链条，大力发展收益高、见效快、可持续的特色产业；加大致富带头人、电商人才及其他乡贤的培育力度，吸引大学生、退伍军人以及其他方面人才返乡创业，为社区脱贫致富注入新动力。第四，建立更加有效、更加长效的利益联结机制，确保搬迁群众持续获益。一方

---

① 中共中央、国务院关于做好 2022 年全面推进乡村振兴重点工作的意见［N］. 人民日报，2022-02-23（1）.

② 徐立敏，谭诚. 城乡融合背景下我国乡村旅游产业园区开发研究［J］. 农业经济，2021（5）：45.

③ 习近平在重庆考察并主持召开"两不愁三保障"突出问题座谈会［J］. 老区建设，2019（7）：5.

面，要继续加强东西部协作和定点帮扶工作机制。另一方面，要完善经营主体与搬迁群众创新合作模式，让搬迁群众通过入股分红、入园就业等方式，增加搬迁群众的经济收入。

（四）加大产业发展政策扶持力度

阿妹戚托特色旅游小镇，作为易地扶贫搬迁后续特色发展的新模式。在其发展初期，当地政府充分发挥了政府的指导和引领作用。政府通过易地扶贫搬迁政策倾斜、统筹规划、招商引资、引进人才、吸引龙头企业等措施，为阿妹戚托小镇和三宝彝族乡招商引资提供政策保障，引进诸多企业、公司入驻，取得一定的成效，但现在还需要进一步加强。一是继续加大资金支持和政策支持力度，积极招商引资，引进更多的公司企业，打造多元化、现代化、信息化、工业化的产业集群，更加有力地带动当地经济发展。二是合理规划三宝产业园区建设。重点培养具有创意性且符合整体规划的城乡旅游产业园；制定科学的制度引导城乡旅游产业园的开发建设；强化政府部门行政管理职责，加强检查和监督，确保产业健康、高效、可持续发展。三是加大金融机构对产业发展的信贷支持力度，激发当地经济发展活力和搬迁群众的内生动力，从而推动当地产业的可持续发展。四是选择合适产业发展的模式。产业发展模式要根据三宝彝族乡和阿妹戚托小镇的经济、社会、自然资源、地理环境、产业发展等情况，选择适合的发展模式，如合作社+农户模式、企业+合作社+农户模式、产业园+农户+农业（工业）模式或农户自主发展（创业）等模式。

四、提高旅游业服务质量

旅游是一项复杂的系统工程，不仅包含行、宿、游、食、娱等基础设施建设，而且还涉及旅游以外的贸易、交通、经济、公安等部门的共同协作。阿妹戚托特色旅游小镇配有民俗、超市、文化广场、餐饮店、民族文化手工业产品、娱乐场所、运动场、水上乐园、文化公园等基础设施。阿妹戚托小镇的很多建筑、路标、商品等融合有苗族和彝族的文化元素，大大增加了小镇的旅游观光性，但还有不少地方需要进一步完善与创新。

（一）提升旅游小镇民族文化魅力

没有文化便没有灵魂，旅游特色小镇的核心关键在于人文特色。民族文化特色是打造阿妹戚托特色旅游小镇的重要因素。在阿妹戚托小镇的规划设计、安置房建设、商铺设计、公共设施建设等方面，融入了一定的苗族、彝族的文化元素，如彝族文化广场、苗族文化广场、虎头山、牛头山等。阿妹戚托小镇的社区名称、交通过道、娱乐场所的命名是延续三宝彝族乡行政村、自然组或是带有民族特色的名称，为旅游小镇增添了浓厚的乡土色彩。但是，对于阿妹戚托旅游小镇来说，这还远远不够。还需要进一步挖掘苗族和彝族的文化元素，并融入阿妹戚托小镇建设中，把阿妹戚托小镇打造成具有苗族和彝族文化魅力的现代化旅游小镇。这不仅能让少数民族搬迁群众快速融入小镇生活，而且也有利于保护和传承优秀的传统民族文化。

（二）设立民族文化展览馆

对一个民族文化的认识和了解，不能仅从文字记载、文化艺术或是文化活动某一方面去了解，而是要全方位去认识、了解，甚至还需要亲身参与他们的日常生产生活，才有可能真正了解一个民族文化的内涵。三宝彝族乡的苗族和彝族拥有丰厚的历史文化底蕴，在阿妹戚托小镇特色旅游小镇建立民族文化展览馆可以提升小镇的文化魅力和增加吸引游客眼球的亮点。设立的民族文化展览馆要从四个方面展示独特的民族民俗风情：一是三宝彝族乡苗族和彝族基本介绍，包括三宝彝族乡苗族和彝族的起源和迁徙历史、区域范围、地理位置、行政区划、生活生产情况、经济发展、社会发展、人口构成等内容以及全国苗族、彝族分布情况；二是苗族和彝族的文化介绍，包含苗族和彝族的服饰文化、宗教信仰、图腾、文字、生活习俗、丧俗文化、婚俗文化、建筑文化、刺绣文化、蜡染文化、节日文化等内容；三是三宝彝族乡易地扶贫搬迁前后的对比，包含三宝彝族乡人民搬迁前和搬迁后的生产生活情况、住房条件、基础设施、用电用水、医疗教育等方面的内容，以及易地扶贫搬迁政策和搬迁群众感言；四是实物展览，包括三宝彝族乡人民的生产工具、生活用品、民族服饰、民间雕刻、刺绣、手工工艺品、芦笙等物品。民族文化展览的内容丰富，可以增添旅游小镇的文化魅力，吸引更多的游客。

（三）提高旅游服务水平

旅游景区的观赏性和旅游服务质量是旅游业发展非常重要的因素。其中，旅游服务质量是旅游业的生命线。阿妹戚托特色旅游小镇是当地政府打造的易地扶贫搬迁示范特色旅游小镇，其住房质量、医疗卫生、教育质量、公共设施等方面都比较完善，是旅游城镇与民俗文化有机结合的旅游特色小镇，具备了观赏价值，充满了文化魅力。提高旅游服务质量水平，必须从旅游景区的审美愉悦感和从业人员的思想素养、业务素养、文化素养方面着手。一是营造少数民族闲适的田园生活，释放游客压力。阿妹戚托特色旅游小镇要把少数民族农耕文化中的"田园性"和民族文化展现出来，让游客感受到强烈的非"城市化"氛围，特别是让游客参与到彝族火把节、苗族芦笙舞和阿妹戚托舞蹈等活动中来，使游客在轻松愉悦的活动中释放压力。二是完善旅游特色小镇基础设施。政府应不断加大力度完善旅游小镇的对外交通网络、优化交通线路、公共基础设施以及其他配套设施，为游客提供更便捷、舒适的景区环境。三是提高服务人员素质。针对不同旅游服务行业的服务人员要定期开展服务礼仪、职业道德、服务技能等方面的培训，也可以通过与高校合作，邀请相关专业的老师、学生参与旅游服务，改善服务人员的知识结构①。四是大力宣传阿妹戚托小镇特色旅游文化。可运用新闻、微信、QQ、快手、微博等手段，宣传阿妹戚托小镇的民族特色文化，如彝族火把节、民族服装、民族舞蹈、民族美食等，吸引游客的注意和兴趣，以达到宣传小镇现有旅游产品、扩大产品销售、增加小镇收入、提升小镇知名度与美誉度的目的。

五、强化"扶志"与"扶智"

扶志扶智是对人自身的一种扶贫方式，是发掘人的主体性和激发人的内生动力的一种治本策略②。习近平总书记明确指出："要做好易地扶贫搬迁后续帮扶，加强扶贫同扶志扶智相结合，让脱贫具有可持续的内生动力。"③ 激发内生动力就是要充分调动广大贫困地区干部群众脱贫致富的主动性和积极性，从根本上彻底改变难以脱贫的命运。激发搬迁群众的内生动力，归根到底是要激发搬迁群众的认识自觉和行动自觉，这是一个从实践到认识、再到实践的过程。在易地扶贫搬迁后续发展过程中，不能只靠外力帮扶，而是要千方百计培育搁置搬迁群众的内生动力，从而让搬迁群众克服"等、靠、要"、怨天尤人、好吃懒做等思想和行为。习近平总书记指出："一些地方虽然瞄准了贫困户，但还是老办法老路子，就是简单的给钱给物，在调动贫困群众脱贫积极性、激活内生动力上做得不够，发展方式也没有真正转变。"④ 因此，充分调动广大基层干部和搬迁群众的积极性和主动性，是实现易地扶贫搬迁后续发展的关键。

---

① 赵艳林，毛道维，钟兰岚．民族村寨旅游服务质量对游客行为意愿的影响研究［J］．四川师范大学学报（社会科学版），2016（4）：87.

② 孔宪峰，周秀红．扶志与扶智：脱贫攻坚之本［J］．广西社会科学，2019（10）：1.

③ 习近平在重庆考察并主持召开"两不愁三保障"突出问题座谈会［J］．老区建设，2019（7）：5.

④ 中共中央党史和文献研究院．习近平扶贫论述摘编［M］．北京：中央文献出版社，2018：138.

（一）后续发展要以扶"志"为基

扶志是易地扶贫搬迁后续发展的前提和基础。扶志是要从思想上坚定脱贫信心、铆足精气神、立志拔穷根。这要从两个方面做起，并要做好。一方面，扶基层干部的"志"。基层干部是领导搬迁群众脱贫致富的核心力量，要立志于中华民族伟大复兴的伟大事业中，发挥先锋模范作用和战斗堡垒作用。基层干部在易地扶贫搬迁后续发展过程中，要发挥先锋带头作用，端正脱贫致富的思想认识，树立正确的政绩观，要有引导搬迁贫困群众勤劳致富的决心、信心和事业心，这就是扶基层干部的"志"。习近平总书记指出："要加强乡村两级基层党组织建设，更好发挥在脱贫攻坚中的战斗堡垒作用，提高党在基层的治理能力和服务群众能力。党员干部要到脱贫攻坚的一线、到带领群众脱贫致富的火热实践中历练，经受考验，磨炼党性，增进群众感情，增强做好工作的本领。"① 具体而言，一是加强基层干部"不忘初心、牢记使命"的主题教育，始终践行全心全意为人民服务的宗旨，全身心投入到中华民族伟大复兴的伟大事业中；二是心系群众、深入群众，了解群众的真实情况，知群众之所需、听群众之所求、解群众之所难。唯有动真情、办实事，才能做到真扶贫、扶真贫。另一方面，扶搬迁群众的"志"。搬迁群众是易地扶贫搬迁后续发展的主体力量，要充分调动他们脱贫致富的主体性、积极性、自觉性和能动性，改变他们"等、靠、要"的思维方式和行为方式。"没有脱贫志向，再多扶贫资金也只能管一时、不能管长久。"② 习近平总书记指出，"脱贫致富贵在立志，只要有志气、有信心，就没有迈不过去的坎。"③ "要把扶贫同扶志结合起来，着力激发贫困群众发展生产、脱贫致富的主动性，着力培育贫困群众自力更生的意识和观念，引导广大群众依靠勤劳双手和顽强意志实现脱贫致富。"④ 一旦搬迁群众的"志"扶起来了，他们脱贫致富的自觉性、积极性就被带动起来了。

（二）后续发展要以扶"智"为要

马克思认为，"人以一种全面的方式，也就是说，作为一个完整的人，占有

---

① 习近平在重庆考察并主持召开解决"两不愁三保障"突出问题座谈会［J］. 重庆与世界，2019（5）：12-16.

② 中共中央党史和文献研究院. 十八大以来重要文献选编［M］（下）. 北京：中央文献出版社，2018：37-38.

③ 中共中央党史和文献研究院. 习近平扶贫论述摘编［M］. 北京：中央文献出版社，2018：132.

④ 习近平在河北张家口看望慰问基层干部群众时的讲话［N］. 人民日报，2017-01-25.

自己的全面的本质"①。一个完整的人因生活、生存之需要，而有意识地、自由地从事生产实践，发挥自身的体力和智力，提升自身生活技能和道德品质以及追求个人的理想等。思想观念落后、人才匮乏是制约贫困地区脱贫和发展的重要因素。教育能够不断改变人自身、挖掘人自身的各方面潜能，提升人的知识和技能，是拔穷根和阻止贫困代际传递的重要路径。扶智就是把教育作为摆脱贫困的重要方式，通过教育提升搬迁群众的知识和技能。一是继续加大东观教育园区政策支持、资金投入力度。让搬迁群众的子女接受良好的教育，这是阻挡贫困代际传递的重要途径，也是培养新时代国家栋梁的重要方式。要加大对东观教育园区的资金投入和政策支持力度，壮大师资队伍、提高教师队伍业务素质、推进新课程改革工作、完善校园基础设施、合理配置教学资源，切实帮助贫困学生解决上学问题。要让搬迁群众子女接受良好的教育，对自己有信心、对未来有希望。二是加强职业技能培训教育。三宝彝族乡人民群众搬迁到阿妹戚托小镇后，为了更好地融入新环境，不仅要学习新技术，而且还要培养适应能力。他们原有的通过农耕发家致富的思想已不适应县城生活，无技能、文化水平低等严重影响了他们的就业和发展。针对有劳动力的搬迁群众（不分男女、是否识字等），要充分利用阿妹戚托小镇资源，对他们开展技能培训，如汽修、刺绣、舞蹈、驾驶、家政、服务礼仪、建筑工等方面的技能培训。搬迁群众通过职业技能培训教育，掌握一技之长，增加就业创业机会，就有实现脱贫致富的希望了。

六、加强"三治融合"治理

"三治融合"乡村治理体系，是指德治、自治、法治三者有机融合而形成的一种乡村治理体系。2017 年，中央农村工作会议上明确提出："必须创新乡村治理体系，走乡村善治之路……健全自治、法治、德治相结合的乡村治理体系……确保乡村社会充满活力、和谐有序。"② 2021 年，中共中央、国务院《关于加强基层治理体系和治理能力现代化建设的意见》文件中明确指出："力争 5 年左右时间……建立起自治、法治、德治相结合的基层治理体系。"③ 我国是一

---

① 中共中央马克思、恩格斯、列宁、斯大林著作编译局．马克思恩格斯全集：第 42 卷［M］．北京：人民出版社，1979：123.

② 习近平．2017 年中央农村工作会议［EB/OL］．（2017－12－20）［2022－3－6］．https：//news. 12371. cn/2017/12/29/ARTI1514548988259610. shtml.

③ 中共中央、国务院关于加强基层治理体系和治理能力现代化建设的意见［N］．人民日报，2021－07－12（1）.

个统一的多民族国家，农业人口占多数，农业人口分布在广大农村地区。在全面推进乡村振兴战略的背景下，只有我国广大农村地区实现善治，"国家才能真正地实现大治的目标"①。"三治融合"，是加强和创新社会治理的重要方式，也是提升基层治理效能的有效途径，体现出情、理、法兼具的中国特色。阿妹戚托小镇是三宝彝族乡全乡人民的搬迁安置点。要推进阿妹戚托小镇自治、德治和法治有机融合，"做到以法治定纷止争、以德治春风化雨、以自治消化矛盾"②，助推阿妹戚托社会稳定和全面振兴。

（一）加强基层党的建设

基层党组织在社区治理中发挥着核心作用，是构建"三治融合"基层治理体系的重要政治保障。俗话说，"村看村、户看户、农民看干部"。可见，基层干部在基层社会治理中发挥着沟通政府与居民的桥梁作用。他们是政府形象的代表，是政策宣传员、政策执行者，其言行举止直接影响党和政府在居民中的形象和公信力。要杜绝基层党组织软弱涣散、担当意识不够、责任心不强、形式主义、享乐主义、官僚主义等现象。"三治融合"治理体系实现的关键，在于加强基层党组织建设，包括加强"两个确立""四个意识""四个自信""不忘初心、牢记使命"主题教育；营造风清气正的良好政治环境；加强党员干部队伍建设；提高基层党组织基层治理的综合素质和能力；强化基层干部理想信念，紧抓作风建设；严格落实"三会一课"制度，充分发挥党组织战斗堡垒作用和党员在群众中的先锋模范作用。

（二）提高搬迁群众的自治意识

以社区自治为根本，激发搬迁群众参与国家建设的内生动力。基层群众性自治组织、社会团体等进行自我管理、自我服务、自我教育，有序参与社会事务治理，是"三治融合"基层治理体系的核心，是国家治理体系和治理能力现代化所追求的基本目标。居民既是社区治理的对象，也是多元共治格局的重要主体。不管是社区自治，还是社区德治与法治，都有赖于全体居民的积极参与。社区的自治、德治、法治离开了居民，就如同无源之水、无本之木，无法永葆生机和活力。阿妹戚托特色旅游小镇的搬迁群众来自农村，他们参与社区治理的主体意识不够、积极性不高、自主性不强。需要从多方面着手，调动他们参

---

① 谢乾丰．关于健全"三治结合"乡村治理体系的若干思考［J］．社会科学动态，2018（4）：16.
② 陈俊红．北京推进实施乡村振兴战略的对策研究［M］．北京：中国经济出版社，2019：150.

与的积极性和主动性，激发他们的内生动力。一是加强搬迁群众的自治意识教育。通过各种方式，加强对搬迁群众的公民意识教育，提高他们对居民自治的认知水平，培育居民的权利意识、责任意识和参与意识。二是尊重搬迁群众的主体性。尊重搬迁群众的主体性，就是要在基层治理中尊重他们的意愿、自主决策权、首创精神等。通过尊重广大搬迁群众的意愿，调动他们的主动性、积极性和创造性，把他们对美好生活的向往，转化为推动阿妹戚托小镇振兴的动力；尊重居民在社区事务治理中的知情权、参与权和决策权；健全基层民主协商机制，拓宽民意表达渠道；从搬迁群众的切身利益问题着手，调动他们参与讨论和决策的积极性。三是创新基层民主参与平台。居民参与社区事务治理，不仅与其自身民主意识有关，而且与民主参与渠道有关。除了要健全阿妹戚托小镇居民代表大会、居民会议制度外，还应建立健全"一事一议"制度，完善"群众会""院坝会"和"研判会"等制度，并加以充分运用，以满足社区"治理主体多元化、治理对象扩大化、治理方式合作化、治理权威约定化、治理利益共享化"① 的发展需要。创新基层民主参与平台，扩大居民参与渠道，要以社区需求为导向，培养多元化的社区内生社会组织，不断创新自治方式，加强社会组织规范化建设，提高居民自治意识和能力，实现居民从幕后到台前、从旁观者到参与者和见证者的转变②。

（三）加强基层治理法治建设

"法律是治国之重器，良法是善治之前提。"③ 加强法治建设是落实全面依法治国战略的重要举措，是易地扶贫搬迁后续发展不可或缺的重要内容，也是"三治融合"基层治理体系有效运行的重要保障。易地扶贫搬迁集中安置区，是我国脱贫攻坚阶段形成的特殊的居住区域，具有城镇的特征，也具有农村的特点。现有的法律法规应根据社会的发展和实际需求，进一步加以修改、完善，包括相关法律法规的立改废等工作，使其适应当前形势下的社区治理需要。一是树立依法治理社会事务的法律意识。要提升领导干部运用法治的能力，引导干部群众在法律范围内维护自身合法权益，强化依法行政和公正司法的思想意识。二是开展全民普法教育。当地政府要充分利用阿妹戚托小镇的电视广播、

---

① 何阳，孙萍."三治合一"乡村治理体系建设的逻辑理路［J］.西南民族大学学报，2018（6）：206.

② 张明，许伟，李静萍.袁湖村自治体系创新与实践［M］.武汉：湖北人民出版社，2019：176.

③ 中共中央关于全面推进依法治国若干重大问题的决定［N］.人民日报，2014-10-29（1）.

"三会"制度、宣传栏、QQ、微信、入户宣传等方式，对广大搬迁群众宣传法律知识，增强搬迁群众的法治观念，依法办事，依法维权。三是营造良好的法治环境。阿妹戚托小镇应设立"法律诊所""律师事务所""人民调解委员会"等法律服务平台，为搬迁群众提供更多法律咨询渠道。搬迁群众遇到难题或矛盾时，不管是去找社区领导干部，还是去找法律服务平台，都要运用法治思维和法治方式帮助搬迁群众破解难题、化解矛盾，从而形成办事依法、遇事找法、解决问题靠法的良好环境。

（四）树立社会主义核心价值观

德治是"三治融合"基层治理体系的基础。道德是一种社会规范，具有维护社会秩序的功能。正如习近平总书记所说："法律是成文的道德，道德是内心的法律，法律和道德都具有规范社会行为、维护社会秩序的作用。"[①] 要发挥德治在阿妹戚托小镇治理中的基础作用，必须以社会主义核心价值观为根本，通过道德教化作用，维护社会秩序和实现良好社会风尚。阿妹戚托小镇是多民族安置地，拥有优秀的民族传统文化。在发挥德治的基础作用时，要坚持以社会主义核心价值观为统领，不断培育社会公德、家庭美德、个人品德，增强集体意识和民主意识，引导搬迁群众以文化人、以文养德、崇德向善、见贤思齐。要尊重、传承和弘扬各民族优秀传统文化，建立道德讲堂、文化主题广场等阵地，引导搬迁群众讲道理、讲礼仪、守道德，开展和善居民、道德模范、和美家庭、最美家庭等评选活动，发挥道德模范的先锋带动作用，凝聚起道德感召力量，维护社会和谐稳定，创建邻里和睦、崇德向善的美好家园。

七、完善社会保障制度

社会保障制度是我国社会运行的"稳定器"、人民收入分配的"调节器"和人民日常生活的"安全网"，是实现我国社会公平和人民安居乐业的关键。为了解决我国农村贫困人口的贫困问题和 2020 年实现全面建成小康社会的目标，党和国家实行了脱贫攻坚战略。易地扶贫搬迁作为解决贫困问题的重大举措，对实施城镇集中安置模式发挥了重要的作用。城镇集中安置地的搬迁群众的日常生活生产发生了巨大的变化，普遍面临着生活难、上学难、就业难、看病难、社会融入难等诸多困境，这需要一个适应和过渡的过程，完全依靠国家政策来兜底并不现实。因此，党和国家应进一步健全社会保障制度及体系，提高搬迁

---

① 习近平. 坚持依法治国和以德治国相结合 推进国家治理体系和治理能力现代化［N］. 人民日报，2016-12-11（1）.

群众的社会待遇，切实解决搬迁群众在适应新的生产生活方式过程中所面临的困难和问题。

（一）健全社会保障体系

社会保障制度是保障人民生活、调节社会分配、促进社会公平的一项基本制度。改革开放以来，我国不断完善社会保险制度、社会救济制度和医疗保障制度等社会保障制度，对促进我国社会公平和保障国家长治久安发挥了重要作用。随着我国社会的快速发展，我国社会保障事业取得很大的进步，但在现代化建设中仍然存在着诸多短板。新时代，我们已经实现了全面建成小康社会的目标，需要加快各种社会保障制度的改革，把人人享有基本生活保障作为目标，坚持以人民为中心的发展思想，坚持效率与公平、统一性与灵活性相结合，将我国所有人纳入社会保障范围，实现城乡统筹和应保尽保。因此，要完善社会保障基金的缴纳和管理制度；推进机关事业单位施行养老保险制度；整合城乡居民基本养老保险制度、基本医疗保险制度；健全社会保险关系转移接续制度；等等，不断完善我国社会保障体系，真正实现环境稳定、社会公平和人民安居乐业。

（二）多层次推进社会保障体系建设

多层次推进社会保障体系建设，就是要完善社会保障制度并迅速普及城乡，把人人享有的基本社会保障作为社会保障制度建设的首要任务，再根据我国基本国情和各方面的承受能力，确定与经济社会发展相适应的基本保障水平。"多层次"主要体现在社会保障制度体系的内容建设上，即以社会保险、基本住房、社会救助、基本教育、社会福利为基础，以城乡基本养老、基本医疗、最低生活保障制度为重点，以商业保险、慈善事业为补充，构建的多层次社会保障体系，能够满足新时代广大人民群众多元化的社会保障需求，保障社会和平稳定和人民安居乐业。此外，要健全特殊群体的服务保障制度，特别是当前我国人口老龄化问题、残疾人问题和农村留守儿童、妇女、老人关爱服务，以及搬迁群众发家致富等问题。这就要求健全社会养老服务体系和发展老年服务产业，满足老年人的服务保障需求；健全残疾人权益保障制度，保障残疾人的合法权益；健全留守人员关爱服务体系，保障其基本生活保障、教育、就业、卫生、思想情感等方面的关爱服务等，解决我国已出现的问题和即将面临的难题。

（三）确保搬迁群众的社会保障权利

搬迁群众来自农村，他们在安置地生活，对于自己享受哪些社会保障权益不是很了解，这需要当地政府做好相关的工作。一是切实保障搬迁群众的各种社会保障权利，应参照当地城镇的社会保障标准，提高搬迁群众社会保障标准，特别是适当提高搬迁群众的基本工资待遇，体现社会保障的公平正义，促进搬迁群众与当地社会的融合发展；二是提高搬迁群众参保缴费意识，扩大社会保障在搬迁群众中的覆盖率；三是统筹人社、公安、统计、社保等部门形成合力，实现搬迁群众信息资源共享，将搬迁群众户籍及其相关配套政策实行属地管理，不拖欠养老金的发放，不拖延医疗保险的报销时间；四是构建包括基本生活救助、大病医疗救助、教育救助、住房救助等在内的全方位的社会救助体系，为入不敷出、因病致贫或返贫、因子女上学致贫或返贫的贫困家庭解决燃眉之急，筑牢保障困难家庭基本生活的最后一道安全网；五是实现社会保险项目全覆盖，除了养老保险和医疗保险外，还应根据实际情况建立失业保险、生育保险、工伤保险以及其他社会保险。

第八章　易地扶贫搬迁后续特色发展
的启示与思考

　　易地扶贫搬迁是解决"一方水土养育不了一方人"困境的重要策略，是实现贫困群众跨越式发展的重大途径。2020年，三宝彝族乡搬迁群众彻底消除了面临生存和发展困境的难题，如期实现了奔向小康社会的奋斗目标。三宝彝族乡整乡易地扶贫搬迁，不仅让数千贫困群众的地理位置转移，而且也让他们的生产生活方式重构、城乡格局重建和社会关系重塑。衡量易地扶贫搬迁政策实施成功与否的关键因素，就是对易地扶贫搬迁后搬迁群众的居住环境、创业就业、医疗服务、教育质量等方面展开全方位、全面的研究和判断。实践证明，易地扶贫搬迁是帮助三宝彝族乡贫困群众摆脱贫困的最有效举措，也是搬迁群众获得感和幸福感的民生工程。为了确保搬迁群众能够"搬得出、稳得住、快融入、能发展、能致富"，当地政府充分利用扶贫开发政策，结合三宝彝族乡苗族彝族的民族文化特色，因地因族制宜，切实解决搬迁群众在生活生产等方面的问题和困难，探索出了一条特色发展的道路。因此，本章围绕三宝彝族乡易地扶贫搬迁后续特色发展，归纳出其启示以及对今后发展中的一些问题的思考。

一、易地扶贫搬迁后续特色发展的启示

（一）特殊生存环境下脱贫的理性选择

　　人口迁移是有选择的，并不是所有人都等概率进入这种选择，而是具有某种特征的人或是居住在某种环境的人会比一般的人更容易迁移①。Everett·S. Lee认为这种选择性有两方面的原因：一是不同特征的人有不同的能力来克服迁移所遇到的阻碍或是难题；二是不同特征的人会对迁出地与迁入地之间的推拉因素作出不同的反映②。人口迁移的选择与一个人的年龄、性别、家庭结构、

---

① 辜胜阻. 非农化与城镇化研究［M］. 杭州：浙江人民出版社，1991：82.
② 辜胜阻. 非农化与城镇化研究［M］. 杭州：浙江人民出版社，1991：82.

经济状况、婚姻情况、居住环境、文化程度、工作情况等方面有很大的关联性。一般来说，能力强的人流动性大，比较容易迁移，如较高文化知识的年轻人、高层次人才、高级管理人员等；对于能力较差、文化水平较低的贫困农民，即使搬迁也是在原居住地附近搬迁，难以克服长距离的搬迁障碍。在我国发展历史上，出现过易地搬迁的现象。我国历史上大规模的移民搬迁的原因比较多，如战乱、自然灾害、原居住地无法生存和国家政治需要等。新中国成立以来，没有出现过完全自愿的大规模的移民现象，这与我国社会稳定、经济快速发展等因素相关。但是有小规模的移民现象，这与我国的国家政策有很大的因素。我国学者经过深入研究总结出了四种易地搬迁的原因：一是生存环境恶劣和自然资源匮乏威胁到居民的基本生存；二是基础设施落后阻碍农村发展；三是保护移民原居住地的生存环境；四是国家发展的需要。

为了在2020年实现全面建成小康社会，我国把易地扶贫搬迁作为脱贫攻坚战的重要举措，帮助农村贫困人口脱贫，全面进入小康社会。易地扶贫搬迁是不得已才为之的选择，是特殊生存环境下脱贫的理性选择。首先，生存环境的好坏是影响居民生活质量、幸福指数的重要因素，是影响居民基本生存的关键因素。我国农民主要分布在大西南、大西北、西部以及东北等地区，我国绝大多数少数民族也生活在这些地区。我国大量的贫困人口（包括少数民族）生活在生态环境脆弱、生存条件恶劣的丘陵、山地或高原地带的山区，山高坡陡，河川隔阻，土地少，坡度大，土质差，分布较分散，条件十分艰苦，交通闭塞。有的地区经常发生泥石流、地震、干旱、洪涝等自然灾害。加之，各民族经济、文化、风俗、宗教信仰等方面的不同，他们与外界的交往交流比较困难，导致了自然与文化上的双重封闭。如果采取就地扶贫的策略，难度极大、成本高，很难从根本上解决农民脱贫致富的问题。这是易地扶贫搬迁的重要原因。其次，自然资源是居民生活发展极其重要的条件。丰富的自然资源不仅会提高当地居民的经济收入、生活质量和幸福指数，而且也会改善当地基础设施建设和民生保障。但是，对于边远贫困山区的农村，自然资源的匮乏不仅会降低当地居民的经济收入和生存能力，而且医疗、教育、卫生等基础设施也会受到严重的影响。将这种生存环境恶劣、自然资源匮乏的特殊生存环境的居民采取易地扶贫搬迁策略，把他们搬迁到适合生存的区域，是从根本上解决原住居民基本生存的重要举措。由于这些居民经济收入低、文化水平较低、能力较弱、乡土情结根深蒂固，使得他们自己没有能力搬迁到适合生存的地方。我国易地扶贫搬迁工程是由国家政策、财政资金支持，地方政府执行。每一个地方实施易地扶贫搬迁，都是经过深入调研，仔细了解，深入探讨，全方位慎重考量，最终做出的易地扶贫搬迁决定。所以，我国易地扶贫搬迁不是盲目地做出的决定，而是特殊生存环境下理性的考量，整个搬迁过程更是有序进行的。

（二）全面建成小康社会的必然要求

2002 年，党的十六大明确提出了全面建成小康社会的奋斗目标，即"根据党的十五大提出的到二〇一〇年、建党一百年和新中国成立一百年的发展目标，我们要在 21 世纪头二十年，集中力量，全面建设惠及十几亿人口的更高水平的小康社会"①。这一奋斗目标是针对当时我国社会发展处于低水平、不全面、发展很不平衡的情况下而提出的，目的是要把中国建设成一个更高水平、更全面、发展更均衡的社会主义国家。发展是解决一切问题的总开关。全面建成小康社会关键在于发展，要求我国政治、经济、文化、社会、军事等全面发展，但其重点在于提高广大人民群众的物质生活水平。江泽民同志对于全面建成小康社会提出了四个方面的具体要求："一是在优化结构和提高效益的基础上，明显增强综合国力和国际竞争力；二是社会主义民主更加完善，社会主义法制更加完备，依法治国基本方略得到全面落实；三是全民族的思想道德素质、科学文化素质和健康素质明显提高；四是可持续发展能力不断增强，生态环境得到改善，资源利用效率显著提高。"② 在我国，就发展的实质而言，它不仅只是在于经济增长，而且更注重的是我国社会真正发展，提高广大人民群众的生活质量和幸福感，这才是真正的小康。

自 1949 年新中国成立以来，经过几十年的发展，特别是改革开放后，我国社会发展取得了令人瞩目的成就。但是，我们必须要认清一个客观事实：中国实现小康社会的重点在农村。要实现全面建成小康社会的目标，必须认清我国的基本国情和当下具体情况，而不能把全面建成小康社会当成一种充满激情的口号。提出全面建成小康社会时，我国 80% 以上的人口在农村，多数民族地区的少数民族才刚刚脱贫，极有可能返贫。但是有些民族地区的少数民族及边远山区的人民还异常贫困，他们的温饱问题还没有彻底解决。广大农村的发展与城市化、现代化的目标还存在巨大差距。因此，我们要全面建成小康社会，必须着眼于广大农村和农民。广大农村地区占据了我国一大半以上的领土，各少数民族也主要生活在各边疆省（区）、市（州）以及其他农村地区。此外，我

---

① 中共中央文献编辑委员会．江泽民文选［M］．第 3 卷．北京：人民出版社，2006：542-543.

② 中共中央文献编辑委员会．江泽民文选［M］．第 3 卷．北京：人民出版社，2006：543-544.

们要特别高度重视民族地区的发展和关注少数民族的疾苦。各少数民族是中华民族大家庭缺一不可的家庭成员，一个也不能少。各少数民族为维护我国社会稳定、国家统一和领土完整做出了巨大的贡献。这就决定了我国实现全面建成小康社会的重点在农村，难点在农村，关键也在农村。从党的十六大到 2012 年期间，我国出台了很多支持、帮扶广大农村发展的优惠政策、国家财政上的资金支援以及其他多样化的帮扶，农村发生了翻天覆地的变化。但是我国农村仍然还没有达到小康水平，仍然有几千万人处于贫困线以下。

为了能在 2020 年全面建成小康社会，习近平总书记在 2013 年 11 月湖南湘西考察时指出"实事求是、因地制宜、分类指导、精准扶贫"。2015 年 11 月，中共中央、国务院颁发《中共中央、国务院关于打赢脱贫攻坚战的决定》，要求"到 2020 年确保我国现行标准下农村贫困人口实现脱贫，贫困县全部摘帽，解决区域性整体贫困"①。并对我国打赢脱贫攻坚战采取了"五个一批"重要脱贫措施，帮助 7000 多万农村贫困人口过上小康生活，其中易地扶贫搬迁脱贫是重要举措之一。易地扶贫搬迁这一措施是针对那些生活在"难以生存的环境条件"下的贫困人口，他们无法就地实现小康。要实现全面建成小康社会，一个民族也不能少，只有对这部分人民群众进行易地扶贫搬迁，帮助其摆脱贫困的状态，增强其适应新环境的能力。

全面小康，重在全面，是全国人民的小康，体现在社会发展的平衡性、协调性和可持续性上。同时，也是物质文明、精神文明、政治文明、社会文明和生态文明协调发展的小康。实现全面建成小康社会，是中华民族的梦想和夙愿，是兑现中国共产党向中国人民、向历史作出的庄严承诺，更是标志着中华民族伟大复兴迈出的关键一步。因此，实行易地扶贫搬迁策略是全面建成小康社会的必然要求。

（三）中国共产党以民为本的使命与担当

中国共产党自诞生之日起，就把"以民为本"放在社会发展的核心位置，依靠人民，为人民谋幸福，把"全心全意为人民服务"作为中国共产党的宗旨。回顾中国共产党走过的一百年历史，就是一部为人民富裕、国家富强和中华民族伟大复兴而奋斗的历史。实践证明："一个政党或是一个政权是否得到人民的爱护，原因很多，但根本还是在于是否满足人民日益增长的物质文化需求和人

---

① 中共中央党史和文献研究院．十八大以来重要文献选编（下）[M]．北京：中央文献出版社，2018：253-254.

民生活水平是否不断得到提高"①。

在革命战争时期，为了长期支持革命战争并取得最后胜利，毛泽东在《论持久战》提出了"兵民是胜利之本"，并指出"战争的伟力之最深厚的根源存在于民众之中"②。只要我们依靠人民，相信人民，任何敌人就都压不倒我们，胜利最后一定属于人民。他认为，"人民，只有人民，才是创造世界历史的动力"③"人民群众有无限的创造力"④。这一论述与马克思主义的观点是一脉相承的，即人民是历史的创造者，"创造这一切，拥有这一切并为这一切而斗争的，不是'历史'，而正是人，现实的，活生生的人"⑤。毛泽东在《为人民服务》一文中指出："我们的共产党所领导的八路军、新四军，是革命的队伍，我们这个队伍完全是为着解放人民的，是彻底为人民的利益而工作的。"⑥他还特别注重人民的物质利益问题，指出中国共产党是"以中国最广大人民的最大利益为出发点的政党"⑦"为民族、为人民谋利益的政党"⑧"共产党人的一切言论行为，必须以合乎最广大人民群众的最大利益，为最广大人民群众所拥护为最高标准"⑨。可见，这是中国共产党一切工作的出发点和落脚点，是取得革命战争胜利、赢得人民群众拥护和推进社会主义发展的根本保证。

1988年我国进入以经济建设为中心的新时期，邓小平指出："中国的事情要按照中国的情况来办，要依靠中国人自己的力量来办。""我们党提出的各项重大任务，没有一项不是依靠广大人民的艰苦努力来完成的。"⑩必须依靠广大人民的艰苦劳动，充分发挥他们的聪明才智和全部力量，才能不断增强我国的经济实力、国防实力和综合国力。邓小平进一步强调："发挥社会主义的优越性，归根结底是要大幅度发展社会主义生产力，逐步改善、提高人民的物质生活和

---

① 田克勤，郭红婴等."三个代表"与中国共产党的光辉历程［M］.长春：吉林人民出版社，2001：274.

② 毛泽东.毛泽东选集：第2卷［M］.北京：人民出版社，2009：509-511.

③ 毛泽东.毛泽东选集：第3卷［M］.北京：人民出版社，2009：1031.

④ 中共中央文献编辑委员会.建国以来毛泽东文稿［M］.北京：中共文献出版社，1998：513.

⑤ 中共中央马克思、恩格斯、列宁、斯大林著作编译局.马克思恩格斯全集：第2卷［M］.北京：人民出版社，1957：118-119.

⑥ 毛泽东.毛泽东选集：第3卷［M］.北京：人民出版社，2009：1004.

⑦ 毛泽东.毛泽东选集：第3卷［M］.北京：人民出版社，2009：1096.

⑧ 毛泽东.毛泽东选集：第3卷［M］.北京：人民出版社，2009：809.

⑨ 毛泽东.毛泽东选集：第3卷［M］.北京：人民出版社，2009：1096.

⑩ 中共中央文献编辑委员会.邓小平文选：第3卷［M］.北京：人民出版社，2008：3-4.

精神生活。"① "社会主义经济政策对不对、归根结底要看生产力是否发展,人民收入是否增加。这是压倒一切的标准。"② 这是把最广大人民拥护不拥护、高兴不高兴、赞成不赞成、答应不答应作为中国共产党一切工作的出发点和归宿。邓小平还高度重视广大农民的利益问题,指出:"中国人口的80%在农村,如果不解决这80%的人的生活问题,社会是不安定的。"③ "农村不稳定,整个政治局势就不稳定,农民没有摆脱贫困,就是我国没有摆脱贫困。"④ 由此,邓小平把人民生活水平的提高纳入"三步走"的经济发展战略,即第一步解决人民温饱问题;第二步人民生活水平达到小康水平;第三步各族人民达到共同富裕,始终把发展生产力和改善人民生活作为中国共产党的奋斗目标。

　　江泽民提出"三个代表"重要思想,其中中国共产党要代表中国最广大人民的利益,体现了中国共产党以民为本的思想。江泽民指出:"我们想问题、办事情的出发点和落脚点,始终要考虑人民群众的根本利益。""中国共产党来自人民,植根于人民,服务于人民。建设中国特色社会主义全部工作的出发点和落脚点,就是全心全意为人民谋利益。"⑤ "在任何时候任何情况下,党的一切工作和方针政策都要以是否符合最广大人民群众的利益为最高衡量标准。"⑥ 同时,"要充分尊重农民的生产经营自主权,财产所有权,尊重农民的民族权利。"⑦ "切实减轻农民负担,处理与农民的关系。""必须把减轻农民负担问题提到这样的政治高度来认识,提高对我们党的宗旨和农村政治稳定的认识。"⑧把农民增收视为一个带有全局性的问题,加大对农业多方位、多渠道的支持、投入和保护,拓宽农民增收领域,减轻农民负担,实现农民稳定增收和改善农民生活条件。

　　胡锦涛以马克思主义基本原理、毛泽东思想、邓小平理论、"三个代表"为指导思想,在党的十六届三中全会时,就提出了"以人为本"的科学发展观,

---

① 中共中央文献编辑委员会. 邓小平文选: 第3卷 [M]. 北京: 人民出版社, 2008: 251.
② 中共中央文献编辑委员会. 邓小平文选: 第3卷 [M]. 北京: 人民出版社, 2008: 314.
③ 中共中央文献编辑委员会. 邓小平文选: 第3卷 [M]. 北京: 人民出版社, 2008: 117.
④ 中共中央文献编辑委员会. 邓小平文选: 第3卷 [M]. 北京: 人民出版社, 2008: 237.
⑤ 中共中央文献研究室. 十五大以来重要文选选编 [M] (上). 北京: 人民出版社, 2000: 48.
⑥ 中共中央文献研究室. 十五大以来重要文选选编 [M] (上). 北京: 人民出版社, 2000: 691.
⑦ 中共中央文献研究室. 十五大以来重要文选选编 [M] (上). 北京: 人民出版社, 2000: 536.
⑧ 中共中央文献研究室. 十四大以来重要文选选编 [M] (下). 北京: 人民出版社, 1999: 1953.

正式明确了以人为本是中国共产党的执政理念，这是对马克思"人始终是一切实体性东西的本质"思想的升华和创新。胡锦涛进一步强调"坚持以人为本，树立全面、协调、可持续的发展观"，促进我国经济社会和人的全面发展。胡锦涛从为谁执政这一根本问题出发，指出："为民，就是要坚持立党为公、执政为民，把实现好、维护好、发展好最广大人民根本利益作为自己思考问题和开展工作的根本出发点和落脚点。"① 进一步强调"当好人民公仆，做到权为民所用、情为民所系、利为民所谋"。在党的十六届四中全会上，胡锦涛提出了"构建社会主义和谐社会"的重要论断，其核心内容是人的和谐，突出了人在和谐社会中的地位和作用，凸显了社会和谐是为了人的全面发展。在党的十六届六中全会上，胡锦涛指出："必须坚持以人为本，始终把最广大人民的根本利益作为党和国家一切工作的出发点和落脚点，实现好、维护好、发展好最广大人民的根本利益，不断满足人民日益增长的物质文化需要，做到发展为了人民、发展依靠人民、发展成果由人民共享，促进人的全面发展。"② 他还进一步深刻指出："人民是创造历史的根本动力。……我们必须最充分地调动人民群众的积极性、主动性、创造性，最大限度集中全社会全民族智慧和力量，最广泛动员和组织亿万群众投身中国特色社会主义伟大事业。我们必须坚持从群众中来、到群众中去，深入了解民情，充分反映民意，广泛集中民智，切实珍惜民力，不断实现民利，保证我们党的路线方针政策和全部工作更好体现人民群众利益，让人民群众享受到改革发展成果，不断维护和发展人民群众经济、政治、文化权益。"③ 可见，坚持以人为本，调动人民群众的主动性、积极性和创造性，不断促进人的全面发展，维护和保护人民群众的合法权益。这既是构建和谐社会主义社会的要求，更是人的现代化的最终体现。

进入新时代，习近平总书记根据新时代的党情、国情和世情，在立党为公、执政为民的基础上提出了"以人民为中心"的思想。习近平总书记认为，我们要实现社会全面发展与满足人民美好生活需要，并在 2020 年如期实现全面建成小康社会的目标和推动经济社会持续健康发展，就必须坚持人民主体地位。"人民是推动发展的根本力量，实现好、维护好、发展好最广大人民根本利益是发展的根本目的。必须坚持以人民为中心的发展思想，把增进人民福祉、促进人

① 中共中央文献编辑委员会. 胡锦涛文选：第 2 卷［M］. 北京：人民出版社，2016：106.
② 中共中央文献编辑委员会. 中共中央关于构建社会主义和谐社会若干重大问题的决定［M］. 北京：人民出版社，2006：6.
③ 中共中央文献编辑委员会. 胡锦涛文选：第 2 卷［M］. 北京：人民出版社，2016：140.

的全面发展作为发展的出发点和落脚点。"① 并进一步强调："人民对美好生活的向往就是我们的奋斗目标。"这要求中国共产党带领全国各族人民继续发展生产力，解决生活、生产等问题，达到共同富裕的目标。党的十八大以来，中国共产党以全面发展民生为突破口，回应人民幸福生活诉求，坚持民生为先，保障人民幸福生活，大力发展经济，并采取了一系列改革措施，使得人民收入、教育质量、医疗保障、基础设施等方面都有了显著的提高，人民生活质量、满意度持续提升。但民族地区、边疆地区以及边远、贫困农村山区的一部分人民还处于贫困线以下，由于生存环境恶劣、生活没保障，或是多病无钱医治等因素，我国还有几千万人民无法摆脱贫困。在这一背景下，中国共产党实施了脱贫攻坚战，采取了多种方式进行扶贫，如产业扶贫、就地扶贫、文化扶贫、旅游扶贫、就业扶贫和兜底扶贫等方式，针对特殊环境下的贫困人民采取了易地扶贫搬迁的方式。不管是哪一种方式，都是为了帮助人民、解决人民的生活生产问题，体现了以人民为中心的发展思想。

综上所述，中国共产党自诞生之日起，一直把人民作为全党工作的落脚点和出发点，一切工作的开展都是依靠人民、服务人民、为了人民，让各族人民全面实现小康和达到共同富裕。这是中国共产党的担当和使命，是兑现"全面建成小康社会一个都不能少"的百年承诺。

（四）各民族共同富裕的本质要求

共同富裕是全国人民的富裕，是人民群众物质生活和精神生活都要富裕，而不是少数人的富裕，更不是整齐划一的平均主义。我国幅员辽阔，民族众多，文化多元，人口众多。地区之间、各民族之间、个人之间存在着千差万别，根本不可能同步实现共同富裕的目标。即使在全国各地实施相同的政策，辅以相同的资金以及人力等，也会因为不同地方的自然环境、人文环境和社会环境等因素的不同而产生不同的结果。在邓小平看来，共同富裕是区别于资本主义和其他所有剥削制度的本质特征，应始终把发展生产力和改善人民生活作为党的奋斗目标。他指出："社会主义不是少数人富起来，大多数人穷，社会主义最大的优越性是共同富裕，这是体现社会主义本质的东西。"② 对于如何能让中国各民族达到共同富裕这一目标，中国共产党在认清我国基本国情和尊重各个地区的客观事实后，采用非均衡增长的经济发展战略，即部分先富、带动后富，最

---

① 中共中央文献研究室.十八大以来重要文献选编［M］.北京：中央文献出版社，2016：789.

② 中共中央文献编辑委员会.邓小平文选：第3卷［M］.北京：人民出版社，2008：364.

终达到共同富裕。这一经济发展战略在我国主要体现在两个方面：一是选择条件最好的区域使之先富裕起来；二是鼓励能人有效地发展经济，扩大"能人效应"。这主要是条件最好的区域能够充分发挥各方面的有利优势，使其经济活动充满生机活力，进而高速发展，成为我国繁荣富强的一个个生长点和带动后富的生力军。有经商头脑、管理才能、知识渊博等方面的能人的加入，更能让这些条件最好的区域的经济更好更快地发展。邓小平明确指出："一部分地区有条件先发展起来，一部分地区发展慢点，先发展起来的地区带动后发展的地区，最终达到共同富裕。"① 并进一步强调："农村、城市都要允许一部分人先富裕起来，勤劳致富是正当的。一部分先富裕起来，一部分地区先富裕起来，是大家都拥护的新方法。"② 对于沿海地区的经济发展，邓小平明确指出："沿海地区要加快对外开放，使这个拥有两亿人口的广大地带较快地发展起来，从而带动内地更好地发展，这是一个事关大局的问题。内地要顾全这个大局。反过来，发展到一定的时候，又要求沿海拿出更多力量来帮助内地发展，这也是个大局。那时沿海也要服从这个大局。"③ 可见，邓小平提出的共同富裕，不是同步富裕，是部分富裕起来带动后富的发展过程。

在邓小平先富带动后富的指导思想下，先富裕起来的地区、人民，对其他地区的各族人民产生了极大的示范作用，带动全国各地区、各地人民、其他单位向他们学习，使得整个国民经济像波浪式地向前发展。经过几十年的改革开放，沿海地区和经济较发达地区充分利用优越的经济条件、丰富的自然资源和社会资源，社会经济发展取得了巨大的成效。在全面建成小康社会的进程中，先富裕起来的地区、人民如何带动内地、经济落后的地区更好地发展，成为"一个事关大局的问题"。自1996年党中央号召沿海地区和经济较发达地区对贫困地区实行对口帮扶后，加快了我国贫困地区解决温饱问题和脱贫致富的步伐。在这一背景下，我国实行易地扶贫搬迁政策，正是实践了邓小平先富带动后富思想和"两个大局"构想的具体措施。习近平总书记明确指出："人民对美好生活的向往就是我们的奋斗目标。"要求中国共产党带领全国各族人民继续发展生产力，解决各族人民的生活、生产等问题，达到共同富裕的目标。为了2020年全面建成小康社会，2013年习近平总书记明确提出了"实事求是、因地制宜、分类指导、精准扶贫"的指导思想。在这一思想的指导下，2015年中共中央、

① 中共中央文献编辑委员会．邓小平文选：第3卷［M］．北京：人民出版社，2008：374.
② 中共中央文献编辑委员会．邓小平文选：第3卷［M］．北京：人民出版社，2008：23.
③ 中共中央文献编辑委员会．邓小平文选：第3卷［M］．北京：人民出版社，2008：277-278.

国务院颁发《中共中央、国务院关于打赢脱贫攻坚战的决定》，要求："到2020年确保我国现行标准下农村贫困人口实现脱贫，贫困县全部摘帽，解决区域性整体贫困。"[1]

易地扶贫搬迁是实现各民族共同富裕的重要策略，是破解"一方水土养不起一方人"困境的最有力方式，打破了人群集中居住与区域生态资源之间难以协调的关系。易地扶贫搬迁是实现各民族真正平等的机会。因为民族平等，不仅要法律上的平等，更要是物质上的平等。在法律上，我国《宪法》明确规定，"法律面前一律平等"，并有相关的法律法规维护各民族的合法权益，这是法律上平等的具体体现。在物质上的平等，说到底就是经济上的平等，也就是各民族成员收入均等化。而收入均等化必须以机会均等为先决条件。[2] 由于我国历史上的诸多因素，我国各民族之间还没有完全实现机会均等。新中国成立后，中国共产党根据我国的基本国情和各民族地区的具体情况不断地探索，以期寻出一条解决民族地区社会经济发展的道路。由于各民族地区的发展基础、发展条件的不同以及地理环境、人文环境等因素，客观上具备了不均等发展的机会。因此，对于生活在生存环境恶劣地区的人民，通过易地扶贫搬迁至其他适宜人生活、生产的区域，实际上增加了各民族平等发展的机会，也是共同富裕的本质要求。

二、易地扶贫搬迁后续特色发展的几点思考

（一）易地扶贫搬迁与乡村振兴有效衔接

党的十八大以来，党中央把脱贫攻坚放在治国理政的突出位置，将中国特色社会主义制度优势转化为治理效能，让我国减贫事业取得了全面胜利。2020年，我国全面进入小康社会，意味着我国易地扶贫搬迁工程已基本结束，但对易地扶贫搬迁后续发展的相关工作并未结束。脱贫攻坚任务完成后，我国贫困状况发生了巨大变化，我国扶贫工作重心从攻坚绝对贫困转向相对贫困，扶贫工作方式也由集中作战调整为常态推进。2020年10月，我国把全面推进乡村振兴战略纳入"十四五"规划，标志着2021年是全面推进乡村振兴的开局之年。在这关键的时间节点，我国的减贫战略、减贫政策与全面推进乡村振兴战略的

①　中共中央党史和文献研究院．十八大以来重要文献选编（下）[M]．北京：中央文献出版社，2018：253-254.

②　黄承伟．中国农村扶贫自愿移民搬迁的理论与实践 [M]．北京：中国财政经济出版社，2004：80.

有效衔接成为重点。习近平总书记指出："接续推进全面脱贫与乡村振兴有效衔接。脱贫摘帽不是终点，而是新生活、新奋斗的起点。要针对主要矛盾的变化，理清工作思路，推动减贫战略和工作体系平稳转型，统筹纳入乡村振兴战略，建立长短结合、标本兼治的体制机制。"①

虽然我们打赢了脱贫攻坚战，消除了绝对贫困问题，但由于我国的基本国情，相对贫困仍将长期存在。当前，我国脱贫的大部分地区仍然是欠发达地区，大部分群众仍然是低收入人口。有的地区在一定程度上是靠"输血"脱贫，自身"造血"能力不足，如果将现有政策取消，返贫风险极高。特别是处于贫困线边缘的群众存在返贫风险，一旦遭遇灾害、疾病或是意外等，极容易陷入贫困困境。因此，易地扶贫搬迁取得全面胜利后并不意味着我国反贫事业就结束了。要根据易地扶贫搬迁安置点贫困状况的变化对减贫政策、帮扶方式及时转型调整，与乡村振兴战略全面对接、有机衔接，持续推动易地扶贫搬迁安置点经济社会发展，促进脱贫人口稳定脱贫和逐步迈向富裕。

1. 保持易地扶贫搬迁相关政策稳定

我国脱贫攻坚战取得了全面胜利，进入了全面推进乡村振兴阶段，但是我国的脱贫工作依然不能松劲懈怠，防止出现返贫致贫的现象。三宝彝族乡实施整乡易地扶贫搬迁后，搬迁群众过上了幸福美满的生活，但仍然有几百户贫困家庭依靠低保政策兜底脱贫。很多搬迁群众依靠教育、医疗、产业等政策的方式脱贫，一旦这些政策突然退出，他们极容易处于返贫致贫的状态。这时候这些政策措施不能踩急刹车，需要继续实施下去。否则，搬迁群众又回到了最初的起点。因此，要保持易地扶贫搬迁相关政策稳定，确保不出现松懈滑坡，防止返贫致贫现象出现，要继续加大易地扶贫搬迁后续发展资金投入力度和政策支持力度，确保搬迁群众真正实现"搬得出、稳得住、能发展、能致富"的目标。

2. 做好易地扶贫搬迁政策与乡村振兴政策衔接

通过全面梳理总结易地扶贫搬迁各项政策执行效果，总结归纳易地扶贫搬迁行之有效的经验，助推乡村振兴。要把易地扶贫搬迁过程中临时性和常规政策举措转化为常态化的制度保障，把那些好的政策、好的制度、好的做法借鉴过来，运用到乡村振兴工作中去。做好易地扶贫搬迁政策与乡村振兴政策统筹衔接，把过渡期内需要延续的易地扶贫搬迁政策明确下来，让搬迁群众"心安"。做好易地扶贫搬迁工作与乡村振兴工作衔接，把实施易地扶贫搬迁过程中

---

① 本报评论员. 狠抓政策落实 高质量完成脱贫攻坚目标［N］. 光明日报，2020-03-10（1）.

的产业扶贫、教育扶贫、医疗扶贫等重点举措，运用到乡村振兴工作中去。做好乡村振兴规划统筹，把易地扶贫搬迁规划需要持续推进的工作、任务、项目等纳入乡村振兴规划，继续给予政策、资金支持。做好对搬迁群众的统筹衔接，对边缘贫困户或是相对落后的非贫困县、乡（镇）、村加大帮扶力度。因此，实施乡村振兴战略作为稳固全面建成小康社会和巩固我国脱贫攻坚战成果的重大举措，做好易地扶贫搬迁政策与乡村振兴政策衔接是关键。

（二）易地扶贫搬迁与生态环境保护

贵州省是典型的喀斯特地貌贫困地区，拥有丰富的森林资源和水资源，但由于贫困状况比较集中，两者之间的矛盾导致了"资源富集—集中贫困—生态脆弱"的"贫困陷阱"悖论①。贵州生态脆弱地区水土流失、洪涝、泥石流、石漠化等自然灾害频发，当地贫困人口为了生活只能依靠"天下雨地种食"，使得土地越垦越荒、越荒越穷，最终无法继续生存下去，同时也导致自然生态环境的严重破坏。自贵州省开始实施易地扶贫搬迁工程后，将贫困群众搬出生态脆弱、环境恶劣地区，将其迁至生态环境更好、承载力更强、更加适宜人生活生产的区域，有效缓解了原居住地人口与资源的矛盾。易地扶贫搬迁后，如何有效进行迁出地的生态环境恢复；贫困群众搬至迁入地后，也会存在迁入地生态环境遭到破坏的现象，这是我们需要慎重考虑的问题。如果不加以重视，若干年后还可能会出现搬迁的倾向。因此，迁出地生态环境恢复和迁入地生态环境保护问题应该受到高度重视。按照迁出地生态环境恢复与迁入地生态环境保护并重的原则，把尊重自然、顺应自然和保护自然的生态文明理念融入易地扶贫搬迁的整个过程中，因地制宜，坚持绿色生态产业发展和可持续发展，严守生态底线，确保迁出地的生态环境恢复，优化迁入地生态格局。

1. 加强迁出地的生态环境修复

迁出地的自然生态环境因人的离开而得以保护起来，但是否得到有效恢复，还需要国家出台相应的政策加以保护，而不能任其闲置、缓慢地实现自我修复。加强迁出地的生态环境修复，是改善迁出地生态环境恶劣、生态环境系统脆弱、水土流失严重的状态，最终达到保护迁出地自然生态环境的目的。通过加大对迁出地生态环境恢复的政策支持和资金投入力度，在迁出地实施退耕还林、封山育林、退耕还草、复垦宅基地等举措，或是调整土地利用结构，合理布局发展农业产业，严格执行生态环境保护政策，促进迁出地的生态环境系统结构与

---

① 陈卫洪，漆雁斌. 喀斯特贫困地区生态建设与林业可持续发展对策研究［J］. 林业经济，2012（11）：99.

功能恢复。政府要统筹自然生态系统治理，推进各项重点工程，不断增加迁出地的林草植被覆盖率，提高迁出地自然生态环境的恢复力。加大对迁出地产业结构的调整力度和产业发展的政策、资金支持，减轻搬迁群众对土地的依赖程度，让搬迁群众从土地中解放出来，从而减少自然生态环境破坏的程度。改变政府治理生态环境的单一模式，鼓励、支持社会力量和搬迁群众积极参与到自然生态修复中去，构建多元协同的自然生态环境恢复模式，更好地促进迁出地的自然生态环境恢复。

2. 加强迁入地生态环境保护

相对于迁出地来说，迁入地的生态环境更好、承载力更强、更加适宜人的生活生产。为了避免易地扶贫搬迁现象的重现，加强迁入地生态环境保护应得到高度重视。在安置点选择的时候，对环境问题都进行过初步的评估和模拟。安置点建设时，根据人与环境协调发展的原则和安置点实际情况与环境保护的要求，进行科学规划与开发，避免新的环境问题出现。在易地扶贫搬迁后，安置点的经济社会发展依然对其生态环境加以保护，因为生态环境的破坏往往是人为引起的。如果是地震、洪涝、泥石流等自然灾害引起的，我们是无法预料的，也是无法避免的。安置点的建设已经是对生态环境的一次破坏了，有了搬迁群众加入，更要时常对安置点的生态环境做出科学的预判，避免对安置点造成二次环境破坏。特别是加快安置点社会的经济开发建设，不能盲目引进企业、发展产业、开发自然资源，必须先要对生态环境进行评估，防止二次环境破坏，要实行可持续、绿色发展的策略。

（三）易地扶贫搬迁与铸牢中华民族共同体意识

党的十八大以来，中国特色社会主义进入新时代。习近平总书记站在实现中华民族伟大复兴的战略高度，在党的十九大报告中明确提出"铸牢中华民族共同体意识"的重要论断。2019 年，在全国民族团结进步表彰大会上，他明确指出以铸牢中华民族共同体意识为主线，促进各民族像石榴籽一样紧紧抱在一起。2021 年，在中央民族工作会议上，他进一步指出，"要把铸牢中华民族共同体意识作为党的民族工作的主线""铸牢中华民族共同体意识是新时代党的民族工作的'纲'，所有工作要向此聚焦"。① 我国易地扶贫搬迁工程不只是解决某一个民族贫困人口的贫困问题，而是要解决我国 56 个民族贫困人口的贫困问题，其最终目的是实现各民族的共同繁荣与发展。搬迁群众易地扶贫搬迁后，

---

① 习近平在中央民族工作会议上强调 以铸牢中华民族共同体意识为主线 推动新时代党的民族工作高质量发展［N］. 人民日报，2021-08-29（1）.

特别是像三宝彝族乡易地扶贫搬迁后集中安置这种类型，多个民族在共同区域生产、生活，必然会涉及多民族交往交流交融。如何铸牢多民族搬迁群众中华民族共同体意识的问题，应加以高度重视。由于各民族的历史文化、宗教信仰和社会风俗等方面的异同，他们集中或是分散在一个地方，各民族在文化、经济、宗教等方面的交往交流、碰撞是不可避免的。如果处理不好，容易造成矛盾纠纷，不利于铸牢中华民族共同体意识。如果处理得当，各民族团结互助，凝聚中华民族向心力，成为中华民族伟大复兴的一大助力。

1. 加强搬迁群众"五个认同"意识教育

三宝彝族乡通过整乡易地扶贫搬迁，让彝族、苗族和汉族的搬迁群众摆脱贫困过上了小康生活。习近平总书记强调，解决好民族问题，物质方面的问题要解决好，精神方面的问题也要解决好。当前解决精神方面问题的一项重要任务是加强搬迁群众"五个认同"意识教育，这是铸牢搬迁群众中华民族共同体的思想基础。"五个认同"是指对伟大祖国、中华民族、中华文化、中国共产党和中国特色社会主义的认同，是维护社会稳定、民族团结和国家统一的思想基础，也是铸牢中华民族共同体意识和构筑中华民族共有精神家园的基石，更是对每个中国公民最基本的思想意识要求。只要每个公民把"五个认同"思想意识彻底打牢了，就会凝聚中华民族的向心力战胜各种艰难险阻。因此，要在易地扶贫搬迁安置点深入开展爱国主义教育、"五个认同"教育，让搬迁群众牢固树立"三个离不开"思想，不断铸牢中华民族共同体意识。要特别注重搬迁群众的文化认同，文化认同是最深层次的认同，是民族团结之根、民族和睦之魂。文化认同的核心，是要弘扬、传承中国各民族优秀的传统文化和践行社会主义核心价值观。加强对搬迁群众的子女的爱国主义教育和社会主义核心价值观教育，把爱我中华的种子埋在他们的心灵深处。

2. 深化民族团结进步宣传教育

我国是统一的多民族国家，民族众多，文化多元，经济、社会发展存在很大不同。铸牢中华民族共同体意识的关键，在于做好民族团结进步宣传教育，促进各民族交往交流交融，构建各民族共有精神家园，增强各民族群众的"五个认同"思想意识，形成中华各民族共同团结进步的精神纽带。在"十三五"脱贫攻坚时期，易地扶贫搬迁让各民族贫困群众相聚并生活在易地扶贫搬迁安置点，造就了新时代"各民族在分布上的交错杂居、文化上的兼收并蓄、经济上的相互依存，情感上相互亲近"，形成了你中有我、我中有你的新格局。在这一格局中开展民族团结进步创建活动时，要以"五个认同"思想意识和社会主义核心价值观统摄民族团结进步教育，引导搬迁群众树立正确的国家观、价值观、民族观、文化观、历史观。其中，最为重要、最为基础的是树立正确的文化观。文化是一个民族的灵魂，文化认同是民族团结的根脉。在社会主义核心价值观引领下，要把弘扬各民族优秀传统文化与传承各民族共享的中华文化有机结合起来，增强各民族搬迁群众对中华文化的认同。此外，在开展民族团结进步创建活动时，要不断创新民族团结进步宣传教育的载体和方式，突出创建主题，紧紧围绕共同团结奋斗、共同繁荣发展、"三个离不开"、铸牢中华民族共同体意识，引导领导干部和搬迁群众珍惜民族团结、自觉维护民族团结。运用新时代的新技术、新媒体、新网络等，多渠道、全方位开展民族团结进步宣传教育和创建活动，让互联网成为搬迁群众铸牢中华民族共同体意识的最大增量。同时，要打造民族团结进步宣传教育的实体化载体，充分挖掘各民族节庆活动中的中华优秀传统文化的价值和内涵，使这些活动和民族团结宣传教育活动融为一体，增进各民族的中华民族共同体意识。

（四）易地扶贫搬迁后续发展与因地制宜

易地扶贫搬迁是我国精准脱贫攻坚战中的重大举措，帮助很多贫困群众彻底摆脱了贫困、过上了小康生活。国家对易地扶贫搬迁的贫困群众采取了多种安置模式，如分散安置模式、集中安置模式等。安置模式的选择需要经过科学论证，其涉及诸多方面的因素，如地理环境、历史文化、搬迁后续发展问题等因素。其中，搬迁后续发展问题是非常重要的一个因素，关系到贫困群众易地扶贫搬迁后能否真正摆脱贫困、发家致富。在"十三五"脱贫攻坚期间，我国很多地方的贫困群众实施了易地扶贫搬迁，如何解决贫困群众搬迁的后续发展问题成为重点。三宝彝族乡整乡易地扶贫搬迁的后续发展取得了显著成效，给我们积累了丰富的经验。由于我国疆土面积东西南北跨度大，自然环境、天气气候各不相同，三宝彝族乡易地扶贫搬迁的丰富经验并不是适用于所有易地扶贫搬迁安置点。各个地方都有其独特的资源优势，因地制宜成了易地扶贫搬迁后续发展的关键，有的地方发展旅游产业，有的地方发展农业产业，有的地方发展文化产业，有的地方发展工业产业，等等。因此，易地扶贫搬迁后续发展一定要因地制宜发展，让搬迁群众"稳得住，能致富"。

1. 因地制宜发展生态产业，实现绿色发展。

贫困群众易地扶贫搬迁后，在迁出地有规模地发展生态产业成为可能。易地扶贫搬迁有两个最主要的目的：一是帮助贫困群众摆脱贫困；二是恢复迁出地的生态环境。在迁出地发展生态产业不仅能够充分利用当地资源、保护自然生态环境，而且还通过流转搬迁群众的土地、林地帮助其实现增收。首先，发展生态产业，要树立"绿水青山就是金山银山"的绿色生态发展理念。坚持绿色生态发展理念，就是要妥善处理经济发展与生态环境保护的关系，结合产业结构调整和易地扶贫搬迁实际情况，发展生态经济型产业，如经济果林、林下经济、生态旅游业等，增加搬迁群众收入。其次，是要因地制宜发展生态产业。发展生态产业不是盲目地发展产业，更不是照搬照抄其他地方的产业模式，而是要结合当地的地理环境、自然资源、区位条件或是文化资源等优势，发展适应于当地的生态产业。三是创新生态产业发展模式。当前，生态产业发展的模式多种多样，如"公司+合作社+农户""公司+合作社+基地+农户""公司+村委会+农户"等模式，助力脱贫攻坚。不管何种生态发展模式，都应该由政府和人民监督，确保生态产业发展不会破坏生态环境，真正实现生态绿色发展。建立由政府主导，企业和社会各界参与、市场化运作、可持续的生态产业发展模式，通过公共生态产品线上、线下交易的方式，构建环境治理和生态保护的市场体系。

2. 因地制宜发展循环经济，实现可持续发展。

因地制宜发展循环经济，实现可持续发展，是人类生存发展之需。循环经济本质上是一种生态经济，是一种以资源的高效利用和循环利用为核心、以"减量化、再利用、再循环"为原则和以低消耗、低排放、高效率以及物质闭路和能量梯次使用为特征的可持续发展的经济增长模式。① 易地扶贫搬迁安置点因搬迁群众的加入，各种废弃物（如垃圾、生活污水、工业污水等）的增加，引起易地扶贫搬迁安置点的环境污染、生存空间缩减、自然资源减少等问题，严重影响了人民的身心健康和生活质量。推进生态文明示范社区建设，因地制宜大力发展循环经济，既是环保的需要，也是废物有效利用、节约资源的需要。同时，也能提高资源的利用率和循环经济的发展水平。一是坚持政府主导、市场推动原则，推进水资源循环利用、能源梯次利用、土地资源合理利用、企业循环式生产、产业园区循环式发展等，构建循环式生态产业体系，提高资源利用率。② 循环水生态产业体系，要因地制宜发展产业，以生态、优质、长效、经济为重点，推进产业化经营、规模化生产、标准化建设、信息化支撑，以最小的资源和环境成本，获取最大的经济社会效益，实现循环经济的目的。二是提高搬迁群众自觉节约和主动参与意识，培育节约型和生态友好型新理念。三是加强对水资源、土地资源、能源、产业园区等管理，推动资源节约型和环境友好型社

---

① 吴春山，成岳. 环境影响评价 [M]. 武汉：华中科技大学出版社，2020：49.
② 何玲玲，区小兰. 易地扶贫搬迁与新型城镇化协调发展 [M]. 北京：经济科学出版社，2019：244.

会建设。四是加大政策优惠支持力度。特别是在税收、贷款、专项资金等方面的支持，激励企业和保证企业需求，调动企业自觉开展节约工作的主动性和积极性。五是加大先进技术研发和引进，以最小的资源和环境成本，获取最大的经济社会效益，从而减少企业生产对环境的污染，达到保护生态环境的目的。

（五）重视搬迁群众的文化心理调适

文化心理认知是指人们对他们在日常生产生活中所表现出来的，并以精神文化形式积淀下来的集体性的心理行为反应倾向和精神状态的认识和理解。一个民族的文化心理根植于他们的文化传统中，但随着岁月更替、历史变迁或是时代发展而在不断地发生变化，以各种形式表现出来，包括性格、情感、风俗习惯等。我国是统一的多民族国家，民族众多，文化多元。每个民族特有的文化心理状态对其传统文化的传承、民族凝聚力的增强及民族自身的发展具有不可代替的作用。我国56个民族在历史发展的潮流中，形成了各自独特的文化，逐渐发展出了特有的文化心理。特别是少数民族地区少数民族的文化心理，影响了他们的思想观念和行为方式。同时，各民族也受到中国传统思想中的重农思想的影响。我国是农业大国，有着丰富的农耕文化。在中国传统思想中，重农轻商、重本轻末，以及有"士农工商"之说，可以明显地看出农业在中国古代社会中处于非常重要的地位。这种重农思想的根源主要在于古代人以农耕为主，依据长江、黄河等江河而生。时至今日，这种重农思想依然影响着绝大多数的中国农民。易地扶贫搬迁帮助各民族贫困群众摆脱贫困、过上了小康社会。各个易地扶贫搬迁安置点各民族搬迁群众插花式居住。易地扶贫搬迁后，他们对原来生活的地方有着深厚的乡土情结，对那里的一切人、一切物都有着深深的怀念之情。由于各民族文化、风俗习惯、宗教信仰各不相同，他们对安置点的新生活不适应、不习惯，极容易让他们的文化心理认知出现问题。文化心理认知是制约各民族搬迁群众城镇融入的重要因素，既影响了民族交往交流交融，也影响了他们对城镇文化、生活方式等方面的接纳程度。如果这一问题得不到有效解决，他们在新的环境下难以与城镇现代化文化相融入，容易造成社会安全隐患，增加他们返回原生活地的想法，从而无法成为一名真正的新市民。因此，重视搬迁群众的文化心理认知问题研究应是今后研究的重要方向。

1. 做好民族工作的落地服务

当地政府要做好各个易地扶贫搬迁安置点民族工作的落地服务，让各民族搬迁群众感受到国家政策的关心。加大对易地扶贫搬迁安置点的政策和资金的支持力度，让搬迁群众住有所居、病有所医、行有所便、幼有所育、学有所教、劳有所得、弱有所扶、权有所保。加强搬迁群众对习近平新时代中国特色社会主义思想学习，让搬迁群众知道和理解习近平新时代中国特色社会主义思想的内涵和意义，意识到他们是中华民族大家庭的一员，增强他们对祖国、中华民族、中华文化、中国共产党和中国特色社会主义的认同。大力开展民族团结进步创建活动，或是以各民族传统节日为契机开展联谊、爱心、文化交流等活动，加强搬迁群众之间的交往与互动、团结与互助。只有让搬迁群众感受到党和国家的帮助和关心，才能让其快速融入城镇生活，增强他们对城镇生活的归属感、认同感和幸福感。

2. 建构城镇社区情感认同

三宝彝族乡实施整建制乡易地扶贫搬迁，搬迁群众有共同的历史经历和历史记忆。搬迁到阿妹戚托小镇后，他们在原居地的生活生产方式、风俗习惯等，与新环境的调适需一段时间。同时，他们原有的思想观念和行为方式与易地扶贫搬迁安置点当地群众或其他地方搬迁过来的群众，造成行为或是观念上的冲突，给安置点的凝聚增加了困难。对于搬迁群众来说，易地扶贫搬迁安置点只是为了小孩更好地接受教育或是一个发家致富的地方，没有承载他们更多的乡土情感，更没有家的归属感。按照社会记忆理论："我们现在的体验很大程度上取决于我们有关过去的知识。"在他们原先生活的地方，民间故事、传说、神话等承载着他们共同的记忆。不管这种记忆是美好的还是痛苦的，都是他们全体成员共享的，而易地扶贫搬迁安置点恰恰欠缺这种共同历史记忆。搬迁群众认为易地扶贫搬迁安置点不是他们的"故乡"，他们浓浓的"乡愁"至今也没有消散。虽然那里的条件艰苦、生活困难，但他们依然觉得那里的生活很充实、幸福。

为了帮助搬迁群众缓解思乡之情，加强城镇社区情感认同，营造一个良好的交往交流交融环境。加强搬迁群众情感认同关键在于找到他们共同的话题，让他们产生的情感才能相互理解和认同。搬迁群众都有共同的搬迁经历，蕴含着相同的情感。可以把他们搬迁的心理旅程、搬迁故事、对新生活的向往等，在城镇社区加以宣传，形成一股集体的情感，促进搬迁群众相互理解、相互认同。当地政府要组织搬迁群众学习社会主义核心价值观，增进搬迁群众的共同情感基础，进一步增强城镇社区的情感认同。加强搬迁群众间的交往交流，让其相互了解、相互信任、相互包容、相互团结。总之，建构城镇社区情感认同，是为了让搬迁群众把城镇社区当作真正的"故乡"，形成一种"新乡愁"，让他们不再对原先生活之地过度眷念。不论他们身在何处，"故乡"对其蕴含着特殊的情感，是一个温馨而又舒适的港湾。

参考文献

一、经典著作类

［1］毛泽东．毛泽东选集［M］．北京：人民出版社，2009.

［2］中共中央马克思、恩格斯、列宁、斯大林著作编译局．马克思恩格斯全集［M］．北京：人民出版社，2002.

［3］中共中央马克思、恩格斯、列宁、斯大林著作编译局．马克思恩格斯选集［M］．北京：人民出版社，1995.

［4］马克思．1844 年经济学［M］．北京：人民出版社，1979.

［5］马克思．资本论［M］．北京：中国社会科学出版社，1983.

［6］习近平．习近平扶贫论述摘编［M］．北京：中央文献出版社，2018.

［7］习近平总书记系列重要讲话读本［M］．北京：学习出版社，2016.

［8］中共中央文献编辑委员会．江泽民文选：第 3 卷［M］．北京：人民出版社，2006.

［9］中共中央文献编辑委员会．建国以来毛泽东文稿［M］．北京：中央文献出版社，1998.

［10］中共中央文献编辑委员会．邓小平文选：第 3 卷［M］．北京：人民出版社，2008.

［11］中共中央文献研究室．十五大以来重要文选选编［M］（上）．北京：人民出版社，2000.

［12］中共中央文献研究室．十四大以来重要文选选编［M］（下）．北京：人民出版社，1999.

［13］中共中央文献编辑委员会．胡锦涛文选：第 2 卷［M］．北京：人民出版社，2016.

［14］中共中央文献编辑委员会．中共中央关于构建社会主义和谐社会若干重大问题的决定［M］．北京：人民出版社，2006.

[15] 中共中央党史和文献研究院. 十八大以来重要文献选编 [M]. 北京：中央文献出版社，2018.

[16] 中共中央党史和文献研究院. 十九大以来重要文献选编（上）[M]. 北京：中央文献出版社，2019.

二、中文著作类

[1] 毕霞. 中国特色社会主义理论与实践研究辅导读本 [M]. 南京：东南大学出版社，2017.

[2] 陈胜东，孔凡斌. 农户生计改善视域下区域易地扶贫搬迁政策评价研究 [M]. 北京：经济管理出版社，2019.

[3] 陈俊红. 北京推进实施乡村振兴战略的对策研究 [M]. 北京：中国经济出版社，2019.

[4] 池忠仁，王浣尘. 网格化管理和信息距离理论 [M]. 上海：上海交通大学出版社，2008.

[5] 潘维编. 人民共和国六十年与中国模式 [M]. 上海：上海三联书店，2010.

[6] 樊怀玉. 贫困论——贫困与反贫困的理论与实践 [M]. 北京：民族出版社，2002.

[7] 辜胜阻. 非农化与城镇化研究 [M]. 杭州：浙江人民出版社，1991.

[8] 辜胜阻，简新华. 当代中国人口流动与城镇化 [M]. 武汉：武汉大学出版社，1994.

[9] 黄承伟. 中国农村扶贫自愿移民搬迁的理论与实践 [M]. 北京：中国财政经济出版社，2004.

[10] 何玲玲，区小兰. 易地扶贫搬迁与新型城镇化协调发展 [M]. 北京：经济科学出版社，2019.

[11] 何玲玲，吕翠丽. 易地扶贫搬迁与搬迁人口市民化耦合研究 [M]. 北京：经济科学出版社，2018.

[12] 何得桂. 山区避灾移民搬迁政策执行研究——陕南的表述 [M]. 北京：人民出版社，2016.

[13] 郝镇华. 外国学者论亚细亚生产方式 [M]. 北京：中国社会科学出版社，1981.

[14] 金莲，王永平，黄海燕. 生态移民可持续发展 [M]. 北京：中国社会科学出版社，2021.

[15] 林耀华. 民族学通论（修订版）［M］. 北京：中央民族大学出版社，2012.

[16] 林新奇. 管理学原理与实践［M］. 大连：东北财经大学出版社，2017.

[17] 罗荣渠. 现代化新论［M］. 北京：北京大学出版社，1993.

[18] 晴隆县地方志编纂委员会. 晴隆县志（1987—2016）［M］. 北京：方志出版社，2020.

[19] 晴隆县年鉴编纂委员会. 晴隆年鉴（2020）［M］. 贵阳：贵州人民出版社，2020.

[20] 晴隆县年鉴编纂委员会. 晴隆年鉴（2015）［M］. 德宏：德宏民族出版社，2017.

[21] 晴隆县史志办公室年鉴编纂委员会. 晴隆年鉴（2016）［M］. 德宏：德宏民族出版社，2018.

[22] 晴隆县县志编纂委员会. 晴隆县志［M］. 贵阳：贵州人民出版社，1993.

[23] 田克勤，郭红婴. "三个代表"与中国共产党的光辉历程［M］. 长春：吉林人民出版社，2001.

[24] 吴大华，李胜. 贵州脱贫攻坚 70 年［M］. 贵阳：贵州人民出版社，2019.

[25] 职慧勇. 中国民族文化百科［M］. 北京：中央民族摄影艺术出版社，1998.

[26] 张明，许伟，李静萍. 袁湖村自治体系创新与实践［M］. 武汉：湖北人民出版社，2019.

三、外文译著类

[1] ［美］戴维·皮尔斯，李瑞丰·沃福德. 世界无末日［M］. 张世秋等，译. 北京：中国环境出版社，1996.

[2] ［美］迈克尔·P. 托达罗. 经济发展与第三世界［M］. 印金强 等，译. 北京：中国经济出版，1992.

[3] ［英］托马斯·马尔萨斯. 人口原理［M］. 朱映，等，译. 北京：商务印书馆，1992.

[4] ［印度］阿玛蒂亚·森. 贫困与饥荒——论权利与剥夺［M］. 王宇，王文玉，译. 北京：商务印书馆，2001.

四、期刊论文类

[1] 白燕，李静．新疆生态移民城镇化效应研究 [J]．新疆社会科学，2016 (5)．

[2] 陈胜东，蔡静远，廖文梅．易地扶贫搬迁对农户减贫效应实证分析 [J]．农林经济管理学报，2016 (6)．

[3] 陈绍军，程军，史明宇．水库移民社会风险研究现状及前沿问题 [J]．河海大学学报，2014 (2)．

[4] 蔡洁，夏显力．农户农地转出行为诱因及对其生计能力的影响研究 [J]．南京农业大学学报（社会科学版），2018 (4)．

[5] 常艳．西部地区易地扶贫搬迁的土地安置能力分析 [J]．经济问题探索，2008 (6)：155-157．

[6] 曹扶生，武前波．国外城市反贫困理论研究综述 [J]．城市问题，2008 (10)．

[7] 陈卫洪，漆雁斌．喀斯特贫困地区生态建设与林业可持续发展对策研究 [J]．林业经济，2012 (11)．

[8] 杜尚荣，朱艳，游春蓉．从脱贫攻坚到乡村振兴：新时代乡村教育发展的机遇与挑战 [J]．现代管理教育，2021 (5)．

[9] 杜尚荣，刘芳．乡村振兴战略下的乡村教育：内涵、逻辑与路径 [J]．现代教育管理，2019 (9)．

[10] 丁士军，张银银，马志雄．被征地农户生计能力变化研究——基于可持续生计框架的改进 [J]．农业经济问题，2016 (6)．

[11] 方静文．时空穿行 [J]．贵州民族研究，2019 (10)．

[12] 费胜章．易地搬迁土族村落文化产业可持续发展研究 [J]．青海民族研究，2019 (2)．

[13] 冯伟林，李树茁．生态移民风险应对策略的选择及影响因素 [J]．农村经济，，2016 (9)．

[14] 郭俊华，边少颖．西部地区易地移民搬迁精准扶贫的企业扶贫模式探析 [J]．西北大学学报，2018 (6)．

[15] 郭俊华，赵培．西北地区易地移民搬迁扶贫 [J]．西北农林科技大学学报，2019 (4)．

[16] 贺立龙，郑怡君、湖闻涛，於泽泉．易地搬迁破除深度贫困的精准性及施策成效 [J]．西北农林科技大学学报（社会科学），2017 (6)．

[17] 何得桂，党国英、张正芳. 精准扶贫与基层治理：移民搬迁中的非机构性制约 [J]. 西北人口，2016 (6).

[18] 河南省社会科学院课题组：丁同民、韩鹏、生秀东、王宏源. 黄河下游滩区移民搬迁问题研究——以河南省黄河滩区为例 [J]. 中州学刊，2014 (12).

[19] 何阳，孙萍. "三治合一" 乡村治理体系建设的逻辑理路 [J]. 西南民族大学学报，2018 (6).

[20] 贾耀峰. 中国生态移民效益评估研究综述 [J]. 资源科学，2016 (8).

[21] 金梅，祁丽. 精准扶贫与易地扶贫搬迁实践的思考与讨论 [J]. 郧阳师范高等专科学校学报，2016 (5).

[22] 孔宪峰，周秀红. 扶志与扶智：脱贫攻坚之本 [J]. 广西社会科学，2019 (10).

[23] 赖光宝，赵邦宏. 基于 "推拉理论" 的农村人口流动原因探讨 [J]. 商业经济研究，2015 (17).

[24] 李军. 甘肃省古浪县东乡族移民搬迁动因及效益分析 [J]. 甘肃联合大学学报，2009 (2).

[25] 李博，左停. 遭遇搬迁：精准扶贫视角下扶贫移民搬迁政策执行逻辑的探讨 [J]. 中国农业大学学报，2016 (2).

[26] 李锦. 四川横断山区生态移民安置模式 [J]. 贵州民族研究，2007 (1).

[27] 李雪萍，魏爱春. 摆动型生计：生计能力视域下的生存策略选择 [J]. 吉首大学学报，2020 (4).

[28] 刘伟，黎洁. 提升或损伤？易地扶贫搬迁对农户生计能力的影响 [J]. 中国农业大学学报，2019 (3).

[29] 刘军. 新举措 新问题 新对策——关于易地扶贫搬迁与城镇化建设问题的探析 [J]. 经济研究参考，2015 (26).

[30] 刘学敏. 西北地区生态移民的效果与问题探讨 [J]. 中国农村经济，2002 (4)：47-52.

[31] 罗用能. 生态文明视角下的水库移民安置政策研究 [J]. 贵州社会科学，2013 (12).

[32] 罗强强. 宁夏民族地区的扶贫开发 [J]. 西南民族大学学报，2009 (5).

[33] 罗银新，胡燕，腾星. 从鸿沟到共生：易地扶贫搬迁人员文化适应的特征及教育策略 [J]. 当代教育与文化，2020 (5).

[34] 鲁能，何昊. 易地移民搬迁精准扶贫效益评价：理论依据与体系初探 [J]. 西北大学学报，2018 (4).

[35] 梁雪萍. 生态移民的文化困境研究 [J]. 黑龙江民族丛刊，2017 (2).

[36] 马国璇，周忠发等. 改进可持续生计框架下易地扶贫搬迁前后农户生计对比分析 [J]. 中国农业资源与区划，2022 (5).

[37] 麻朝晖. 我国的贫困分布与生态环境脆弱相关度之分析 [J]. 绍兴文理学院学报，2003 (1).

[38] 孟琳琳，包智明. 生态移民研究综述 [J]. 中央民族大学学报，2004 (6).

[39] 宁静，殷浩栋，汪三贵，王琼. 易地搬迁减少了贫困脆弱性吗？[J]. 中国人口·资源与环境，2018 (11).

[40] 潘华，马伟华. 移民的文化适应：宁夏吊庄移民的生育观念调适 [J]. 南方人口，2008 (2).

[41] 祁进玉，陈晓璐. 三江源地区生态移民易地安置与适应 [J]. 民族研究，2020 (4).

[42] 任素华. 我国城市人口迁移情况浅析 [J]. 社会学研究，1988 (4).

[43] 孙永珍，高春雨. 新时期我国易地扶贫搬迁安置的理论研究 [J]. 安徽农业科学，2013 (36).

[44] 孙良顺. 水库移民后期扶持项目运作中的政策执行失准 [J]. 湖湘论坛，2018 (6).

[45] 桑敏兰. 论宁夏的"生存移民"向"生态移民"的战略转变 [J]. 生态经济，2004 (S1).

[46] 谭贤楚，胡容. 精准扶贫中的"易地扶贫搬迁"：制约因素与社会影响 [J]. 湖北民族学院学报，2018 (3).

[47] 陶少华. 基层政策视域下民族地区生态移民的现实困境与优化路径 [J]. 西南民族大学学报，2018 (10).

[48] 邰秀军，畅东妮，郭颖. 宁夏生态移民居住安置方式的减贫效果分析 [J]. 干旱区资源与环境，2017 (4).

[49] 涂人猛. "平地造新城"：外迁集中安置大移民点发展的基本模式 [J]. 江汉论坛，2013 (11).

[50] 文妮. 宁夏"吊庄移民"工程与民生效益 [J]. 黑龙江民族丛刊，2011（1）.

[51] 王寓凡，江立华."后扶贫时代"农村贫困人口的市民化 [J]. 探索与争鸣，2020（12）.

[52] 王永平，吴晓秋等. 土地资源稀缺地区生态移民安置模式探讨 [J]. 生态经济，2014（1）.

[53] 王宏新，付甜，张文杰. 中国易地扶贫搬迁政策的演进特征 [J]. 国家行政学院学报，2017（3）.

[54] 王晓毅. 易地扶贫搬迁方式的转变与创新 [J]. 改革，2016（8）.

[55] 王放，王益谦. 论生态移民与长江上游可持续发展 [J]. 人口与经济，2003（6）.

[56] 王永平，陈勇. 贵州生态移民实践：成效、问题与对策思考 [J]. 贵州民族研究，2012（5）.

[57] 王永平，袁家榆，曾凡勤，陈妮. 贵州易地扶贫搬迁安置模式的探索与实践 [J]. 生态经济（学术版），2008（1）.

[58] 吴伟，周五平. 易地搬迁扶贫模式存在的问题及对策研究 [J]. 农村经济与科技，2018（5）.

[59] 吴右. 推进精准扶贫：达嘎村易地搬迁实证研究 [J]. 西藏研究，2017（5）.

[60] 魏珊，余江. 非自愿性移民的可持续安置 [J]. 中国人口·资源与环境，2009（5）.

[61] 项本武，杨晓北. 我国城市便利性对城市人口增长的影响研究 [J]. 城市发展研究，2017（2）.

[62] 毛泽东. 关于农业合作化问题 [J]. 法学研究，1955（6）.

[63] 习近平总书记在山西考察时强调 全面建成小康社会 乘势而上书写新时代中国特色社会主义新篇章 [J]. 支部建设，2020（16）.

[64] 习近平在全国宣传思想工作会议上强调：举旗帜、聚民心、育新人、兴文化、展形象，更好完成新形势下宣传思想工作使命 [J]. 中国民政，2018（16）.

[65] 习近平在重庆考察并主持召开"两不愁三保障"突出问题座谈会 [J]. 老区建设，2019（7）.

[66] 徐立敏，谭诚. 城乡融合背景下我国乡村旅游产业园区开发研究 [J]. 农业经济，2021（5）.

[67] 徐龙顺, 李婵, 黄森慰. 精准扶贫中的博弈分析与对策研究 [J]. 农村经济, 2016 (6).

[68] 许佳君, 施国庆. 三峡外迁移民与沿海安置区的社会整合 [J]. 江海学刊, 2002 (6).

[69] 肖菊, 梁恒贵. 贵州易地扶贫搬迁安置点教育保障研究 [J]. 贵州社会科学, 2019 (7).

[70] 谢乾丰. 关于健全"三治结合"乡村治理体系的若干思考 [J]. 社会科学动态, 2018 (4).

[71] 杨增崇. 乡村振兴战略实施中的移风易俗: 现实问题与积极进路 [J]. 贵州社会科学, 2021 (9).

[72] 杨颖, 胡娟. 贵州扶贫开发成效、历程及挑战思考 [J]. 开发研究, 2013 (2).

[73] 杨文建, 刘虹. 库区农村移民城乡联动安置模式的战略性思考 [J]. 中国农村经济, 2003 (5).

[74] 杨智, 杨定玉. 城乡融合视域下易地扶贫搬迁移民社区教育发展探究 [J]. 现代远程教育研究, 2021 (1).

[75] 袁利平, 姜嘉伟. 关于教育服务乡村振兴战略的思考 [J]. 武汉大学学报, 2021 (1).

[76] 叶青, 苏海. 政策实践与资本重置: 贵州易地扶贫搬迁的经验表达 [J]. 中国农业大学学报, 2016 (5).

[77] 叶文虎, 栾胜基. 论可持续发展的衡量与指标体系 [J]. 世界环境, 1996 (1).

[78] 邹海霞, 张兆军. 工程移民生产方式转换的选择行为 [J]. 广西民族大学学报, 2019 (6).

[79] 郑娜娜, 许佳君. 易地搬迁移民社区的空间再造与社会融入 [J]. 南京农业大学学报, 2019 (1).

[80] 郑国琴, 王朝良. 论宁夏吊庄移民实践中的环境治理与可持续发展 [J]. 宁夏社会科学, 2008 (6).

[81] 邹英, 向德平. 易地扶贫搬迁贫困户市民化困境及其路径选择 [J]. 江苏行政学院学报, 2017 (2).

[82] 左昭, 付少平. 精准扶贫背景下移民生计空间再造与优化 [J]. 农村经济与科技, 2018 (9).

[83] 曾小溪, 汪三贵. 易地扶贫搬迁情况分析与思考 [J]. 河海大学学

报，2007（2）.

[84] 周丽，黎红梅. 易地扶贫搬迁安置模式与农户生计资本变动 [J]. 湖南科技大学学报（社会科学），2020（3）.

[85] 赵双. 易地扶贫搬迁在推进城镇化进程中面临的主要问题及对策探析 [J]. 小城镇建设，2018（12）：11-17.

[86] 赵曼，张广科. 失地农民可持续性生计及其制度需求 [J]. 财政研究，2009（8）.

[87] 赵锋，邓阳. 甘肃省独生子女户与多子女户生计能力的比较分析 [J]. 人口与经济，2015（1）.

[88] 赵锋. 可持续生计与生计动态能力分析：一个新的理论研究框架 [J]. 经济研究参考，2015（27）.

[89] 赵曦，严红，刘慧玲. 西部农村扶贫开发战略模式研究 [J]. 经济问题研究，2007（12）.

[90] 赵艳林，毛道维，钟兰岚. 民族村寨旅游服务质量对游客行为意愿的影响研究 [J]. 四川师范大学学报（社会科学版），2016（4）.

[91] 张玉强，李祥. 我国集中连片特困地区精准扶贫模式的比较研究 [J]. 湖北社会科学，2017（2）.

[92] 张丽君，王菲. 中国西部牧区生态移民后续发展对策探析 [J]. 中央民族大学学报，2011（4）.

[93] 张丽君，吴俊瑶. 阿拉善盟生态移民后续产业发展现状与对策研究 [J]. 民族研究，2012（2）.

[94] 张勇. 生产适应对工程性移民返迁的影响 [J]. 中南民族大学学报，2003（3）.

[95] 张玉强，李祥. 我国集中连片特困地区精准扶贫模式的比较研究 [J]. 湖北社会科学，2017（2）.

[96] 张茹，王耀麟，张爱国，薛龙义. 陕西省定边县扶贫移民安置模式分析 [J]. 2014（11）.

[97] 张涛，张潜，张志良. 三江源区生态移民的规模及后续产业的选择 [J]. 中国人口科学，2005（S1）.

[98] 张峻豪，何家军. 能力再造：可持续生计的能力范式及其理论建构 [J]. 湖北社会科学，2014（9）.

五、博士论文类

[1] 崔冀娜. 生态移民城镇融入对生计策略选择的影响研究 [D]. 咸阳：西北农林科技大学，2020.

[2] 陈胜东. 农户可持续生计下移民搬迁扶贫政策实证研究 [D]. 南昌：江西财经大学，2017.

[3] 丁生忠. 宁夏生态移民研究——以 M 镇为例 [D]. 兰州：兰州大学，2015.

[4] 冯文华. 三江源地区生态移民问题研究 [D]. 北京：中共中央党校，2017.

[5] 龚一筑. 水库移民家庭生计系统及生计可持续发展研究 [D]. 北京：华北电力大学，2021.

[6] 郭兴华. 多维贫困测度、扶贫路径及其绩效评估研究 [D]. 武汉：武汉大学，2018.

[7] 贺子光. 陕南移民搬迁选址适宜性评价方法研究 [D]. 西安：长安大学，2016.

[8] 何家军. 水利工程移民生计能力再造研究 [D]. 武汉：武汉大学，2014.

[9] 何瑾. 易地扶贫搬迁移民可持续生计研究 [D]. 武汉：武汉大学，2021.

[10] 李媛媛. 新阶段内蒙古生态脆弱地区扶贫移民研究 [D]. 呼和浩特：内蒙古农业大学，2014.

[11] 李亮. 生态移民权利保障法律制度研究 [D]. 武汉：中南财经政法大学，2020.

[12] 吕静. 陕南地区生态移民搬迁的成本研究 [D]. 西安：西北大学，2014.

[13] 梁倩. 贵州农村深度贫困的致贫因素及减贫效率研究 [D]. 成都：西南财经大学，2020.

[14] 王鑫. 精准扶贫背景下武陵山片区易地扶贫搬迁研究 [D]. 武汉：中南民族大学，2018.

[15] 王泽润. 中国开发式扶贫的内涵、历程与政策效果评估 [D]. 西安：西北大学，2021.

[16] 王寓凡. 空间再造与扶贫搬迁人口的社会适应 [D]. 武汉：华中师范

大学，2021.

[17] 王瑞芳. 撒拉族水库移民生活方式变迁研究 [D]. 兰州：兰州大学，2014.

[18] 王佳宇. 水库移民交易成本影响因素研究 [D]. 北京：清华大学，2013.

[19] 王升云. 少数民族移民的文化变迁与教育发展研究 [D]. 武汉：中南民族大学，2012.

[20] 王萍. 新时代生态文明视角下农村生态扶贫研究 [D]. 北京：中央财经大学，2020.

[21] 万月. 贫困代际传递的影响因素及其政策研究——基于教育财政视角 [D]. 北京：中国社会科学院研究生院，2019.

[22] 魏晓燕. 少数民族地区移民生态补偿机制研究 [D]. 北京：中央民族大学，2013.

[23] 许汉泽. 行政主导型扶贫治理研究——以武陵山区茶乡精准扶贫实践为例 [D]. 北京：中国农业大学，2018.

[24] 余咪咪. 新型城镇化背景下安康移民搬迁安置区营建模式及策略研究 [D]. 西安：西安建筑科技大学，2017.

[25] 张国昕. 生态文明理念下西北宁陕地区移民宜居环境建设研究 [D]. 西安：西安建筑科技大学，2017.

[26] 张灵俐. 新疆生态移民补偿机制研究 [D]. 石河子：石河子大学，2015.

[27] 张俊明. 宁夏回族劳务移民市民化研究 [D]. 兰州：兰州大学，2014.

[28] 瞿红江. 农村家庭相对贫困识别与治理研究 [D]. 哈尔滨：东北农业大学，2021.

[29] 朱敏. 新时期国家扶贫政策减贫效应研究 [D]. 北京：中国地质大学，2020.

[30] 郑昊. 我国西部地区生态移民小城镇化问题研究 [D]. 成都：西南财经大学，2014.

[31] 钟福国. 少数民族移民社区的成长——瓜州回族东乡族疏勒河移民村的民族学考察 [D]. 兰州：兰州大学，2011.

六、中文报纸类

［1］本报评论员. 民族要复兴 乡村必振兴［N］. 光明日报，2020-12-30.

［2］本报评论员. 各民族共建美好家园共创美好未来［N］. 人民日报，2019-09-30.

［3］程焕. 贵州晴隆县三宝彝族乡整乡易地扶贫搬迁三年来——人挪了穷窝 地拔了穷根［N］. 人民日报，2019-07-10.

［4］贵州省国民经济和社会发展第十三个五年规划纲要［N］. 贵州日报，2016-02-17.

［5］坚持依法治国和以德治国相结合 推进国家治理体系和治理能力现代化［N］. 人民日报，2016-12-11.

［6］文兵. 如何处理好易地扶贫搬迁与新型城镇化和农业现代化的关系［N］. 中国民族报，2017-01-06.

［7］习近平在河北张家口看望慰问基层干部群众时的讲话［N］. 人民日报，2017-01-25.

［8］习近平. 在全国脱贫攻坚总结表彰大会上的讲话［N］. 人民日报，2021-02-26.

［9］中共中央、国务院关于加强基层治理体系和治理能力现代化建设的意见［N］. 人民日报，2021-07-12.

［10］中共中央、国务院关于做好2022年全面推进乡村振兴重点工作的意见［N］. 人民日报，2022-02-23.

［11］中共中央关于全面推进依法治国若干重大问题的决定［N］. 人民日报，2014-10-29.

［12］中共贵州省委关于制定贵州省国民经济和社会发展第十四个五年规划和二〇三五年远景目标的建议［N］. 贵州日报，2020-12-14.

附录 A　三宝彝族乡易地搬迁特色发展调研问卷

您好！我是一名在读博士研究生，目前正在开展三宝彝族乡易地搬迁特色发展调研活动。耽误您一些时间，请按照您自己的实际情况填写调查问卷。本问卷没有对错之分，请在您认为符合的选项◎前打√，有横线的地方请填写内容。本问卷仅供学术研究，不会对外公开，衷心感谢您的配合与支持！

1. 民族：◎彝族　◎苗族　◎布依族　◎汉族　◎其他民族

2. 性别：◎男　　◎女　　您的年龄_____岁

3. 您家庭人数为____人，其中（60岁以上）____人，未成年人子女（18岁以下）____人。

4. 您的身份是：◎农民　　◎市民　　◎其他

5. 您的职业是：◎农民　　◎个体经营户　◎打工者　　◎教师
◎公务员　◎学生　　　◎其他__

6. 文化程度：◎没有上过学　　◎小学　　◎初中　　◎高中
◎中专　　◎大专　　◎本科　　◎研究生

7. 宗教信仰：◎佛教　◎道教　◎伊斯兰教　◎其他民间信仰　◎不信教

8. 您是什么时候搬迁来阿妹戚托小镇的？
◎2016年　　◎2017年　　◎2018年　　◎2019年　　◎2020年

9. 搬迁前，您对易地搬迁政策了解多少？
◎非常了解　　◎比较了解　　◎不太了解

10. 您是否享受搬迁补助？　◎是　　◎否

11. 您知道搬迁户每人的易地搬迁补偿标准是多少元吗？
◎知道（_____）元　　◎不知道

12. 搬迁前，住房面积____平方米；房屋__间；房屋类型：◎茅草房　◎木房　◎砖瓦房　◎洋房。

搬迁后，住房面积____平方米；房屋____间；房屋类型：◎茅草房 ◎木房 ◎砖瓦房 ◎洋房。

13. 易地搬迁是否对您的家庭造成负担？ ◎严重 ◎较大 ◎一般 ◎没有

14. 您对这次搬迁的态度？ ◎积极响应 ◎一般 ◎被动

15. 您家易地搬迁的原因是：（可以多选）

◎农业生产用地少且贫瘠 ◎缺乏经济来源 ◎生态环境恶劣

◎基础设施差（路、水、电、住房条件等） ◎有地方病 ◎医疗条件差

◎教育质量较差 ◎交通不方便 ◎其他（请填写）_____

_____

16. 您家耕地面积_____（亩），其中旱地____（亩），水田____（亩）；林地面积____（亩）。

17. 搬迁后，您家的生产用地如何处理？

◎自己种 ◎交给亲属或是朋友种 ◎收归集体

◎土地流转 ◎退耕还林 ◎抛荒

18. 搬迁后与搬迁前的家庭年收入变化？

◎增加 ◎持平 ◎减少

19. 您和阿妹戚托小镇的居民往来如何？

◎经常往来 ◎偶尔往来 ◎基本无往来

20. 您愿意在这里长期居住吗？

◎愿意 ◎不愿意

21. 您愿意在这里长期居住的主要原因是？（可以多选）（不愿长期居住不用选）

◎居住条件改善 ◎就业机会增加 ◎上学条件改善 ◎家庭收入提高

◎交通便利 ◎医疗条件改善 ◎其他

22. 您不愿意在这里长期居住主要是因为？（可以多选）（愿意长期居住不用选）

◎不习惯这里的生活方式 ◎生活成本太高 ◎挣钱少

◎找不到工作 ◎其他

23. 搬迁前后您家庭的收支情况，按照收支多少依次填入 1、2、3、4、5、6、7、8、9（没有的不用填）。

收入指标	搬迁前	搬迁后	支出指标	搬迁前	搬迁后
农业种植			教育费用		
打工收入			水电费		
土地流转			医疗费用		
租金收入			通信（电话费、网费）费用		
贫困补助			日常生活（吃饭穿衣等）费用		
亲朋资助			人情费		
商品经济			生产支出费用		
工资			其他支出费用		
其他收入					

24. 在生活中遇到问题，您是怎么处理的？（可以多选）

◎自己解决　　　　◎向朋友求助　　　　◎向亲戚求助

◎向邻居求助　　　◎向政府求助　　　　◎其他

25. 您是否参加技能培训？（如果是否，则跳到29题）

◎是　　　◎否

26. 参加什么技能培训？

◎舞蹈　　◎刺绣　　◎蜡染　　◎技术工人　　◎建筑工人

◎保洁　　◎安保　　◎其他

27. 您觉得技能培训对您就业帮助有多大？

◎有很大帮助　　　◎有一点帮助　　　◎没有帮助

28. 技能培训的内容您都知道吗？

◎都知道　　◎知道一些　　◎不知道

29. 您为什么没有参加技能培训？

◎不知道有技能培训　　　◎知道但不想去　　◎其他原因

30. 您找工作是通过？

◎自己找　　◎熟人介绍　　◎政府安排　　◎其他

31. 阿妹戚托小镇有没有易地搬迁后又返回原地的现象？（如果选择"有"，请回答下一题）

◎有　　　◎没有　　◎不清楚

32. 返回原地的原因是？（可多选）

◎生活不习惯　　　◎缺少经济来源　　　◎消费水平高　　　◎无事可做

◎基础设施不健全 ◎与社区居民难相处 ◎其他（请填写）_____

_____

33. 中华民族与少数民族的关系是：

◎少数民族与中华民族没有任何关系 ◎少数民族等同于中华民族

◎少数民族是中华民族大家庭的重要成员 ◎其他

34. 少数民族与汉族关系：

◎没有任何关系 ◎一般关系

◎相互离不开 ◎经济方面的往来关系

35. 您所在地区的民族关系：

◎非常和谐 ◎基本和谐 ◎不和谐 ◎不关心

36. 您对本民族的传统文化：

◎非常热爱 ◎比较热爱 ◎不热爱 ◎不知道

37. 易地搬迁后以下内容的变化程度和满意度，请在你认为符合的选项打"√"

内容/变化程度	变化非常大/非常满意	变化大/满意	变化较大/比较满意	没有变化/一般	变差/不满意
日常饮用水					
日常用电					
道路与出行交通					
经济收入					
住房条件					
节庆娱乐活动					
家庭生活状况					
教育					
身体健康状况					
思想观念					
消费观念					
创业就业					
生态环境					
医疗条件					

38（可多选）您认为易地搬迁后，需要进一步解决哪些问题：

◎改善生态环境　　　◎加强基础设施建设　　　◎提升人民生活水平

◎开发旅游产业　　　◎加强精神文明建设　　　◎完善民生保障制度

◎加强爱国主义、国防教育　　◎其他（请填写）＿＿＿＿＿＿＿＿＿＿

＿＿＿＿＿＿＿＿＿＿＿＿＿＿＿＿＿＿＿＿＿＿＿＿＿＿＿＿＿＿＿

39. 您认为易地搬迁后您有哪些困难？（请填写）

＿＿＿＿＿＿＿＿＿＿＿＿＿＿＿＿＿＿＿＿＿＿＿＿＿＿＿＿＿＿＿

＿＿＿＿＿＿＿＿＿＿＿＿＿＿＿＿＿＿＿＿＿＿＿＿＿＿＿＿＿＿＿

＿＿＿＿＿＿＿＿＿＿＿＿＿＿＿＿＿＿＿＿＿＿＿＿＿＿＿＿＿＿＿

以上信息仅供学术研究之用，我们会为该信息保密，请您不用担心。

问卷到此结束，再次感谢您的配合和支持，祝您身体健康！万事如意！

附录 B 三宝彝族乡易地搬迁特色发展调研提纲

一、三宝彝族乡基本情况

（2016 年）三宝彝族乡____ 个村（分别是____、____、____ 等）。有____ 个自然组，共____ 户，共____ 人，彝族____ 人，苗族____ 人，汉族____ 人，人均收入____ 元。

（2021 年）阿妹戚托小镇安置规模____ 户，共____ 人，现在实际入住____ 户，共____ 人。彝族____ 人，苗族____ 人，汉族____ 人等，人均收入____ 元。

二、易地搬迁前三宝彝族乡概况

1. 三宝彝族乡的地理状况与建制沿革（历史演变）

2. 三宝彝族乡的民族构成与历史文化

3. 三宝彝族乡的经济与民生（教育、医疗、经济收入、公共服务）（2016 年）

三、三宝彝族乡易地搬迁情况

1. 搬迁原因、搬迁目的、搬迁目标、搬迁计划

2. 易地搬迁政策和资金扶持

3. 易地搬迁启动与怎么搬

4. 易地搬迁点的选择及规划

5. 易地搬迁的组织与动员

6. 易地搬迁的安置模式

四、易地搬迁投资及建设情况

1. 易地搬迁投资情况

2. 易地搬迁安置点情况（住房、学校、医院以及其他基础设施情况）

3. 易地搬迁人数情况

五、三宝彝族乡搬迁后采取了哪些措施？

1. 医疗方面

（1）三宝彝族乡搬迁前的医疗设施、医院建设、医资力量情况？

（2）在医疗方面有哪些国家政策和资金扶持？

（3）搬迁后的医疗设施、医院建设、医资力量情况？

（4）贫困家庭大病慢性病患者医疗有哪些保障措施？费用报销情况怎么样？

（5）当地政府采取了哪些措施？

2. 教育方面

（1）三宝彝族乡搬迁前的学校设施建设、教学条件、教师工资待遇、学生人数和师资力量等方面的情况（幼儿园、小学、初中）？

（2）搬迁前义务教育阶段孩子上学是否有保障？（是否开展双语教育？双语教育开展得怎样？）

（3）在教育方面有哪些国家政策和资金扶持？

（4）搬迁后的学校设施建设、教学条件、教师工资待遇、学生人数和师资力量等方面的情况（幼儿园、小学、初中、高中）？

（5）搬迁后义务教育阶段孩子上学是否有保障？（是否双语教育？双语教育开展得怎样？）

（6）为了孩子们得到更好的教育，当地政府采取了哪些措施？对高层次人才引进采取了哪些措施？

（7）是否有其他学校对口帮扶？怎么帮扶？

（8）搬迁后有哪些创新举措和经验做法？

（9）在哪些方面发生了巨大变化？

3. 创业就业方面

（1）2021 年外出务工情况与 2015 年外出务工情况有什么变化？

（2）在就业方面国家有哪些就业政策和资金扶持？

（3）三宝彝族乡搬迁前与搬迁后的就业情况。

（4）帮助搬迁户的就业问题，当地政府采取了哪些措施？

4. 土地方面

（1）三宝彝族乡搬迁前土地利用情况

（2）在土地利用方面有哪些国家政策和资金扶持？

（3）搬迁后土地利用情况。

（4）土地是怎么样进行流转的？

（5）当地政府采取了哪些措施？

5. 民族文化方面

（1）三宝彝族乡有哪些民族文化以及该文化的介绍（如宗教图腾、婚俗、丧俗、阿妹戚托舞蹈和服饰文化等）？

（2）搬迁之前以什么样的方式展现出来？

（3）在易地搬迁过程中如何保护和传承民族文化？

（4）在民族文化保护与传承方面有哪些政策和资金扶持？

（5）当地政府采取了哪些措施保护和传承民族文化？

7. 党建方面

（1）党政班子工作情况？党建制度？

（2）党支部设置情况（现有党支部数、党支部人数规模情况，党支部如何设置）

（3）党支部书记由何种人担任？党支部成员学历比例？

（4）党组织生活开展情况，党员教育、发展、管理情况？

（5）基层党组织如何与重点工作紧密结合起来？

（6）在易地搬迁过程中和搬迁后的主要工作任务、担任什么样的角色，发挥了什么样的作用？

（7）在党建工作中有哪些困难？党建工作有哪些创新举措和经验做法？

7. 社区治理

（1）网格化管理情况

（2）基层治理与网格化关系

（3）易地搬迁后的基层治理与搬迁前的基层治理，有何不同？优势体现在哪些方面？有何经验？网格化管理模式、内容？有哪些方面的优势？

8. 产业园区：规模、数量、就业岗位、经济收入、类型（哪些企业）等，以及住房、基础设施、旅游等方面情况。

六、三宝彝族乡易地搬迁取得的成效

1. 人居环境方面（搬迁前、后状况）

2. 经济收入方面（搬迁前、后的主要经济来源、经济收入情况）

3. 就业方面（搬迁前、后状况）

4. 医疗方面（搬迁前、后状况）

5. 教育方面（搬迁前、后状况）

6. 社区治理（搬迁前、后状况）

七、三宝彝族乡易地搬迁的经验有哪些？

八、三宝彝族乡易地搬迁后特色发展与乡村振兴战略如何衔接？存在哪些问题和困难？

九、阿妹戚托小镇今后的发展方向和规划？

后　记

　　本书在全面推进乡村振兴、乡村治理体系和治理能力现代化的背景下，突破传统民族乡村社会发展的一般逻辑，将人口迁移推拉理论、可持续发展理论、人的自由全面发展理论等，嵌入易地扶贫搬迁后续发展的各领域、各环节，提出易地扶贫搬迁后续发展的重点、难点及路径选择，期望能为民族地区易地扶贫搬迁后续发展贡献微薄之力。

　　为使研究结论和提出的对策建议建立在真实可信的数据、资料基础之上，著者对贵州省黔西南布依族苗族自治州晴隆县三宝彝族乡整乡易地扶贫搬迁进行了两次实地考察，时长共计约六个月。调研期间，承蒙当地党委、政府及相关职能部门的领导干部和搬迁群众的大力支持和积极配合，我收集到大量有价值的资料。特别感谢贺伯果、吴江山、彭永贵、蒋兴飞、岑官昌、郭长英、夏文龙、杜永高、陈兵、黄磊、谢振华、李海、杨兴成、文定华、金忠超、王天虎、毛太强、文安梅、杨和文等同志。得益于他们的帮助和支持，我顺利地完成了调研任务。

　　在书稿付梓之际，我要特别感谢我的导师、中南民族大学的雷振扬先生。从硕士到博士，先生不仅传授我严谨治学之道，而且还教我为人处世之道。先生对学生的关心和包容，深深地刻在我心里。在本书的撰写过程中，先生给出了详尽的修改意见，甚至对文中的错别字符一一订正。在我的生活、工作中遇到困难和困惑时，先生总是悉心开导，为我指点迷津。对先生的感激之情难以用言语表达，唯有心存感恩。

　　本书的出版得到了2023年度贵州医科大学社会科学界联合会人文社会科学研究课题项目：西南民族地区易地扶贫搬迁后续特色发展研究（GYYB2023-04）和贵州医科大学马克思主义理论重点学科资助。特别感谢贵州医科大学马克思主义学院黄鑫权书记、杜凯院长、王万江副书记、禹辉映副院长、张才国副院长，以及各位同事对本书出版给予的帮助和大力支持。

　　感谢父母和家人一直以来的支持与陪伴。值此书稿付梓之时，怀着感恩之